全国高等专科教育机械工程类专业系列教材

设备管理与维修

主　编　刘宝权
副主编　朱克刚
参　编　宁晓霞　纪　宏　孟淑娟
主　审　李森林

机械工业出版社

本书是高等专科教育机械工程类专业系列教材。全书包括设备管理和设备维修两大部分内容。设备管理部分，内容简洁易懂，侧重通用性、实用性；设备维修部分，以典型设备为例，突出工程性、实践性。

本书共分17章，主要内容有：设备管理概述、设备资产管理、设备的前期管理、设备的使用和维护、设备的润滑管理、设备的技术状态管理、设备的修理和管理、备件管理、设备的更新改造、现代化管理方法在设备管理中的应用、设备维修概述、机械维修的理论基础、机械设备的安装技术、机械设备的润滑、机械零件装配技术、机械零件的修复技术、机械设备安装与故障处理实例。

本书可作为高等专科教育机械工程类专业的课程教材，也可作为从事设备管理工作的工程技术人员的参考用书以及企业培训设备管理与维修人员的培训教材。

本书配有电子课件，凡使用本书作为教材的教师可登录机械工业出版社教材服务网 www.cmpedu.com 下载。咨询邮箱：cmpgaozhi@sina.com。咨询电话：010-88379375。

图书在版编目（CIP）数据

设备管理与维修/刘宝权主编. —北京：机械工业出版社，2011.12（2025.7 重印）

全国高等专科教育机械工程类专业系列教材

ISBN 978-7-111-34630-2

Ⅰ.①设… Ⅱ.①刘… Ⅲ.①设备管理-高等职业教育-教材 Ⅳ.①F273.4

中国版本图书馆 CIP 数据核字（2011）第 246185 号

机械工业出版社（北京市百万庄大街 22 号 邮政编码 100037）
策划编辑：王海峰 责任编辑：刘良超 王海峰 王德艳
版式设计：张世琴 责任校对：赵 蕊
封面设计：姚 毅 责任印制：李 昂
涿州市般润文化传播有限公司印刷
2025 年 7 月第 1 版第 11 次印刷
184mm×260mm · 14 印张 · 343 千字
标准书号：ISBN 978-7-111-34630-2
定价：39.80 元

电话服务	网络服务
客服电话：010-88361066	机 工 官 网：www.cmpbook.com
010-88379833	机 工 官 博：weibo.com/cmp1952
010-68326294	金 书 网：www.golden-book.com
封底无防伪标均为盗版	机工教育服务网：www.cmpedu.com

前　言

依据高等职业教育和高等专科教育课程改革的编写要求，贯彻以就业为导向，培养符合生产一线需求的技术应用性人才的指导思想，考虑到机械工程类专业学生主要就业于机械设备的使用与管理、安装与维修等岗位，将原有的课程教学体系及内容进行了重组和优化，将机械设备管理和设备安装与维修两门相关联课程的内容进行有机地融合。

全书包括设备管理和设备维修两大部分内容，共分17章。设备管理部分，内容简洁易懂，侧重通用性、实用性；设备维修部分，以典型设备为例，突出工程性、实践性。

本书可作为高等专科机械工程类专业的课程教材，也可作为从事设备管理工作的工程技术人员的参考用书以及企业培训设备管理与维修人员的培训教材。

本书由刘宝权任主编，朱克刚任副主编。参加本书编写的人员有：辽宁科技学院刘宝权（第1、11、15、16章）、纪宏（第2、3、4、5章）、朱克刚（第6、7、8、17章）、孟淑娟（第9、10、13章）、宁晓霞（第12、14章）。全书由淮阴工学院李森林教授担任主审，并对本书的编写提出了许多宝贵的指导性意见和建议，在此表示衷心感谢。

在本书的编写过程中，编者参阅和引用了国内外有关文献资料，在此谨向有关文献的作者表示诚挚的谢意！

由于编者水平有限，书中难免存在不妥之处，敬请读者批评指正。

编　者

目录

第1章 设备管理概述

设备管理是以设备寿命周期费用最经济和设备综合效能最高为目标的设备综合管理。

设备的寿命周期是指设备从规划、设计、制造、购置、安装、使用、维护、改造、更新直至报废的整个期间。

1.1 设备管理的重要意义

设备是指人们在生产和生活上所需的机械装置和设施等物质资料的总称。它可供人们长期使用，并能在使用中基本保持原有的实物形态。设备是企业生产的重要物质基础和必要条件，反映了工业企业机械化、自动化的程度，并标志着国家现代化程度和科学技术发展水平。

设备在其整个寿命周期中都处于运动状态，分别表现为物质运动和价值运动两种形态。设备的物质运动形态，包括从设备的制造、选购、进厂验收、保管、安装、调试、使用、维修、更新改造以及设备事故处理和报废处理等；设备的价值运动形态，包括设备的最初投资、使用、维修、折旧、更新改造费用等。设备管理的范畴不仅包括技术管理，而且包括经济管理及维修管理。

设备是企业固定资产的主体，在企业固定资产总额中，设备的价值所占的比例最大，一般都在60%~70%。因此，设备管理对企业具有重要意义。

（1）加强设备管理，为企业建立正常的生产秩序　机械设备是企业现代化生产的物质技术基础，生产的正常进行、生产率的提高、加工精度的保证，在很大程度上都依赖于机械设备。为保证生产的正常秩序，防止发生设备和人身事故，减少或避免环境污染，设备管理应做到：正确地操作、使用设备，精心地维护、保养设备，严格设备运行状态检查，及时正确地进行设备修理，使设备处于良好的技术状态。

（2）加强设备管理，使企业取得良好的经济效益　加强设备管理，使设备寿命周期的费用最低；使设备故障降低到最低程度，减少或避免因设备故障造成企业的经济损失；提高产品的质量和数量，为企业创造经济效益。

（3）加强设备管理，有利于企业技术进步　随着科学技术的发展和生产现代化水平的提高，大型、精密、高速、连续、结构复杂的设备不断增多，自动化水平较高的设备也在不断增多，工业企业设备管理的重要性必将更加突出。

1.2 现代设备管理的基本思想

现代设备管理的基本指导思想是：在市场经济体制下，企业管理以提高经济效益为目标，要求设备管理树立市场观念和效益观念。一方面，设备管理作为企业管理的一个子系统，必须更好地为企业生产经营总目标（即提高经济效益）服务；另一方面，设备管理系统本身也必须以追求设备综合效率和寿命周期费用的经济性为目的，从工程技术、财务经济和组织管理三个侧面对设备实行终生管理。因此，设备管理工作一定要紧紧围绕以提高经济效益为中心，以争取良好的设备投资效益为目标，通过综合管理的方法，搞好企业装备的规划、选购、使用、维护、检修、改造和更新，使企业的设备不仅完好率高，而且故障停机少，设备利用率高。这就为企业的优质、高产、低耗、安全生产提供了良好的物质基础，也为企业的长远发展增强了竞争能力。

现代设备管理适应市场经济体制的措施是：

（1）加强设备的前期管理，对投资实行科学决策　企业根据市场的要求，对老产品扩产、新产品投产时新增设备的投资必须实行科学决策。这就需要建立严格的审批程序，充分进行技术经济论证，运用可行性研究、寿命周期评价法、价值工程、决策技术等现代管理方法，搞好设备的前期管理。

（2）改进维修管理办法，促进生产经营　在市场经济条件下，企业为了保证交货期和信誉，或者为了把握时机和占领市场，需要设备在预定的时期内连续不断地运行，尽可能不出现故障。这就要求企业改进设备维修管理，采用合理的维修方式，提高设备的可靠性与维修性，应用计算机辅助设备管理、运用状态监测和诊断技术、选用合适的修复工艺技术来提高设备维修的技术水平和工作效率，保证企业生产经营目标的实现。

（3）提高装配素质，适应生产开发的需要　在市场竞争中，企业只有不断开发新的产品满足用户要求，才能占领市场、赢得胜利。为了适应高新产品的试制，满足生产技术的要求，并保持产品质量长期稳定，必须不断提高企业装配素质，适时进行设备更新改造。通过生产工艺和技术装配的现代化，来推进企业的技术进步，增强企业的竞争能力。

（4）强化设备经济管理，保证国有资产保值增值　《设备管理条例》与《转换经营机制条例》给予企业许多自主权。这些规定要求企业在加强设备技术管理的同时，尤其要强化设备的经济管理，保证国有资产保值增值。

（5）推进设备维修专业化、社会化、产业化　工业企业设备与维修走专业化、社会化道路，是工业现代化和市场经济发展的必然趋势，是我国工业企业设备维修体制改革的方向，是提高企业经济效益和社会综合效益的有效途径。

（6）加强培训，不断提高人员素质　在市场经济的条件下，企业之间的激烈竞争，第一层面表现为产品或劳务的竞争，其背后表现为技术和管理的竞争；而归根结底，更深层面的则是经营管理者的才能与职工素质的竞争。因此，应当抓紧管理人才、技术人才与职工队伍的培训，通过提高人员素质来增强企业在市场经济体制下的适应能力和竞争能力。

1.3　我国设备管理的方针和政策

1982 年，国家经济贸易委员会设立了设备管理维修办公室。1987 年，国务院颁布了《设备管理条例》。1996 年，国家经济贸易委员会制订了《“九五”全国设备管理工作纲要》作为设备管理条例的补充文件。文件主要有以下几方面的内容：

1）企业经济效益作为设备管理的战略目标，谋求良好的设备投资效益，充分发挥设备效能。实现的途径是对设备进行综合管理，使寿命周期费用经济合理，其中包括对设备设置费和维护费的权衡与决策。

2）依靠技术进步，提高设备管理和维修技术水平，以适应结构日益复杂的设备使用要求。鼓励企业学习先进的管理方法和维修技术，推广采用以状态监测为基础的预防维修方法，在修理工作中积极采用“三新”（新方法、新工艺、新技术）技术。

3）坚持设计、制造与使用相结合，维护与计划检修相结合，修理、改造与更新相结合，专业管理与群众管理相结合，技术管理与经济管理相结合的五条原则，这是适合我国国情的设备管理指导方针。

4）适应深化改革中政府部门职能转变的需要，各级政府管理部门，按照分级管理的原则进行设备的行业管理，对企业设备管理进行业务指导和监督检查，组织制订本行业设备管理的规划和规章。

5）明确企业设备管理部门参与设备的规划、选购及安装、调试工作，在强化设备管理职能方面有了新的突破。

6）应根据企业经营承包的需要，把企业设备管理的主要经济、技术指标列入厂长任期责任目标，进行考核，防止企业在承包中出现拼设备、吃老本的短期行为。企业领导对设备管理的职责是：不仅要保持设备的良好技术状态，而且要使设备固定资产增值。

7）有计划地加速对老设备的改造和更新，制订中、长期和年度计划，组织实施。

8）强调做好设备管理基础工作的重要性，加强企业设备管理中数据不全、情况不清的薄弱环节，为实现设备管理现代化创造条件。

9）采用多种形式，对设备管理专业人员、操作工人和维修工人进行教育与培训，提高人员素质。

10）定期开展设备管理评优活动，表扬优秀企业，推动管理水平不断提高。

思考题

1. 设备管理有哪些重要意义？

2. 现代设备管理的基本指导思想是什么？

第2章 设备资产管理

设备资产是企业固定资产的重要组成部分，是进行生产的物质基础。设备资产管理的主要内容包括：生产设备的分类与资产编号、重点设备的划分与管理、设备资产基础资料的管理、设备资产动态的管理以及设备的库存管理等。要做好设备资产管理工作，设备管理部门、使用单位和财会部门必须同心协力、相互配合。设备管理部门负责设备资产的验收、编号、维修、改造、移装、调拨、出租、清查盘点、报废清理、更新等管理工作；使用单位负责资产的正确使用、妥善保管和精心维修，并对其保持完好和有效利用直接负责；财会部门负责组织制定固定资产责任制度和相应的凭证审查手续，严格贯彻执行，并协助各部门、各单位做好固定资产的核算工作。

2.1 固定资产

企业的固定资产是企业资产的主要构成项目，是企业固定资金的实物形态。企业的固定资产在企业的总资产中占较大的比重，在企业生产经营活动中起着举足轻重的作用，而设备又占固定资产较大的比重。因此，在研究设备管理之前，首先要了解固定资产。

2.1.1 固定资产应具备的条件

1）使用期限超过一年的房屋及建筑物、机器、机械、运输工具以及其他与生产经营有关的设备、器具及工具等。

2）与生产经营无关的主要设备，但单位价值在2000元以上，并且使用期限超过两年的物品。

凡不具备固定资产条件的劳动资料，均列为低值易耗品。有些劳动资料具备固定资产的两个条件，但由于更换频繁、性能不够稳定、变动性大、容易损坏或者使用期限不固定等原因，也可不列为固定资产。固定资产与低值易耗品的具体划分，应由行业主管部门组织同类企业制订固定资产目录来确定。列入低值易耗品管理的简易设备，如砂轮机、台钻、手动压床等，设备维修管理部门也应建账管理。

2.1.2 固定资产的计价

以货币为计算单位来计算固定资产的价值，称为固定资产的计价。对固定资产进行正确的货币计价，能够正确反映企业财产，是正确计算固定资产折旧的重要依据。在固定资产折旧中，常计算以下几种价值：

1. 原始价值

原始价值是指企业在建造、购置、安装、改建、扩建、技术改造某项固定资产时所支出的全部货币总额，它一般包括：买价、包装费、运杂费和安装费等。企业由于固定资产的来源不同，其原始价值的确定方法也不完全相同。从取得固定资产的方式来看，有调入、购入、接受捐助、融资租入等多种方式。下面分这几种情况进行说明。

（1）购入固定资产　购入是取得固定资产的一种方式。购入的固定资产同样也要遵循历史成本原则，按实际成本入账，即按照实际所支付的购价、运费、装卸费、安装费、保险费、包装费等，记入固定资产的原值。

（2）借款购建　这种情况下的固定资产计价有利息费用的问题。为购建固定资产的借款利息支出和有关费用，以及外币借款的折算差额，在固定资产尚未交付使用或者已投入使用但尚未办理竣工决算之前发生的费用，应当计入固定资产价值，在这之后发生的，应当计入当期损益。

（3）接受捐赠的固定资产的计价　在这种情况下，所取得的固定资产应按照同类资产的市场价格和新旧程度估价入账，即采用重置价值标准；或者根据捐赠者提供的有关凭据确定固定资产的价值。接受捐赠固定资产时发生的各项费用，应当计入固定资产价值。

（4）融资租入的固定资产的计价　融资租赁有一个特点，就是在一般情况下，租赁期满后，设备的产权要转移给承租方。租赁费中包括了设备的价款、手续费、价款利息等。为此，融资租入的固定资产按租赁协议确定的设备价款、运输费、途中保险费、安装调试费等支出计账。

2. 重置完全价值

重置完全价值是企业在目前生产条件和价格水平条件下，重新购建固定资产时所需的全部支出。企业在接受固定资产馈赠或固定资产盘盈时无法确定原值，可以采用重置完全价值计价。

3. 净值

净值又称折余价值，是固定资产原值减去其累计折旧的差额。它是反映继续使用的固定资产尚未折旧部分的价值。通过净值与原值的对比，可以一般地了解固定资产的平均新旧程度。

4. 增值

增值是指在原有固定资产的基础上进行改建、扩建或技术改造后增加的固定资产价值。增值额为改建、扩建或技术改造而支出的费用减去工程过程中发生的变价收入。固定资产大修理不增加固定资产的价值，但如果在大修理的同时进行技术改造，则进行技术改造的投资部分，应当计入固定资产的增值。

5. 残值与净残值

残值是指固定资产报废时的残余价值，即报废资产拆除后留余的材料、零部件或残体的价值；净残值则为残值减去清理费用后的余额。

2.1.3　固定资产折旧

在固定资产的再生产过程中，同时存在着两种形式的运动：一是物质运动，它经历着磨损、修理改造和实物更新的连续过程；二是价值运动，它依次经过价值损耗、价值转移和价值补偿的运动过程。固定资产在使用中因磨损而造成的价值损耗，随着生产的进行逐渐转移到产品成本中去，形成价值的转移；转移的价值通过产品的销售，从销售收入中得到价值补偿。因此，固定资产的两种形式的运动是相互依存的。

固定资产折旧，是指固定资产在使用过程中，通过逐渐损耗而转移到产品成本或商品流通费中的那部分价值。其目的在于将固定资产中的取得成本按合理而系统的方式，在它的估计有效使用期间内进行摊配。应当指出，固定资产的损耗分为有形损耗和无形损耗两种，有形损耗是固定资产在生产中使用和自然力的影响下而发生的在使用价值和价值上的损耗；无形损耗则是指由于技术的不断进步，高效能的生产工具的出现和推广，从而使原有的生产工具的效能相对降低而引起的损耗。因此，在固定资产折旧中，不仅要考虑有形损耗，而且要适当考虑它的无形损耗。

1. 计算提取折旧的意义

合理的计算折旧，对企业和国家具有以下作用和意义：

1）折旧是为了补偿固定资产的价值损耗，折旧资金为固定资产的适时更新和加速企业的技术改造、促进技术进步提供资金保证。

2）折旧费是产品成本的组成部分，正确计算提取折旧才能真实反映产品成本和企业利润，有利于正确评价企业经营成果。

3）折旧是社会补偿基金的组成部分，正确计算折旧可为社会总产品中合理划分补偿基金和国民收入提供依据，有利于安排国民收入中积累和消费的比例关系，搞好国民经济计划和综合平衡。

2. 确定设备折旧年限的一般原则

1）统计计算历年来报废的各类设备的平均使用年限，分析其发展趋势，并以此作为确定设备折旧年限的参考依据之一。

2）设备制造业采用新技术进行产品换型的周期，也是确定折旧年限的重要参考依据之一。目前，工业发达国家产品换型周期短，大修设备不如更新设备经济，因此设备折旧年限较短。

3）对于精密、大型、重型稀有设备，由于其价值高而一般利用率较低，并且维护保养较好，故折旧年限应大于一般通用设备。

4）对于铸造、锻造及其他热加工设备，由于其工作条件差，故折旧年限应比冷加工设备短些。

5）对于产品更新换代较快的专用机床，其折旧年限要短，应与产品换型相适应。

6）设备生产负荷的高低、工作环境条件的好坏，也影响设备使用年限。

设备折旧年限实际上是设备投资计划回收期，过长，则投资回收慢，会影响设备正常更新和改造的进程，不利于企业技术进步；过短，则会使产品成本提高，利润降低，不利于市场销售。

3. 折旧的计算方法

根据折旧的依据不同，折旧费可分为按效用计算或按时间计算两种。按效用计算折旧就是根据设备实际工作量或生产量计算折旧，这样计算出来的折旧比较接近设备的实际有形损耗；按时间计算折旧就是根据设备实际的日历时间计算折旧，这样计算折旧较简便。工业发达国家的企业为了较快地收回投资、减少风险，及时采用先进的技术设备，普遍采用加速折旧法。

加速折旧法是一种加快回收设备投资的方法，即在折旧年限内，对折旧总额不是平均分配，而是先多后少逐年递减。现介绍加速折旧法中的一种折旧方法——年限总额法。年限总额法是将折旧总额乘以年限递减系数来计算折旧，计算公式为

$$A_i = \frac{T+1-t_i}{\sum_{i=1}^{T} t_i}(K_0 - L)$$

式中　A_i——在折旧年限内第 i 年的折旧额；

t_i——折旧年限内的第 i 年度；

T——各类固定资产的折旧年限；

K_0——固定资产原值；

L——设备的预测残值。

例 2-1　一台设备的价值为 7400 元，预测残值为 200 元，最佳使用期为 8 年。试求在使用期内各年的折旧额。

解

$$\sum_{i=1}^{T} t_i = \frac{(T+1)T}{2} = \frac{(8+1)\times 8}{2} = 36$$

$$K_0 - L = (7400-200)\text{元} = 7200\text{元}$$

则第 1 年折旧额　$A_1 = \frac{8+1-1}{36} \times 7200\text{元} = 1600\text{元}$

第 2 年折旧额　$A_2 = \frac{8+1-2}{36} \times 7200\text{元} = 1400\text{元}$

依次可得：$A_3 = 1200$ 元，$A_4 = 1000$ 元，$A_5 = 800$ 元，$A_6 = 600$ 元，$A_7 = 400$ 元，$A_8 = 200$ 元。

2.2　设备的分类

准确地统计设备数量并进行科学的分类，是掌握固定资产构成、分析工厂生产能力、明确职责分工、编制设备维修计划、进行维修记录和技术数据统计分析、开展维修经济活动分析的一项基础工作。设备分类的方法很多，可以根据不同需要从不同角度来进行划分，下面介绍几种主要分类方法。

2.2.1　按编号要求分类

工业企业使用的设备品种繁多，为便于固定资产管理、生产计划和设备维修管理，设备管理部门对所有生产设备必须按规定的分类进行资产编号，这是设备基础管理工作的一项重要内容。

设备编号举例：属于固定资产的设备其编号由两段数字组成，两段数字之间为一横线，如图 2-1 所示。

例如：顺序号为 20 的立式车床，从《设备统一分类及编号目录》中查出，大类别代号为 0，分类别代号为 1，组别代号为 5，其编号为 015—020；按同样方法，顺序号为 15 的点焊机，其编号为 753—015。

对列入低值易耗品的简易设备，亦按上述方法编号，但在编号前加“J”字，如砂轮机编号 J033—010 等。

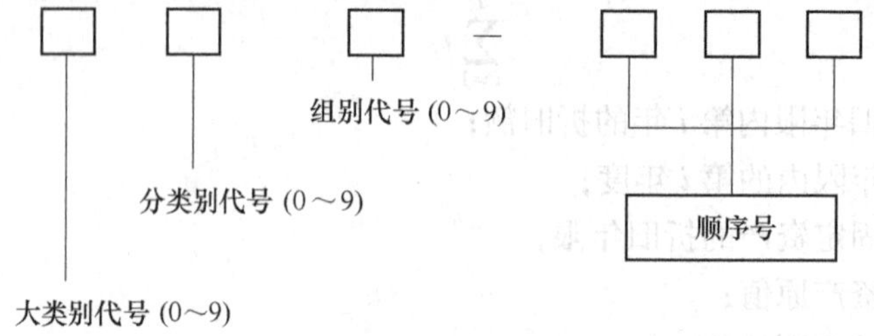

图 2-1　资产编号组成

对于成套设备中的附属设备，如由于管理的需要予以编号时，可在附属设备的分类编号前标以“F”。

2.2.2　按设备维修管理要求分类

为了分析企业拥有设备的技术性能和在生产中的地位，明确企业设备管理工作的重点对象，使设备管理工作能抓住重点、统筹兼顾，以提高工作效率，可按不同的标准从全部设备中划分出主要设备、大型精密设备、重点设备等作为设备维修和管理工作的重点。

1. 主要设备

根据国家统计局现行规定，凡是复杂系数在 5 个以上的设备称为主要设备。

2. 大型和精密设备

机器制造企业将对产品的生产和质量有决定性影响的大型、精密设备列为关键设备。

3. 重点设备

重点设备选定的依据，主要是生产设备发生故障后和修理停机时对生产、质量、成本、安全、交货期等诸方面影响的程度与造成生产损失的大小。具体依据见表 2-1。

表 2-1　重点设备的选定依据

<table>
<tr><th>影响关系</th><th>选 定 依 据</th><th>影响关系</th><th>选 定 依 据</th></tr>
<tr><td rowspan="2">生产方面</td><td rowspan="2">1. 关键工序的单一关键设备
2. 负荷高的生产专用设备
3. 出故障后对生产影响较大的设备
4. 故障频繁，经常影响生产的设备
5. 负荷高并对均衡生产影响大的设备</td><td>成本方面</td><td>1. 台时价值高的设备
2. 消耗动力能源大的设备
3. 修理停机对产量、产值影响较大的设备</td></tr>
<tr><td>安全方面</td><td>1. 出现故障或损坏后严重影响人身安全的设备
2. 对环境保护及作业有严重影响的设备</td></tr>
<tr><td>质量方面</td><td>1. 精加工关键设备
2. 质量关键工序无代用的设备
3. 设备因素影响工序能力指数 CP 值不稳定及使 CP 值很低的设备</td><td>维修性方面</td><td>1. 修理复杂程度高的设备
2. 备件供应困难的设备
3. 易出故障，出故障不好维修的设备</td></tr>
</table>

2.3 设备资产的动态管理

设备资产的动态管理是指由于设备安装验收和移交生产、闲置封存、移装调拨、借用租赁、报废处理等情况引起设备资产的变动，需要处理和掌握而进行的管理。

2.3.1 设备的安装验收和移交生产

设备安装验收与移交生产是设备构成期与使用期的过渡阶段，是设备全过程管理的一个关键环节，其工作程序见图 2-2 所示。设备安装调试后，经鉴定各项指标达到技术要求后，要办理设备移交手续。

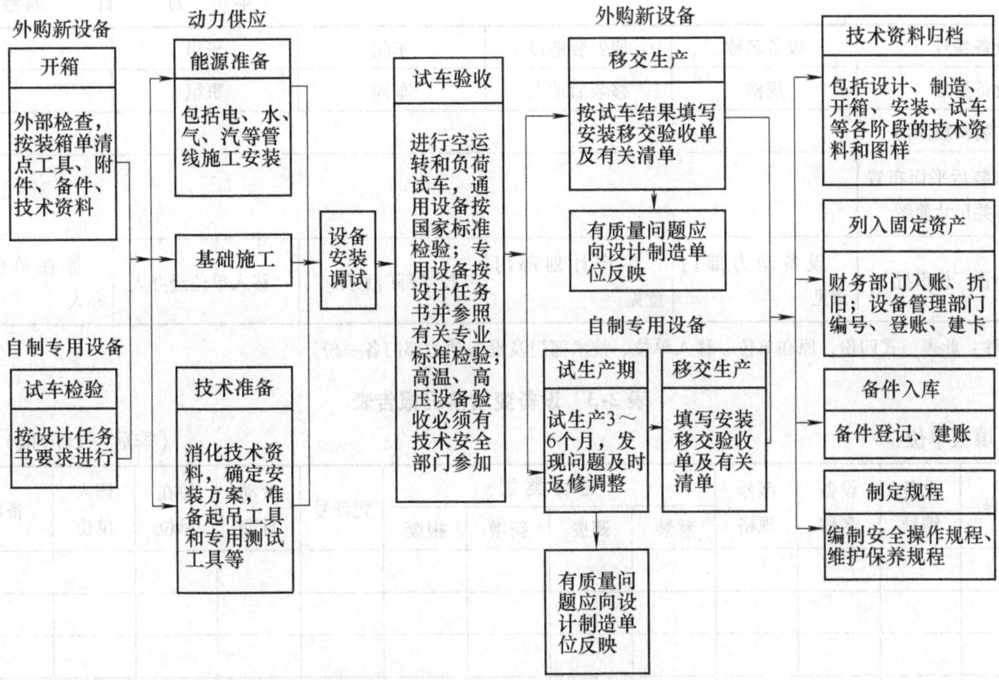

图 2-2 设备安装验收和移交程序图

2.3.2 闲置设备的封存与处理

闲置设备是指过去已安装验收、投产使用而目前生产和工艺上暂时不需用的设备。它在一定时期内不仅不能为企业创造价值，而且占用生产场地，占用固定资金，消耗维护费用，成为保管单位的负担。因此，企业要设法把闲置设备及早利用起来，确定不需用的设备要及时处理给需用的单位。

工厂设备连续停用三个月以上可进行封存。封存分原地封存和退库封存，一般以原地封存为主。封存的设备要挂牌，牌上注明封存日期。设备的封存均需由使用部门向企业设备主管部门提出申请，填写封存申请单，经批准后生效。封存一年以上的设备，应作闲置设备处理。工厂闲置设备分为可供外调与留用两种，由企业设备管理部门定期向上级主管机关报闲置设备明细表。设备封存后，必须做好防尘、防锈、防潮工作。封存时应切断电源，放净冷却水，并做好清洁保养工作；其零、部件与附件均不得移作他用，以保证设备的完整。严禁露天存放设备。

2.3.3 设备移装和调拨

设备移装是指设备在工厂内部的调动或安装位置的移动。凡已安装并列入固定资产的设备，车间不得擅自移位和调动，必须有设备动力部门、生产计划部门、技术部门、移入单位及原在单位会签的“设备移装调拨审定单”（见表2-2）和平面布置图，并经分管厂长审批后方可实施。设备动力部门每季初编制“设备变动情况报告表”（见表2-3），分送财务部门和上级主管部门，作为资产卡片和账目调整的依据。

表2-2 设备移装调拨审定单

年　月　日　编号

设备编号	设备名称	原安装地点	车间	班组	
设备型号	规格	移装后地点	车间	班组	
移装调拨原因					
移装后平面布置及有关尺寸简图					
分管厂长审批	设备动力部门意见	生产计划部门意见	技术部门意见	移入单位经办人	原在单位经办人

注：此表一式四份，原在单位、移入单位、技术部门及设备动力部门各一份。

表2-3 设备变动情况报告表

填报单位：　（季后三日内报）

序号	设备编号	设备名称	型号规格	变动类别				凭证号	变动日期	原在单位	调入单位	备注
				移装	调拨	新增	报废					

设备动力部门负责人：　制表：　年　月　日

设备调拨是指企业相互间的设备调入与调出。双方应按设备分级管理的规定办理申请调拨审批手续，只有在收到主管部门发出的设备调拨通知单后，方可办理交接。设备资产的调拨有无偿调拨（随着市场经济体制的逐步完善，无偿调拨正在减少并趋向消亡）与有偿调拨之分。上级主管部门确定为无偿调拨时，调出单位填明调拨的资产原值和已提折旧，双方办理转账和卡片转移手续；确定为有偿调拨时，通过双方协商，经过资产评估合理作价，收款后办理设备出厂手续，调出方注销资产卡片。在调拨设备的同时，所有附件、专用备件、图册及档案资料等，应一并移交调入单位，调入单位应按价付款。凡设备调往外地时，设备的拆卸、油封、包装托运等，一般由调出企业负责，其费用由调入企业支付。

2.3.4 设备的借用与租赁

企业内部单位之间设备的借出与借入称为设备的借用。设备租赁指企业单位之间设备的租入与租出。对借用的设备，借出单位照提折旧，借入单位按月向借出单位交纳相应的折旧，主管部门应办理调动手续和资产转移，以利于资产管理。对租出的设备，租出单位亦按月照提折旧，租金的计算包括除折旧费外，还应考虑企业的资金利润率。

对于设备租赁，从性质上看是一种借贷资本的运动形式；从作用上看，既是一种信息贸易方式，也是一种筹集资金的手段。作为信贷贸易方式，租赁制是由承租人定期定额交付租金，取得一个时期甚至整个寿命周期的设备使用权，这与分期付款购买商品颇为相似。作为筹资手段，设备租赁是承租人初期只支付了相当于设备原值一小部分的租金就获得了需要依次投入大量资金才能购得设备的使用权，这又类似于信用贷款，让承租企业借入了发展生产所需的长期资金。

设备租赁的优越性如下：

1）利用少量资金就能得到急需的设备，加速提高设备的技术水平和增强企业的竞争能力，少花钱，办大事，争取时间，抓住机遇。

2）可以保持资金的流动状态，提高资金利用率。租赁设备一般每年只需支付相当于设备原值10% ~20%的租金，大幅度减少了企业在固定资产上的投入，使大部分资金仍然流动，从而促进资金周转，防止企业资金呆滞。

3）可以减少技术落后的风险。当前，科学技术发展迅速，设备更新换代的周期大大缩短，企业根据生产需要短期（1 ~2 年）租用设备，需用则租，不用则退，与购置设备长期使用相比，可以减少因技术落后、设备磨损严重所带来的风险和经济损失。

4）可以促进企业加强经济核算，改善设备管理。租赁设备必须按时支付租金，促进企业在租赁之前仔细论证，慎重决策；租用后加强管理，提高利用率，充分发挥设备效能，多创效益，减少损失。

2.3.5 设备报废

设备由于严重的有形或无形的损耗，不能继续使用而退役，称为设备报废。设备报废关系到国家和企业固定资产的利用，必须尽量做好“挖潜、革新、改进”工作。在确定设备不能再利用，且具有下列条件之一时，企业方可申请报废。

1）已超过规定使用年限的老旧设备，主要结构和零部件已严重磨损，设备效能达不到工艺最低要求，无法修复或无修复改造价值。

2）因意外灾害或重大事故受到严重损坏的设备，无法修复使用。

3）严重影响环保安全，继续使用将会污染环境，引发人身安全事故，危害健康，进行修复改造不经济。

4）因产品转型、工艺变更而淘汰的专用设备，不宜修改利用。

5）技术改造和更新替换的旧设备不能利用和调出。

6）按国家能源政策应予淘汰的高耗能设备。

设备的报废需一定的审批程序，具体如图 2-3 所示。

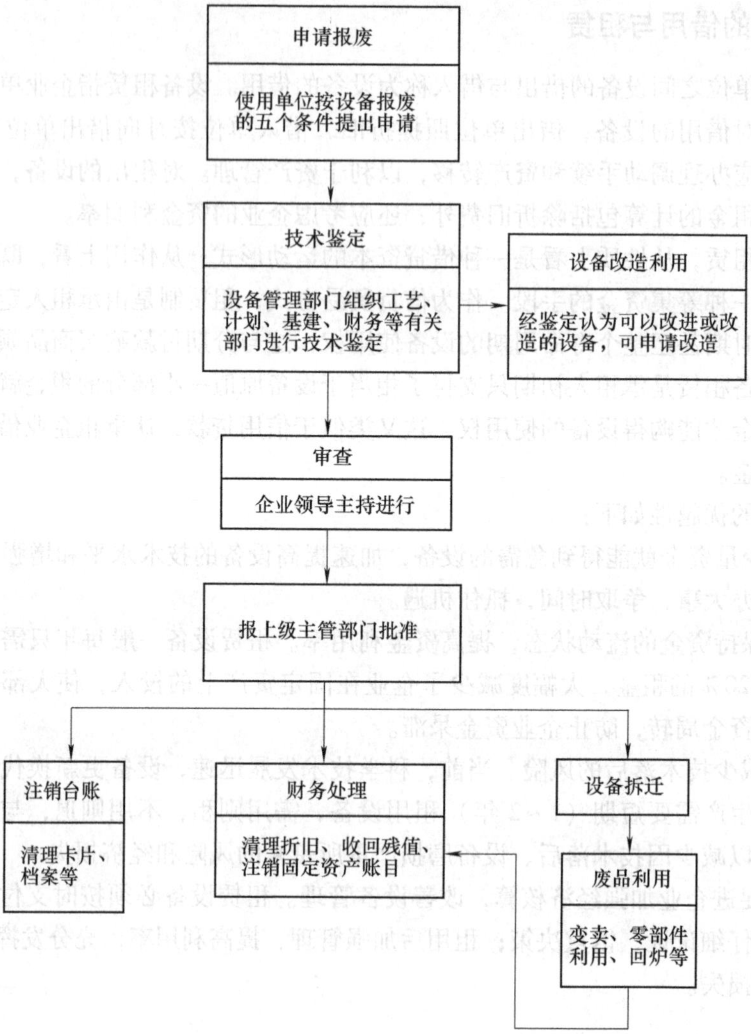

图 2-3　设备报废程序图

2.4　设备资产管理的基础资料

设备资产管理的基础资料包括：设备资产卡片、设备编号台账、设备清点登记表、设备档案等。企业的设备管理部门和财务部门均应根据自身管理工作的需要，建立和完善必要的基础资料，并做好资产的动态管理。

2.4.1　设备资产卡片

设备资产卡片是设备资产的凭证，在设备验收移交生产时，设备管理部门和财务部门均应建立单台设备的固定资产卡片，登记设备的资产编号、固有技术经济参数及变动登记，并按使用保管单位的顺序建立卡片册。随着设备的调动、调拨、新增和报废，卡片位置可以在卡片册内调整、补充或抽出注销。设备卡片见表 2-4。

表 2-4　设备卡片

年　　月　　日　　　　　　　　　　　　（正面）

轮廓尺寸：长　　宽　　高						质量 /t
国别：	制造厂：			出厂编号：		
主要规格				出厂年月		
				投产年月		
附属装置	名称	型号、规格	数量			
				分类折旧年限		
				修理复杂系数		
				机	电	热

资产原值	资金来源	资产所有权	报废时净值
资产编号	设备名称	型号	精、大、稀、关键分类

（背面）

	用途	名称	型号	功率/kW	转速/(r/min)	备注
电动机						

变动记录

年　　月	调入单位	调出单位	已提折旧	备注

2.4.2　设备台账

设备台账是掌握企业设备资产状况，反映企业各种类型设备的拥有量、设备分布及其变动情况的主要依据。它一般有两种编排形式：一种是设备分类编号台账，它以《设备统一分类及编号目录》为依据，按类组代号分页，按资产编号顺序排列，以便于新增设备的资产编号和分类型号统计。

另一种是按车间、班组顺序排列编制使用单位的设备台账，这种形式便于生产维修计划管理及年终设备资产清点。以上两种台账汇总，构成企业设备总台账。两种台账可以采用一种表格形式，见表 2-5。

表 2-5　设备台账

单位：　　　　　　　　　　　　　　　　　　　　　　　　　　　　设备类型：

序号	资产编号	设备名称	型号	精、大、稀、关键分类	复杂系数			配套电动机		总质量/t	制造厂（国）	制造年月	验收年月	安装地点	分类折旧年限	设备原值/元	进口设备合同号	随机附件数	备注
			规格		$F_{机}$	$F_{电}$	$F_{热}$	台	kW	轮廓尺寸	出厂编号	进厂年月	投产年月						

对精、大、重、稀设备及机械工业关键设备，应另行分别编制台账。

企业于每年年末由财务、设备管理部门和使用保管单位组成设备清点小组，对设备资产进行现场清点，要求做到账、物相符；对实物与台账不符的，应查明原因，提出盈亏报告，进行财务处理。清点后填写设备清点登记表，见表 2-6。

表 2-6　设备清点登记表

单位：　　　　　　　　　　　　　　　　　　　　　　　　　　　　设备类型：

序号	资产编号	设备名称	型号	配套电动机		制造厂（国）	安装地点	用途		使用情况					资产原值/元	已提折旧/元	备注
			规格	台	kW	出厂编号		生产	非生产	在用	未使用	封存	不需用	租出	改造增值		

2.4.3　设备档案

设备档案是设备从规划、设计、制造、安装、调试、使用、维修、改造、更新直至报废的全过程形成的图样、方案说明、凭证和记录等文件资料。它汇集并积累了设备一生的技术状况，为分析、研究设备在使用期间的使用状况、探索磨损规律和检修规律、提高设备管理水平、反馈制造质量和管理质量信息，提供了重要依据。

属于设备档案的资料有：

1）设备计划阶段的调研、经济技术分析、审批文件和资料。

2）设备选型依据。

3）设备出厂合格证和检验单。

4）设备装箱单。

5）设备入库验收单、领用单和开箱验收单等。

6）设备安装质量检验单、试车记录、安装移交验收单。

7）设备调动、借用、租赁等申请单。

8）设备历次精度检验记录、性能记录和预防性实验记录。

9）设备历次保养记录、维修卡、大修理内容表和完工验收单。

10）设备故障记录。

11）设备事故报告单及事故修理完工单。

12）设备维修费用记录。

13）设备封存和启用单。

14）设备普查登记表及检查记录表。

15）设备改进、改装、改造申请单及设计任务通知书。

至于设备说明书、设计图样、图册、底图、维护操作规程、典型检修工艺文件等，通常都作为设备的技术资料，由设备资料室保管和负责提供，均不纳入设备档案管理。

2.4.4 设备的库存管理

设备库存管理包括新设备到货入库管理、闲置设备退库管理、设备出库管理以及设备仓库管理等。

1. 新设备到货入库管理

新设备到货入库管理主要掌握以下环节：

（1）开箱检查　新设备到货三天内，设备仓库必须组织有关人员开箱检查。首先取出装箱单，核对随机带来的各种文件、说明书与图样、工具、附件及备件等是否相符；然后察看设备状况，检查有无磕碰损伤、缺少零部件、明显变形、尘沙积水、受潮锈蚀等情况。

（2）登记入库　根据检查结果，如实填写设备开箱检查入库单。

（3）补充防锈　根据设备防锈状况，对需要经过清洗重新涂防锈油的部位进行相应的处理。

（4）问题查询　对开箱检查中发现的问题，应及时向上级反映，并向发货单位和运输部门提出查询，联系索赔。

（5）资料保管　开箱检查后，仓库检查员应及时将装箱单、随机文件和技术资料整理好，交仓库管理员登记保管，以供有关部门查阅，并于设备出库时随设备移交给领用单位的设备部门。

2. 闲置设备退库管理

闲置设备必须符合下列条件，经设备管理部门办理退库手续后方可退库；

1）是企业不需要的设备，而不是待报废的设备。

2）经过检修达到完好要求的设备，需用单位领出后即可使用。

3）经过清洗防锈达到清洁、整齐。

4）附件及档案资料随机入库。

5）持有计划调配部门发给的入库保管通知单。

对于退库保管的闲置设备，计划调配部门及设备库均应专设账目，妥善管理，并组织调剂处理。

3. 设备出库管理

设备计划调配部门应了解使用单位的设备安装条件，只有在条件具备时，方可签发设备分配单。使用单位在领出设备时，应根据设备开箱检查入库单做第二次开箱检查，清点移交；如有缺损，由仓库承担责任，并采取补救措施。

4. 设备仓库管理

1）设备仓库存放设备时要做到：按类分区，摆放整齐，横向成线，竖看成行，道路畅通，无积存垃圾、杂物，经常保持库容清洁、整齐。

2）仓库要做好十防工作：防火种、防雨水、防潮湿、防锈蚀、防变形、防变质、防盗窃、防破坏、防人身事故、防设备损伤。

3）仓库管理人员要严格执行管理制度，坚持三不收发，即设备质量有问题尚未查清且未经主管领导做出决定的，暂不收发；票据与实物型号规格数量不符未经查明的，暂不收发；设备出、入库手续不齐全或不符合要求的，暂不收发。要做到账卡与实物一致，定期报表准确无误。

4）管理人员按设备的防锈期向仓库主任提出防锈计划，组织人力进行清洗和涂油。

5）设备仓库按月上报设备出库月报，作为注销库存设备台账的依据。

思 考 题

1. 固定资产有何特点？固定资产应具备什么条件？
2. 设备租赁的优越性是什么？
3. 企业申请设备报废的条件是什么？
4. 什么是设备档案？设备档案的资料包括哪些？

第3章 设备的前期管理

设备的前期管理又称设备的规划工程，是指设备从规划开始到投产这一阶段的管理。固定资产中，设备占绝大部分，一般在70%以上。

设备在使用期的维护保养、修理和使用管理固然重要，但设备前期的管理，对于企业能否保持设备完好，不断改善和提高企业技术装备水平，充分发挥设备效能，取得良好的投资效益，起着关键性的作用，其重要性在于：

1）投资阶段决定了几乎全部周期费用的90%，也影响着企业产品成本。

2）投资阶段决定了企业装备的技术水平和系统功能，也影响着企业生产效率和产品质量。

3）投资阶段决定了装备的适用性、可靠性和维修性，也影响到企业装备功能的发挥和可利用率。

设备的前期管理是指对设备的追加投资和更新改造，新建、扩建改造项目中有关的设备投资。设备从规划购置到安装，在正式转入固定资产前，设备动力部门在这一阶段的管理工作内容包括：设备规划方案的调研、制订、论证和决策；设备市场货源调查和信息的收集、整理、分析；设备投资计划的编制，费用预算，实施程序；设备采购，订货，合同管理；自制设备的设计、制造；设备安装，调试运转；设备使用初期管理；设备投资效果分析、评论和信息反馈等。设备的前期管理与后期管理构成了完整的设备寿命周期管理循环系统，如图3-1所示。

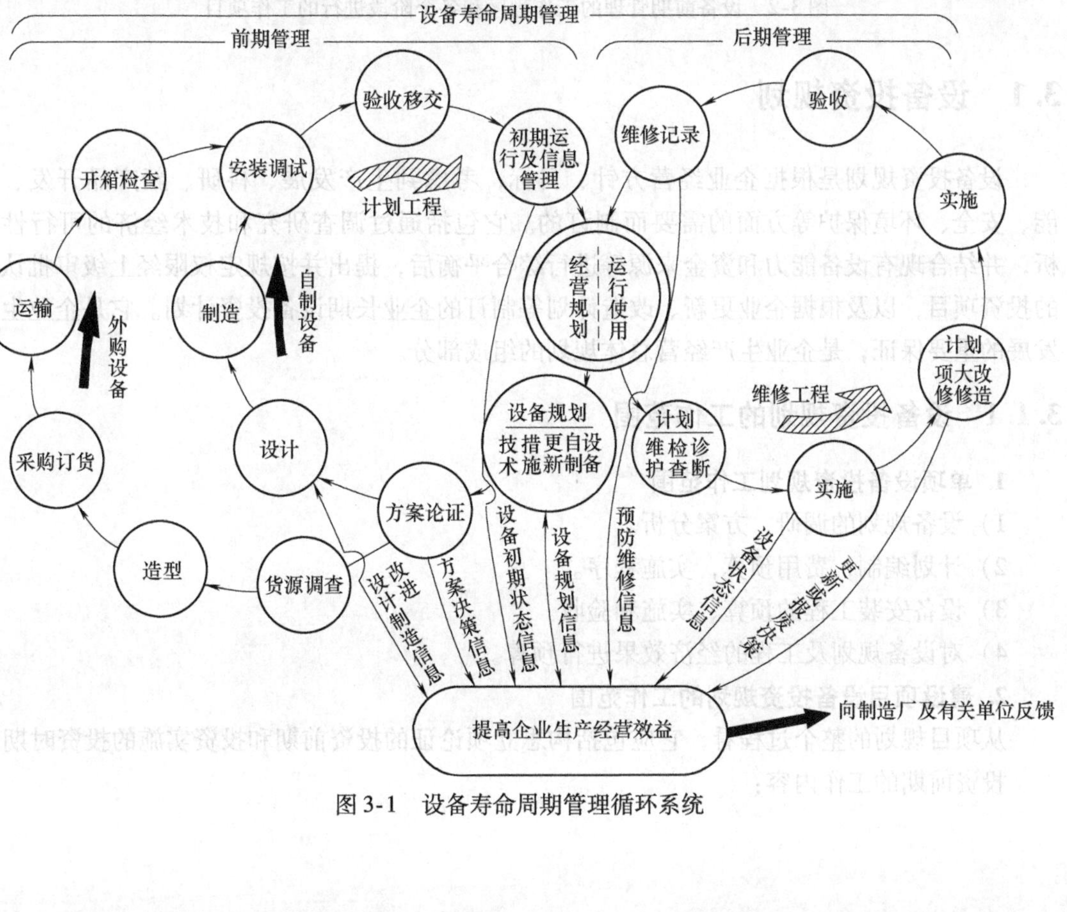

图3-1 设备寿命周期管理循环系统

设备前期管理的工作程序和各个阶段进行的工作项目如图 3-2 所示。

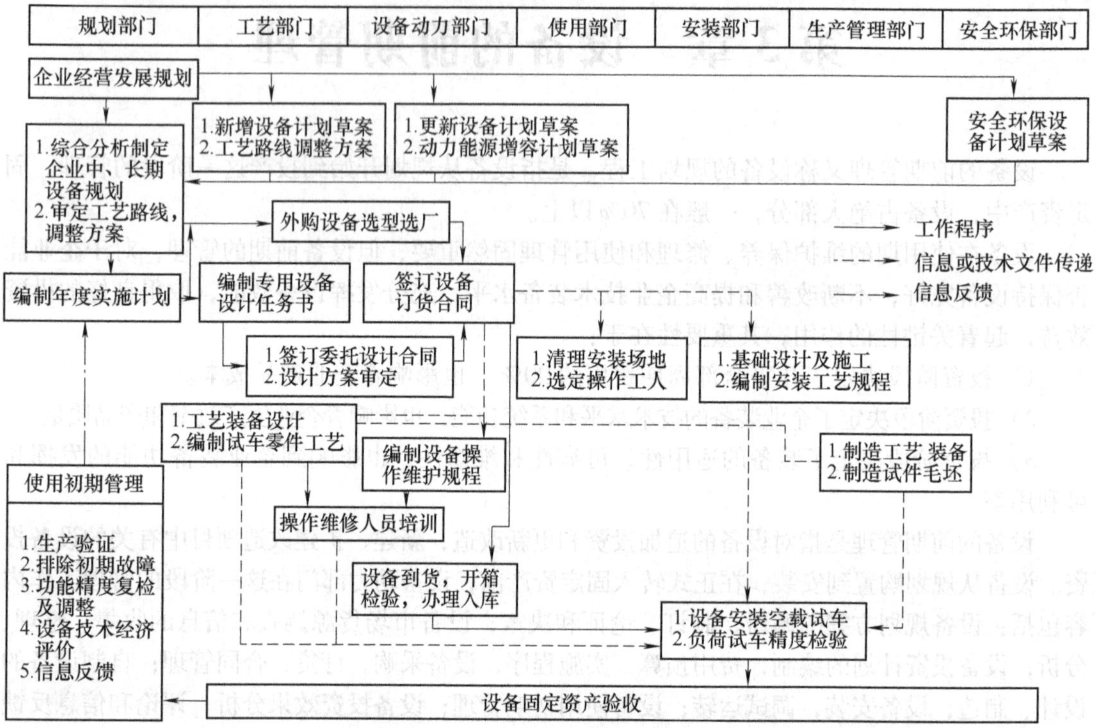

图 3-2　设备前期管理的工作程序和各个阶段进行的工作项目

3.1　设备投资规划

设备投资规划是根据企业经营方针、目标，考虑到生产发展、科研、新产品开发、节能、安全、环境保护等方面的需要而制订的。它包括通过调查研究和技术经济的可行性分析，并结合现有设备能力和资金来源等进行综合平衡后，提出并按规定权限经上级审批认可的投资项目，以及根据企业更新、改造计划等制订的企业长期设备投资计划。它是企业生产发展的重要保证，是企业生产经营总体规划的组成部分。

3.1.1　设备投资规划的工作范围

1. 单项设备投资规划工作范围

1）设备规划的调研，方案分析。

2）计划编制，费用预算，实施程序。

3）设备安装工程的预算、实施和验收。

4）对设备规划及工程的经济效果进行预算。

2. 建设项目设备投资规划的工作范围

从项目规划的整个过程看，它应包括构思立项论证的投资前期和投资实施的投资时期。

投资前期的工作内容：

（1）鉴定投资机会　主要是根据国家行业企业发展规划和市场需要，结合企业情况进行鉴别，选择有利的投资机会。

（2）立项　对投资机会进行初步可行性研究和选择，并在此基础上进一步将项目的设想转变为概略的投资建议，激发投资响应，并按规定权限申报立项。

（3）可行性研究　立项报告批准后，在初步研究的基础上进一步对项目进行技术和经济上的全面可行性研究，落实资金，拟订项目投资内容，并正式编制项目可行性报告，按规定程序报批，同时进行鼓励投资的活动。

（4）评论和决定　通常是由具有批准权限的政府机构，委托有关工程技术咨询公司对项目可行性报告从技术、经济等方面进一步论证，作出项目的可行性评论，为项目决策提供重要依据和参考。项目单位必须为咨询公司和项目评论单位如实提供所需技术、经济信息和数据。

投资实施的工作内容：

（1）谈判和订立合同阶段　有目的地与国内、外商家或技术咨询承包公司进行技术和设备引进的谈判，并签订正式合同。

（2）项目设计阶段　包括项目扩大初步设计和施工图设计。

（3）施工阶段　包括基础的浇筑、验收及设备的安装。

（4）试运转阶段　包括设备调试和试生产。

最后还要总结经验和移交生产，包括对工程质量的评价验收和交付生产。

3.1.2　设备投资规划程序

设备投资规划要以生产经营规划和发展战略所需要的总输出，以及为保证输出对设备提出的要求为依据，在充分利用现有设备的同时考虑采用新技术、新工艺、新材料和新设备，根据获得的技术进步和投资项目经济效益等情况，进行技术经济分析，并根据资金和时间因素进行综合评估，做出最佳设备投资规划方案。其决策过程如图 3-3 所示。

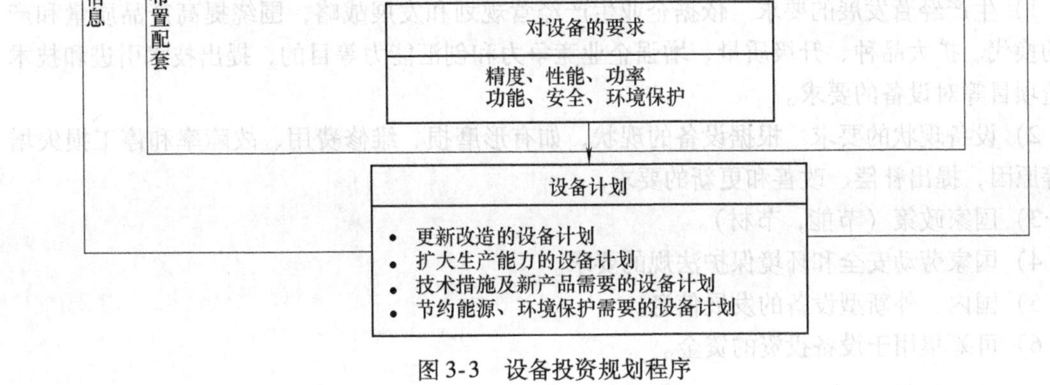

图 3-3　设备投资规划程序

1. 任务的分解与投资项目的申请

将企业生产发展规划所列出的各项生产经营目标分解给企业各有关单位，各单位根据所承担任务的需要，提出增加设备或改造设备的项目申请。各单位在提出申请时，不能只顾一时需要而轻率提出申请计划，必须对预计设备的投资、安装后的利用率、技术发展方向等问题作初步调查研究，做到申请有依据。申请计划交设备规划部门汇总。

2. 项目的确认

规划部门收到申请汇总后，根据企业生产发展规划和各申请单位的装备能力，剔除显然不能成立的项目申请，对剩下的项目进行研究和组织调查，内容包括：

1）企业的主观因素。包括申请的背景和理由、现有设备利用率和潜力、厂房条件、运输安装能力、能源和原材料供应、资金来源、操作和维护技术水平、技术发展方向、环境保护和安全技术、劳动力配备、实施时间和进度安排、企业机构和管理水平等。

2）设备选型因素。包括设备的规格（生产能力、加工范围等）和技术性能、供应条件、维修专用工具和仪器、故障和事故等。

3）设备制造厂家的因素。包括制造厂的历史和技术力量、产品的发展过程、该型号设备的新产品发展和改进计划、质量管理水平等。

4）费用方面的因素。包括售价、运输费、安装费、培训费等。

根据调查研究的资料，估算各方案预期的经济效果，并进行比较、分析和评价。重大项目进行可行性研究并按规定程序报批，一般设备项目由企业主要经营者作出决定，经批准确认才能成立。

3. 投资方案的设计

设备规划部门会同生产、财务、公用设施等部门，依据生产和项目的进度要求、资金情况、配套工具情况等因素，设计出投资规划实施方案，将已确认成立的项目汇总，列出实施规划的顺序和进度、使用资金的日期和数量。要求规划采取措施尽量缩短规划实现的时间，使新设备早日投产，获得收益，以加速资金周转。规划经企业主要经营者批准后，作为企业生产经营规划的一个组成部分下达实施。

4. 投资效果评价标准的制订

对投资项目或系统的功能、效率和效益，应在投资前期确定评价标准，作为投资实施时期对项目或系统进行验收的依据。

3.1.3 设备投资规划的主要依据

1）生产经营发展的要求　依据企业生产经营规划和发展战略，围绕提高产品质量和产品的换代、扩大品种、升级质量、增强企业竞争力和创汇能力等目的，提出技术引进和技术改造项目等对设备的要求。

2）设备现状的要求　根据设备的现状，如有形磨损、维修费用、故障率和停工损失增高等原因，提出补偿、改善和更新的要求。

3）国家政策（节能，节材）。

4）国家劳动安全和环境保护法规的要求。

5）国内、外新型设备的发展信息。

6）可筹集用于设备投资的资金。

3.1.4 资金的时间价值

资金的价值与时间有着密切的关系，今天可以用来投资的一笔资金即使不考虑通货膨胀的因素，也比将来同等数额的资金更有价值，因为它能立即用来投资，并在工程投产后获得更多的资金。

资金的时间价值都是以一定的经济活动后所产生的增值或利润来体现的。

由于资金时间价值的存在，各个时期的支出和收入是不能直接进行比较的，只能把不同时期收支的价值换算成相同时间的价值，然后在相同时间价值的基础上进行分析比较。因此，为了正确评价投资项目的经济效果，必须考虑发生在不同时间的各种资金的时间价值。

3.2 外购设备的选型与购置

3.2.1 设备选型应考虑的问题

(1) 生产率　设备的生产率一般用设备在单位时间（分、时、班、年）内的产品产量表示。例如，锅炉以每小时蒸发蒸汽吨数来表示生产率；空气压缩机以每小时输出压缩空气的体积来表示生产率；发动机以功率来表示生产率。

(2) 工艺性　机器设备最基本的一条是符合产品工艺的技术要求，设备满足生产工艺要求的能力叫工艺性。例如，金属切削机床应能保证所加工零件的尺寸精度、几何形状与位置精度以及表面质量的要求，如需要坐标镗床的场合很难用铣床代替；加热设备需满足产品工艺的最高和最低温度要求，以及温度均匀和温度控制精度等要求。除上述基本要求外，设备操作控制的要求也很重要，一般要求设备操作轻便、控制灵活。对产量大的设备，要求其自动化程度高；对于进行有毒、有害作业的设备，则要求能自动控制或远距离监督控制等。

(3) 可靠性　对设备不仅要求其有合适的生产率和满意的工艺特性，而且要求其不发生故障，这样就产生了可靠性概念。可靠性只能在工作条件和工作时间相同的情况下才能进行比较，所以其定义是：系统设备零部件在规定的时间内、在规定的工作条件下完成规定功能的能力。

定量测量可靠性的标准是可靠度。可靠度是指系统设备零部件在规定的工作条件下、在固定的时间内能毫无故障地完成规定功能的概率，是时间的函数。用概率表示抽象的可靠度以后，设备可靠性的测量、管理、控制、保证才有计量的尺度。

(4) 维修性　维修性是指通过修理和维护保养手段来预防和排除系统设备零部件等故障的难易程度。其定义是：系统设备零部件等在进行修理时能以最小的资源消耗（包括人力、设备、工具、仪器、材料、技术资料、备件等）在正常条件下顺利完成维修的可能性。同可靠性一样，对维修性也引入一个定量测定标准——维修度。维修度是指能修理的系统、设备、零件、部件等按规定的条件进行维修时，在规定时间内完成维修的概率。

影响维修性的因素有易接近性、易检查性、坚固性、易装拆性、零部件标准化和互换性、零件的材料和工艺方法、维修人员的安全、特殊工具和仪器、备件供应、生产厂的服务质量等。可靠度达到一定程度后，再继续提高很困难。相对微小地提高可靠度，会造成设备费用按指数规律增长。因此，提高维修性，减少将设备故障修复到正常工作状态的时间和费用就相当重要。

（5）经济性　最初投资包括购置费、运输费、安装费、辅助设施费等。耐久性是指零部件在使用过程中物质磨损允许的自然寿命。对于有很多零部件组成的设备，则以整台设备的主要技术指标（如工作精度、速度、效率、生产率等）达到允许的极限数据的时间来定义耐久性。自然寿命越长，每年分摊的购置费用越少。平均每个小时费用中，设备投资费所占比重越少，生产成本越低。但设备技术水平在不断提高，设备可能在尚未达到自然寿命周期以前，就会由于技术落后而被淘汰。因此，要求不同类型的设备具有不同的耐久性，如精密重型设备最初投资大，但自然寿命长，其过程的经济效果就好；而简易专用设备随工艺发展而改变，就不必有太长的自然寿命。能耗是单位产品能源的消耗量，是一个很重要的指标。评价能耗的大小时，不仅要看消耗量的大小，还要看使用的能源的类型，因为不同的能源其经济效果不同。虽然我国资源比较丰富，但人均资源占有量却只有世界平均数的1/2、美国的1/10、前苏联的1/7，而每万元产值的能源消耗比美国、前苏联高两倍多，所以节能对我们来说是一个尖锐而突出的问题。上述因素有些相互影响、有些相互矛盾。当一个指标的经济性好时，也许会使另一项经济性变差，不可能保证各项指标同时都是最经济的，但可以根据企业具体情况以某几个因素为主，参考其他因素来进行分析计算，综合平衡对这些指标的要求。

（6）安全性　安全性是指设备对生产安全的保障性能，设备应具有必要和可靠的安全防护措施，避免带来人身事故和经济损失。

（7）环境保护性　环境保护性是指设备噪声和排放有害物质对环境污染的程度。环境保护越来越受到人们的重视，已被全世界的人们所关注。因此，在选择设备时，要尽量选择噪声和排放的有害物质在保护人体健康的标准范围之内的设备。

3.2.2　设备选择的步骤

设备的选型（包括确定制造厂家）要注意调查研究，采取“三次选择”的方法。

第一次——预选：是在广泛收集设备市场货源情况的基础上进行的。货源情况的来源包括产品样本、产品目录、电视广告、报刊广告等。

第二次——细选：是在第一次预选的基础上进行的。首先要对预选的机型和厂家进行调查、联系和询问，详细了解产品的各种技术参数、效率、精度、性能；制造厂的服务质量和信誉，使用单位对其产品的反映和评价；货源及供货时间；订货渠道、价格及随机附件等情况，做好调查记录，填写设备货源调查表，见表3-1。然后进行分析、比较，从中再选出几个认为最有希望的机型和厂家。

第三次——选定：首先，要在第二次细选的基础上与选出的机型和厂家进一步联系接洽，必要时做专题调查和了解。然后，由设备、工艺技术、计划和使用部门共同评价，选出最理想的机型和厂家作为第一方案（同时也要准备第二、第三方案，以便订货过程中出现新情况时备用）。对一些关键设备，除采用多次筛选法外，还应通过必要的技术经济分析和评价来进行优选。最后，由主管领导决策批准，正式签订合同。这样，便完成了设备选择的全过程。

表 3-1　设备货源调查表

（正面）

设备目的						
设备名称		型号		规格		制造厂
制造厂详细地址				调查单位、对象		
主要数据和特性	序号	项目	标准值或规定特性	国内最高水平	实际能达到的水平	评价

（背面）

配套情况					
该设备结构的特点或缺点					
质量情况					
能提供的服务	备件、配件供应				
能提供的资料	技术资料				
价格情况	国家价格	制造厂优惠价格		与其他厂比较的评价	
对本企业产品适应的评价					
综合评价					
调查人员	单位	姓名	职务	调查日期	

3.2.3 设备的订货

设备的订货就是根据企业设备投资规划中最后决策所列出的外购设备明细表，按质量、数量、交货期的要求，向供方进行询价、报价、磋商、签约和按约收货。

（1）订货程序 设备采购部门按外购设备明细表先进行市场货源调查，向制造厂和供应商询价和了解供货情况，收集各种报价和供货的可能并做出评价选择，同制造厂就某些细节进行磋商，最后签订订货合同或订货协议，由双方签章后便具有法律效力。国内外订货程序如图3-4所示。

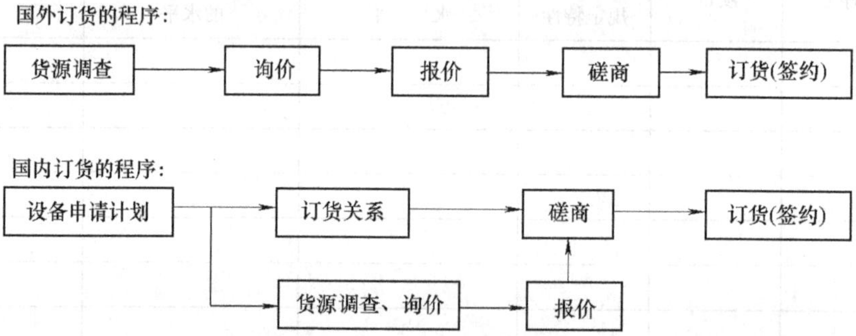

图3-4 国内外订货程序

（2）订货合同 所谓合同，即是供需双方达成的一致性协议，经双方签章后便具有法律效力。设备订货合同一般包括以下内容：

1）设备的名称、规格、型号等。

2）数量和质量：计量单位和数量、设备的技术标准和包装标准等。

3）价款：产品的价款、结算方法、结算银行、账号等。

4）履行的期限、地点和方式：交货期、运输方式、交货单位、收货单位、到货地点（到站、港）、交（提）货日期和检验方法等。

5）违约责任：违反合同的处理方法和罚金、赔偿损失的范围和赔款金额等。

6）其他。

（3）合同管理 订货合同及协议书（包括附件和补充材料）、订货过程中的往返电函和订货凭证都应妥善管理、进行登记，并记录执行中发生的事项，以便订货过程中查询和执行合同时备查，并作为解决供需双方可能发生的矛盾的依据。

3.3 自制设备管理

为了适应企业的生产发展，企业往往要自行设计、制造一些高效专用的设备及非标准设备等，是企业获得经济效益的好办法。

3.3.1 自制设备管理范围

自制设备的管理工作应由设备动力部门参与或负责。其主要工作内容如下：

1）编制设计任务书。

2）审查设计方案。

3）编制计划与费用预算表。

4）试制与鉴定样机。

5）质量检查。

6）验收落户（转入固定资产）。

7）技术资料归档。

8）总结评价与信息反馈。

3.3.2 自制设备设计时应考虑的因素

1）提高零、部件标准化、系列化、通用化水平。

2）提高设备结构的维修性。

3）使用先进结构、材料、工艺，以提高零、部件的耐久性和可靠性。

4）注意采用状态监测、故障报警和故障保护措施。

5）尽量减少保养工作量。

3.3.3 职责分工

自制设备的设计方案及全部图样资料等技术文件，由承担设计的单位（工艺或设备部门）提出。

在自制设备制造过程中，由设备制造车间（或机修车间）负责工艺编制、工装检具的设计等技术工作。

3.3.4 自制设备的验收

自制设备管理中最重要的环节是质量鉴定和验收工作。应依据设计任务书和图样要求所规定的验收条件，召开由主管领导主持、有关部门参加的自制设备鉴定验收会议，对自制设备进行全面的技术、经济评价和鉴定，合格后由质量检查部门发给合格证。安装调试合格后，由设计、制造部门向设备动力部门办理移交手续。

3.4 国外设备订货管理

国外设备订货是指通过贸易途径及各种不同的合同或租赁方式，从国外获得企业发展生产和提高科学技术水平所需的技术设备，如成套设备或关键设备，进口样机，与外国企业合作设计、制造的产品，设备状态监测和诊断用的设备和仪器等。企业有计划、有重点、有选择地向国外订购适用而先进的设备，以适应发展生产、扩大品种、提高产品质量的需要，这是促进企业现代化进程的重要手段。

国外设备订货工作必须讲求经济效果，按经济规律办事，认真做好可行性研究。要充分利用现有企业挖潜、革新、改造，以节省投资和人力、物力。国外订购的设备必须是适用、先进和可靠的，以利于我国工业的发展。

3.4.1 项目建议书的内容

项目建议书是该项目进行各项准备工作和在年度计划里安排有关工作费用的依据。只有该项目建议书批准后，才能将该项目列入国外设备订货的年度计划，进行可行性研究，同国外厂商正式签约。项目建议书的主要内容有：项目名称、项目的主办单位及负责人、进口国别和厂商、设备名称规格、项目资金的估计与来源、项目的技术安排、初步的技术经济分析等。

3.4.2 设备询价与报价

所谓询价，即将订购的设备名称、规格、型号、数量等条件开列后，向供应商查询价格。询价的对象不限一家、一个地区或一个国家，可选择几个国家、几个地区和几个厂家进行询价。

所谓报价，即买方将需购的设备向供应商发出询价或订购函，请买方提出报价单。

3.4.3 合同签订

国外订货合同称“合约”，由买卖双方或经其授权的代理人签订。合同必须经过询价和报价并由接受的买卖双方达成协议才有效。

签订合同时应注意以下事项：

1）设备的名称应采用国际通用的标准名称。

2）注意设备的规格或质量是否适当。

3）价格与付款条件，包含单价及总金额。

4）签订合同时，需注意各国有关设备出口贸易法令的规定。

5）订购设备的包装与装运要具体说明。

6）确定交货地点与日期及交货拖延的处理等。

7）决定运输的方法。

8）确定由买方投保还是由卖方投保。

9）需选定国际公正商检机构检验设备质量，确定检验条件和方法。

10）应说明发生产品质量不良时如何赔偿，如何调解双方的纠纷及仲裁地点。

11）设备有关图样资料、备品配件、附件、专用工具、检测和诊断仪器、特殊切削液和润滑油料等，以及聘请专家指导、委托培训人员和提供其他技术服务等，必须在订购设备的同时引进或购买，并在合同上注明，不得遗漏。

3.4.4 提货管理

无论是技术引进工程，还是单机进口，除了上述工作外，设备主管部门还要抓好以下几个环节：

(1) 做好口岸接收和运输工作　设备到达口岸（机场、港口、车站）后，订货企业应有专人驻港了解情况，掌握进口设备的船（机、车）期、箱号、名称、数量，并配合理货部门分清批次，核对到货户头、名称是否与合同相符，查清箱件有无残损，对残损问题要协助到货部门严格分清原残、工残，并及时取得运输部门的有效签证。

(2) 做好设备入库保管　设备运达工厂后，要立即入库保管，保管员应按照包装箱的标记分类保管，保证开箱及安装时按需要随时出库。

(3) 检验和索赔　检验进口设备是管理工作的重要环节。进口设备到货后，应组织专门机构人员负责这一工作，及时开箱检验，并迅速安装试车，这样才能发现设备的规格、质量和数量是否与合同相符，以便及时提出索赔。如合同规定卖方参加开箱检验，则应通知卖方到场。

开箱检验前要检查包装是否完整，开箱后查点箱内文件、单据、技术资料是否齐全，核对实物是否与装箱单相符。

索赔是购货单位按照合同确认的索赔、仲裁条件，向参与卖、运输保险货物的部门索要损失的过程。索赔分以下几种情况：

1）设备缺损的索赔。

2）运输部门责任的索赔。

3）质量低劣与损坏的索赔。

4）交货期拖延造成损失的索赔。

3.5 设备安装工程的管理

按照设备工艺平面布置及有关安装技术要求，将到货经开箱检查的外购设备或大修、改造、自制设备，安装在规定的基础上，进行找平、稳固，达到安装规范的要求，并通过调试、运转、验收使之满足生产工艺的要求，称为设备安装。

3.5.1 管理范围

1）在设备计划内，经验收入库的外购设备。

2）质量合乎规定，经鉴定验收合格的自制设备和经过大修或技术改造的设备。

3）根据工厂计划列入工艺布置调整的设备移装。

4）对因灾害、生产对象变动等原因引起的设备问题的处置。

3.5.2 计划编制与实施

1. 安装计划的编制依据

1）工厂设备规划。

2）安装人员数量、技术等级和实际水平。

3）安装材料的消耗、定额、储备及订货情况。

4）安装费用标准，安装工时定额。

2. 编制安装程序及安装费用预算

1）根据工厂的设备规划、外购设备订货合同的交货期，自制、改造和大修设备的计划进度等编制设备安装计划。

2）根据安装计划，估计工时、人员需用量和安装材料需用量，并做出费用预算。

3）根据安装计划，与使用部门和有关部门协调工程进度。

4）根据安装计划，提出外包工程项目、技术要求及费用预算。

然后，根据设备库存和实际到货情况等，按季、月编制安装工程进度表，人员、器具、材料及费用预算，施工图样和技术要求，并在预计开工日期之前，下达给施工和使用部门做施工准备。

3.6 设备使用初期的管理

设备使用初期的管理是指设备安装投产运转后，初期使用阶段的管理，包括从安装试运转到稳定生产这一观察时期（一般为半年左右）内的设备调整试车、使用、维护、状态监测、故障诊断、操作人员的培训、维修技术信息的收集与处理等全部工作。

加强设备使用初期的管理是为了使投产的设备尽早达到正常、稳定的良好状态，满足生产效率和质量的要求，同时可发现设备初期管理中存在的问题，尤其可及时发现设备设计与制造中的缺陷和问题，并进行信息反馈，提出新设备的设计质量问题和进行改进设备造型工作，并为今后的规划、决策提供可靠的依据。设备使用初期管理的主要内容有：

1）进行设备初期使用中的调整试车，使其达到原设计预期的功能。

2）进行操作工人使用、维护设备的技术培训工作。

3）对设备使用初期的运转状态进行观察、记录和分析处理。

4）提出稳定生产、提高设备生产效率方面的改进措施。

5）开展使用初期的信息管理，制定信息收集程序，做好初期故障的原始记录，填写设备初期使用鉴定书、调试记录等。

6）使用部门要提供设备的各项原始记录，包括设备实际开动台时、使用条件、使用范围，零部件损伤和失效记录，早期故障记录及其他原始记录。

7）对典型故障和零、部件失效情况进行研究，提出改善措施和对策。

8）对设备原设计或制造上的缺陷，提出合理化改进建议，采取改善性维修和措施。

9）对设备使用初期的费用与效果进行技术经济分析，并作出评价。

10）对设备使用初期所收集的信息进行分析处理。

思 考 题

1. 什么是设备的前期管理？设备前期管理的重要性是什么？
2. 设备选型应考虑的问题有哪些？
3. 签订合同时应注意些什么？

第4章　设备的使用和维护

设备的正确使用和维护，是设备管理工作的重要环节。机器设备使用期限的长短、生产效率和工作精度的高低，既取决于设备本身的结构、精度和性能，也在很大程度上取决于对它的使用和维护情况。正确使用设备，可以防止发生非正常磨损和避免突发性故障，能使设备保持良好的工作性能和应有的精度；而精心维护设备则可以改善设备技术状态，延缓劣化进程，消灭隐患于萌芽状态，保证设备的安全运行，延长使用寿命，提高使用效率。

设备的使用和维护工作包括：制定设备技术状态的完好标准，提出设备使用基本要求，制定设备操作维护规程，进行设备的日常维护与定期维护、设备点检、设备润滑、设备的状态监测和故障诊断，开展群众性设备维护竞赛和评比活动，对设备故障和事故进行处理等。

企业的设备是为满足某种生产对象的工艺要求或为完成工程项目的预定功能而配备的，其技术状态如何，直接影响到企业产品的质量、数量、成本和交货期等经济指标能否顺利完成。设备在使用过程中，受到生产性质、加工对象、工作条件及环境等因素的影响，使设备原设计制造时所确定的功能和技术状态不断发生变化而有所降低或劣化。

4.1　设备的使用

设备在负荷下运转并发挥其规定功能的过程，即为使用过程。设备在使用过程中，由于受到各种力的作用和环境条件、使用方法、工作规范、工作持续时间长短等因素影响，其技术状态发生变化而逐渐降低工作能力。要控制这一时期技术状态的变化，延缓设备工作能力下降的进程，正确使用设备是控制技术状态变化和延缓工作能力下降的首要事项。

保证设备正确使用的主要措施是：①制定设备使用程序；②制定设备操作维护规程；③建立设备使用责任制；④建立设备维护制度，开展维护竞赛评比活动。

4.1.1　设备使用程序

新工人在独立使用设备前，必须经过有关设备的结构性能、安全操作、维护要求等方面的技术知识教育，以及实际操作与基本功的培训。

应有计划地、经常对操作工人进行技术教育，以提高其设备使用维护能力。企业中应分三级进行技术安全教育：企业教育由教育部门负责，设备动力和技术安全部门配合；车间教育由车间主任负责，车间机械员配合；工段（小组）教育由工段长（小组长）负责，班组设备员配合。

经过相应技术训练的操作工人，要进行技术知识和使用维护知识的考试，合格者获得操作证后方可独立使用设备。

凭证操作设备是保证正确使用设备的基本要求。精密、大型、稀有和重点设备的操作工人由企业设备主管部门主考，其余设备的操作工人由使用单位分管设备的领导主考。考试合格后统一由企业设备主管部门签发设备操作证。对技术熟练的工人，经教育部门培训后确有多种技能者，考试合格后可取得多种设备的操作证。

车间的公用设备不发操作证，但必须指定维护人员，落实保管维护责任，并随定人定机名单统一报送设备主管部门。

使用设备应严格岗位责任，实行定人定机制，以确保正确使用设备和落实日常维护工作。

我国企业设备管理的特点之一，就是实行“专群结合”的设备使用维护管理制。这个制度首先要求抓好设备操作的基本功培训，包括“三好”、“四会”和“五项纪律”等。

1. 对设备使用单位的“三好”要求

（1）管好设备　操作者应负责保管好自己使用的设备，未经领导同意，不准其他人操作使用。

（2）用好设备　严格贯彻操作维护规程和工艺规程，不超负荷使用设备。禁止不文明的操作。

（3）修好设备　设备操作工人要配合维修工人修理设备，及时排除设备故障，按计划交修设备。

2. 对操作工人基本功的“四会”要求

（1）会使用　操作者应先学习设备操作维护规程，熟悉设备性能、结构、传动原理，弄懂加工工艺和工装刀具，正确使用设备。

（2）会维护　学习和执行设备维护、润滑规定，上班加油、下班清扫，经常保持设备内外清洁、完好。

（3）会检查　了解自己所用设备的结构、性能及易损零件部位，熟悉日常点检、完好检查的项目、标准和方法，并能按规定要求进行日常点检。

（4）会排除故障　熟悉所用设备的特点，懂得拆装注意事项，会鉴别设备正常与异常现象，会做一般的调整和简单故障的排除。自己不能解决的问题要及时报告，并协同维修人员排除。

3. 设备操作者的“五项纪律”

1）实行定人定机，凭操作证使用设备，遵守安全操作规程。

2）经常保持设备整洁，按规定加油，保证合理润滑。

3）遵守交接班制度。

4）管好工具、附件，不得遗失。

5）发现异常立即停车检查，自己不能处理的问题应及时通知有关人员检查处理。

4.1.2　设备操作维护规程

设备操作维护规程是设备操作人员正确掌握设备操作技能与维护的技术性规范，根据设备的结构和运转特点，以及安全运行的要求，规定设备操作人员在其全部操作过程中必须遵守的事项、程序及动作等基本规则。操作人员认真执行设备操作维护规程，可保证设备正常运行，减少故障，防止事故发生。

操作维护规程的基本内容：

1）首先清理好工作场地，开动设备前必须仔细检查各种手柄位置是否在空位上，操作是否灵活，安全装置是否齐全可靠，各部分状态是否良好。

2）检查油池、油箱中的油量是否充足，油路是否畅通。

3）操纵变速箱、进给箱及传动机构时，必须按设备说明书规定的顺序和方法进行。

4）有离合器的设备，开动时应将离合器脱开，使电动机轻负荷起动。

5）变速时，各变速手柄必须确实转换到指定位置，使其结合正确、啮合正常，避免发生设备事故。

4.1.3　使用设备的岗位责任制

为加强设备操作人员的责任心，避免发生设备事故，必须建立设备使用者的岗位责任制，其主要内容包括：

1）设备操作工人必须遵守“定人定机”、“凭证操作”制度，严格按“四项要求”、“五项纪律”和设备操作维护规程等规定，正确使用与精心维护设备。

2）要对设备进行日常“点检”，认真记录。做到班前加油，正确润滑，班后及时清扫、擦拭、涂油。

3）积极参加“三好”、“四会”活动，搞好日常维护、周末清洗和定期维护工作。配合维修工人检查和修理自己所操作的设备。

4）管好设备附件。

5）认真执行交接班制度和填写交接班记录。

4.1.4　交接班制度

企业主要生产设备为多班制生产时，必须执行设备交接班制度。交班人在下班前除完成日常维护作业外，必须将本班设备运转情况、运行中发现的问题、故障维修情况等详细记录在交接班记录簿上，并主动向接班人介绍设备运行情况，双方当面检查，交接完毕后在记录簿上签字。如系连续生产设备或加工时不允许中途停机者，可在运行中完成交接班手续。

如果操作工人不能当面交接生产设备，交班人可在做好日常维护工作、将操纵手柄置于安全位置并将运行情况及发现的问题详细记录后，交生产组长签字代接。

接班工人如果发现设备有异常现象，记录不清、情况不明和设备未清扫时，可以拒绝接班。如因交接不清，设备在接班后发生问题，则由接班人负责。

4.2　设备的维护

设备的维护是操作工人为了保持设备正常的技术状态、延长使用寿命所必须进行的日常工作，也是操作工人的主要责任之一。设备维护工作做好了，可以减少停工损失和维修费用，降低产品成本，保证产品质量，提高生产效率，给国家、企业和个人都带来良好的经济效益。因此，企业必须重视和加强这方面的管理工作。

4.2.1　设备维护的“四项要求”

设备维护必须达到的“四项要求”是：

（1）整齐　工具、工件、附件放置整齐，设备零部件及安全防护装置齐全，线路、管道完整。

（2）清洁　设备内外清洁，无黄袍，各滑动面、丝杠、齿条等无黑油污、无碰伤，各部位不漏油、不漏水、不漏气、不漏电；切屑垃圾清扫干净。

（3）润滑良好　按时加油、换油，油质符合要求，油壶、油枪、油杯、油嘴齐全，油毡、油线清洁，油标明亮，油路畅通。

（4）安全　实行定人定机和交接班制度；熟悉设备结构，遵守操作维护规程，合理使用，精心维护，监测异状，不出事故。

4.2.2　设备维护的类别及内容

设备的维护工作分为日常维护和定期维护。

1. 设备的日常维护

设备的日常维护包括每班维护和周末维护，由操作者负责进行。每班维护要求操作工人在每班生产中必须做到：班前对设备各部分进行检查，并按规定加油润滑；规定的点检项目应在检查后记录到点检卡上，确认正常后才能使用设备。设备运行中要严格按操作维护规定正确使用设备，注意观察其运行情况，发现异常要及时处理，操作者不能排除的故障应通知维修工人检修，并由维修工在故障修理单上做好记录。下班前用15min左右认真清扫、擦拭设备，并将设备状况记录在交接班记录簿上，办理交接班手续。

周末维护主要是要求在每周末和节假日前，用1～2小时对设备进行较彻底的清扫、擦拭和涂油，并按设备维护"四项要求"进行检查评定，予以考核。日常维护是设备维护的基础工作，必须做到制度化和规范化。

2. 设备的定期维护

设备的定期维护是在维修工辅助配合下，由操作者进行的定期维护工作，是设备管理部门以计划形式下达执行的工作。两班制生产的设备约三个月进行一次定期维护，干磨多尘设备每月进行一次定期维护。其作业时间按设备每复杂系数0.3～0.5h计算，具体时间视设备的结构情况而定。精密、重型、稀有设备的维护和要求另行规定。

设备定期维护的主要内容有：

1）拆卸指定的部件、箱盖及防护罩等，彻底清洗、擦拭设备内外。

2）检查、调整各部分的配合间隙，紧固松动部位，更换个别易损件。

3）疏通油路，增添油量，清洗过滤器、油毡、油线、油标，更换切削液和清洗切削液箱体内部。

4）清洗导轨及滑动面，清除毛刺及划伤。

5）清扫、检查、调整电气线路及装置（由维修电工负责）。

设备通过定期维护后，必须达到：

1）内外清洁，呈现本色。

2）油路畅通，油标明亮。

3）操作灵活，运转正常。

至于各类设备维护的具体内容和要求，可根据设备特点参照有关规定制订。

4.2.3　精密、大重型、稀有、关键设备的使用和维护要求

精密、大重型、稀有、关键设备都是企业生产极为重要的物质技术基础，是实现企业经

营方针和目标的重点设备。因此，对这些设备的使用维护，除应达到前述各项要求外，还必须重视以下工作。

1）实行“四定”，定使用人员、定检修人员、定操作维护规程、定维修方式和备品配件。

2）严格执行使用维护中的特殊要求。

4.2.4 设备维护的检查评比

企业设备维护工作应结合生产上的经济技术承包责任制进行考核，并发动群众开展专群结合的维护活动，按规定及时进行自检、互检和设备大检查。

企业设备使用维护的检查评比，是在主管设备厂长的领导下，由设备动力部门按“整齐、清洁、润滑、安全”四项要求以及“管好、用好、维修好”的准则，制订具体的检查评分标准，定期组织检查评比活动。它是保证设备正常运转，不断提高设备完好率的重要措施。

4.2.5 区域维修责任制

区域维修责任制是对车间的维修工人按照生产区域设备拥有量或设备类型划分成若干区域，进行明确分工并与操作工人密切结合，负责督促、指导所辖区域内的设备操作者正确操作、合理使用、精心维护设备；进行巡回检查，掌握设备运行情况，并承担一定的设备维修工作；负责完成区域内设备完好率、故障停机率等考核指标；定期评定并与奖励挂钩。它是加强设备维修管理、为生产服务、调动维修工人积极性的一种岗位责任制。将区域维修责任制与经济技术承包制相结合，是加强设备管理与维修的有效措施之一。

4.3 设备事故

企业生产设备因非正常损坏造成停产或效能降低，停机时间和经济损失超过规定限额者为设备事故。设备事故分为一般事故、重大事故和特大事故三类。

由于设备或零部件失去原有精度，不能正常运行，技术性能降低等，造成停产或经济损失者为设备故障。设备故障造成停产时间或修理费用达到下列规定数额者为设备事故。

（1）一般事故　对于一般设备，修复费用为500～10000元；精密、大重型、稀有及机械工业关键设备修理费用为1000～30000元；因设备事故造成全厂供电中断10～30分钟，为一般事故。

（2）重大事故　对于一般设备，修复费用为10000元以上；精密、大重型、稀有及机械工业关键设备修理费用为30000元以上；因设备事故而使全厂电力供应中断30分钟，为重大事故。

（3）特大事故　修复费用达50万元以上，或由于设备事故造成全厂停产两天以上，车间停产一周以上者，为特大事故。

设备事故会给企业生产带来不同程度的损失，甚至危及职工的生命安全。因此，要积极采取预防措施，防止设备事故发生。

4.3.1 设备事故的分析及处理

1. 事故的分析

1）设备事故发生后，应立即切断电源，保持现场，按设备分级管理的有关规定上报，并及时组织有关人员根据原则进行调查分析，严肃处理，从中吸取经验教训。一般事故由事故单位主管负责组织有关人员，在设备管理部门参加下分析事故原因。如事故性质具有典型的教育意义，则由设备管理部门组织全厂设备员、安全员和有关人员参加的现场会，共同分析，使大家都受教育。重大及特大事故由企业主管设备厂长（总工程师）组织设备、安全技术部门和事故有关人员进行分析。

2）发生事故的单位，应在事故发生后三日内认真填写事故报告单，并报送设备管理部门。一般事故报告单由设备管理部门签署处理意见，重大及特大事故由厂主管领导批示。

2. 设备事故的性质

设备事故按其发生的性质可分为三类：

1）责任事故：凡属人为原因，如违反操作规程、擅离工作岗位、超负荷运转、加工工艺不合理等，致使设备损坏停产或效能降低者为责任事故。

2）质量事故：凡因设备设计、制造、安装等原因致使设备损坏停产或效能降低者为质量事故。

3）自然事故：凡因遭受自然灾害致使设备损坏停产或效能降低者为自然事故。

3. 设备事故的处理

任何设备事故都要查清原因和责任，对事故责任者应按情节轻重、责任大小、认错态度，分别给予批评教育、行政处分或经济处罚，触犯刑律者要依法处理。

对设备事故隐瞒不报或弄虚作假的单位和个人，应加重处罚，并追究领导责任。设备事故频率应按规定统计，按期上报。

4.3.2 设备事故损失的计算

（1）停产和修理时间的计算

停产时间：从设备损坏停工时起，到修复后投入使用为止。

修理时间：从动工修理时起，到全部修完交付生产使用为止。

（2）修理费用的计算　修理费用系指设备事故修理所花费用，其计算方法为：

$$修理费 = 修理材料费 + 备件费 + 工具辅材费 + 工时费$$

（3）停产损失费用的计算　停产损失费用系指设备因事故停机造成的生产损失，其计算方法为：

$$停产损失费 = 停机时间 \times 单位时间生产成本费用（元/h）$$

（4）事故损失费用的计算　事故损失费用系指由于事故迫使设备停产和修理而造成的费用损失，其计算方法为：

$$事故损失费 = 停产损失费 + 修理费$$

思考题

1. 如何正确使用和维护设备？
2. 如何分析和处理设备事故？

第 5 章　设备的润滑管理

搞好设备润滑的关键是抓住设备润滑的管理工作。设备润滑的管理是指对企业设备的润滑工作进行全面、合理的组织和监督，按技术规范的要求，实现设备的合理润滑，节约用油，使设备能正常安全地运行。它包括：建立和健全润滑管理的组织，制定并贯彻各项润滑管理工作制度；实施润滑“五定”；开展润滑工作的计划与定额管理；强化润滑状态的技术检查以及认真做好废油的回收与再生利用等。

5.1　设备润滑管理的组织与任务

5.1.1　设备润滑管理的组织形式

设备润滑管理的组织机构是否健全，是设备润滑管理工作能否顺利进行的关键。为此，企业应根据其生产类型和生产规模，从实际情况出发，建立相应的组织机构。下面按大、中、小型企业的类别，分别提出相应的润滑组织形式、工作关系和润滑工作人员配备的建议。

（1）大型企业设备润滑管理组织形式　对大型企业和车间分散的中型企业，可实行分级管理，即设置厂级设备管理部门和分厂（车间）设备管理维修部门两级。其特点是由厂级设备管理部门负责统筹安排，对外联系，对内指导、协调和服务；分厂（车间）负责现场润滑管理，分片包干。图 5-1 所示为大型企业设备润滑管理组织形式及工作关系，各企业可根据本企业的具体情况选用。

（2）中型企业设备润滑管理组织形式　中型企业的车间与厂房一般比较集中，厂区不大，其润滑管理采用集中的形式，即由设备动力科一管到底。中型企业设备润滑管理组织形式及工作关系如图 5-2 所示。

（3）小型企业设备润滑管理组织形式　小型企业一般由供应科（股）所属的厂油库兼管润滑站，设备动力科（股）可不设润滑站。小型企业设备润滑管理组织形式及工作关系如图 5-3 所示。

（4）润滑工作人员的配备

1）设备动力部门应设置润滑技术管理人员，负责企业设备的润滑技术与业务管理工作。大型企业可配置 2 ~4 名润滑技术人员，中型企业可配置 1 ~2 名润滑技术人员，小型企业可配置 1 名专职或兼职润滑管理技术人员。大型企业分厂可根据规模大小及实际需要，配备 1 名专、兼职的润滑管理技术人员。

2）润滑总站或分站应根据所承担的任务项目及其工作量，配备适量的保管工、切削液配制工以及抽检油料质量的化验员。

3）一班制生产的车间，润滑工数量可参照表 5-1 所列定额计算配备；两班制生产时，可按一班制定额人数乘以系数 1.6 ~1.7。具体配备时还应根据生产作业方式和润滑人员的实际工作强度作适当调整。

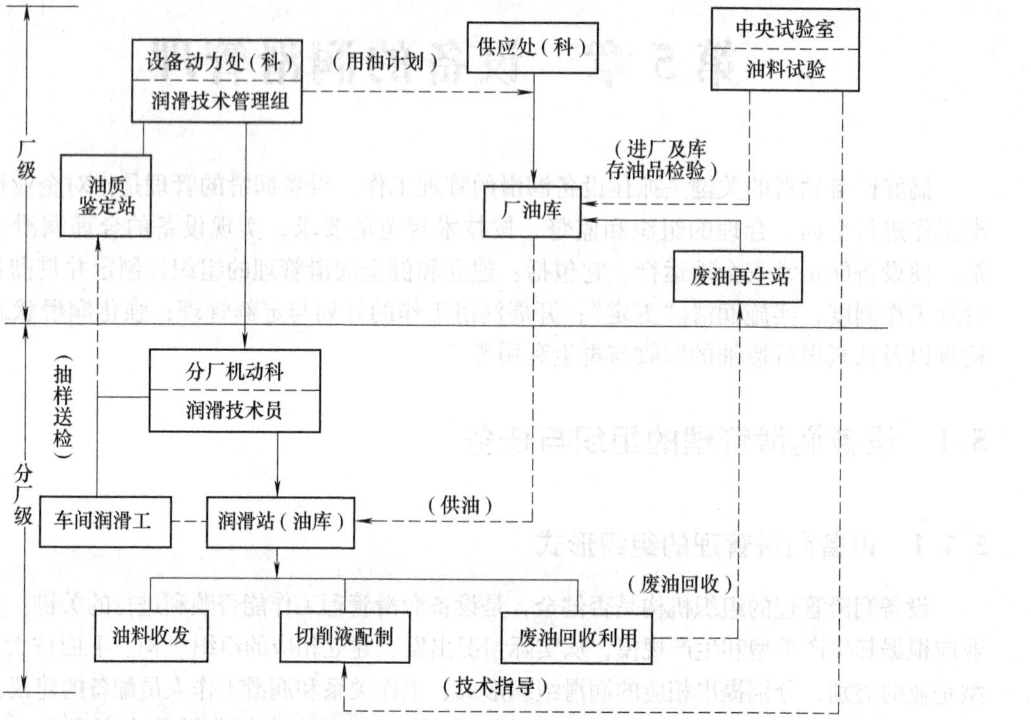

图 5-1　大型企业设备润滑管理组织形式及工作关系

——(实线)—行政领导关系，－－－－(虚线)—业务联系关系

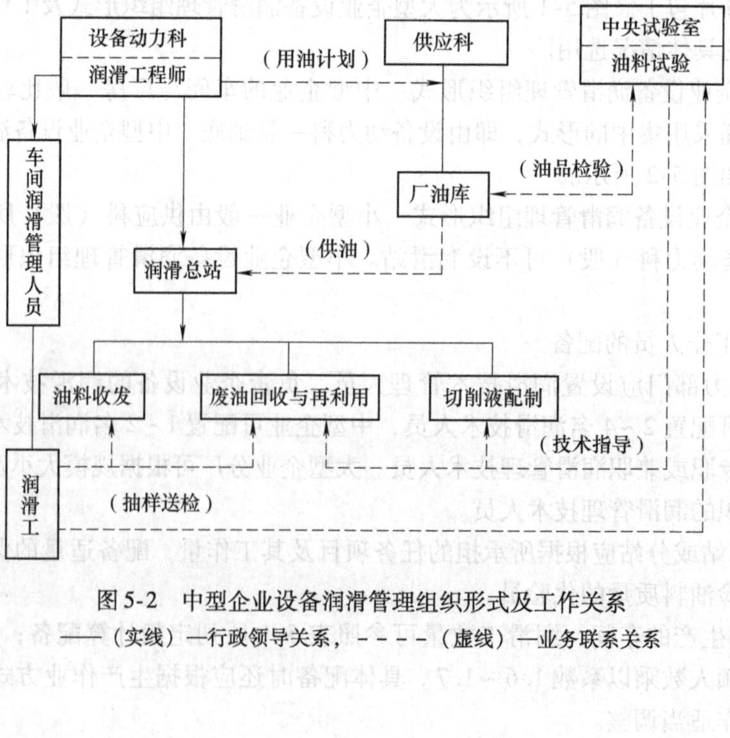

图 5-2　中型企业设备润滑管理组织形式及工作关系

——(实线)—行政领导关系，－－－－(虚线)—业务联系关系

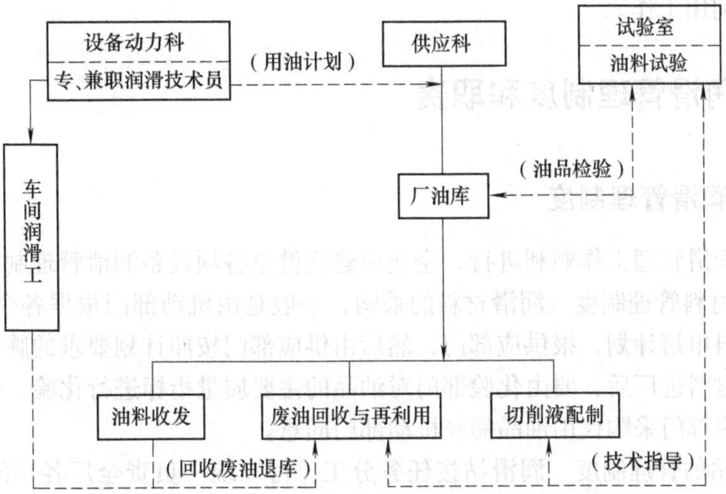

图 5-3　小型企业设备润滑管理组织形式及工作关系

——（实线）—行政领导关系，----（虚线）—业务联系关系

表 5-1　润滑工值班维护定额

设备类别	机械修理复杂系数（F_j）	应配人数
金属切削、木工	800 ~ 1000	1
冲裁、冷镦	500 ~ 700	1
铸造、锻造、起重运输	400 ~ 600	1
其他	800	1

5.1.2　润滑管理任务

设备管理部门在润滑管理方面的基本任务有以下几个方面：

1）建立健全润滑管理组织机构，配备称职的润滑管理技术人员和润滑工人，并行使其职责。

2）制定并执行各项润滑管理的规章制度、办法和细则，如润滑管理技术人员职责分工、润滑工作各级责任制、润滑材料检验制度、废油回收再生利用制度、润滑材料和擦拭材料消耗定额等。

3）编制润滑所需的各种技术资料和标准，如润滑图表、润滑卡片、消耗定额、换油周期、清洗换油工艺规程、油品代用和掺配的技术资料等。

4）编制年、季、月设备换油计划，实施按质换油或确定最佳换油周期。实施油品进厂化验、润滑“五定”和“三过滤”。

5）做好设备润滑状态的检查和监测，及时解决和改进润滑系统存在的问题。采取措施预防和治理漏油，抓好查、治、管三个环节。

6）组织润滑管理技术人员的技术培训，学习国内、外先进的管理方法和润滑新技术，不断收集最新信息，如新油脂、添加剂、新密封、新耐磨材料、新方法和新装置等信息。

7）实行用油的定额管理，按时向供应部门提出润滑材料需用量的申请计划，组织废油的回收和再生利用工作。

5.2 设备润滑管理制度和职责

5.2.1 设备润滑管理制度

为使设备润滑管理工作顺利进行，企业应建立健全各项设备润滑管理制度。

（1）润滑材料管理制度　润滑材料的采购，一般是由机动部门根据各个车间提供的年、季、月润滑材料申请计划，报供应部门，然后由供应部门按照计划要求的牌号和期限及时采购进厂。润滑材料进厂后，要由化验部门对油品的主要质量指标进行化验，合格才可入库或发放使用。供应部门采购代用油品需经机动部门同意。

（2）润滑站的管理制度　润滑站按任务分工，可以统一负责全厂各车间的废油回收和再生利用工作，负责切削液、润滑油的配制，负责化验和试验润滑油，负责统计全厂各车间的油、脂消耗情况，同时负责推广润滑方面的新技术及新的润滑油材料。

（3）设备加油和换油制度　合理安排设备的加油、换油周期，每次加油、换油都应记录补充的油量，掌握系统泄油情况，检测油温，如发现油中杂质含量超过允许指标，可利用移动式过滤器予以过滤。

（4）设备的清洗和净化制度　生产设备按其使用情况和产品要求须维持一定洁净度，除需经常保持文明生产的环境、减少设备的污染外，还应按周期采取必要的净化措施，以清除设备内外聚集的污垢。

（5）润滑系统的清洗和净化制度　润滑系统的清洗和净化是设备维修的关键环节。新设备的润滑系统中可能残留加工屑末和外界杂质；运动中的设备，由于润滑油的逐渐老化变质而生成沉淀，加油与空气接触的过程中也会带入尘屑污染润滑油系统。因此，无论是新设备，还是运行中的老设备的润滑系统，都必须认真地清洗和净化。清洗和净化的周期，则应按设备的大小及设备的重要程度、环境条件或者根据检查和试验分析的结果进行规定，清洗和净化步骤、所用材料，也应视系统装置的具体情况进行选择。

（6）各种油料及净化材料的安全技术制度　油料和净化材料都存在着火和爆炸的危险性，为了保证工厂及设备、人身的安全，要制定油料和净化材料的安全技术制度。

（7）润滑油的回收及再生利用管理制度　为了节约能源，防止污染环境，企业必须制订润滑油的回收及再生利用的管理制度。

（8）润滑工安全技术操作规程（略）

（9）无法再生的废油处理制度（略）

5.2.2 润滑工作的岗位责任制

润滑工作的岗位制包括设备管理部门、润滑管理技术人员、润滑工人以及设备维修和操作人员的基本任务和职责。这里仅介绍润滑管理技术人员和润滑工人的职责。

1. 润滑管理技术人员的职责

1）负责全厂各种生产用设备的润滑工作。润滑管理技术人员要熟悉和了解工厂设备的润滑情况，及时综合分析现场的润滑状况，找出润滑管理中存在的问题，并探索改进润滑管理的途径。

2）负责制定有关设备润滑的工作制度，确保设备正常润滑计划的实施。

3）负责制定润滑油品的消耗定额。为了既能使各种机械设备得到充分的润滑，又能合理地使用润滑油，不致造成损失和浪费，润滑管理技术人员要协同有关方面、参照有关资料，科学地制定各种机械设备单台润滑材料的消耗定额，发至全厂有关部门参照执行。

4）负责选择合适的润滑材料。企业的设备种类繁多，应按照各种设备润滑的不同需要，选择恰当的润滑油种类。在满足润滑要求的基础上，按需要尽可能对润滑油种类进行平衡，并适当进行合并，将工厂所需油品归为若干种，以求简化手续，并减少储运需用容器和储存所需占地面积。

5）负责编制各种设备的润滑卡片。多数设备的润滑管理可利用设备说明书的润滑卡，对于没有润滑卡甚至根本没有说明书的设备，则需参考有关资料自行编制。

6）负责改进设备润滑的方法和装置。很多老设备的润滑比较陈旧落后，往往不能满足如今的生产要求，常需要进一步改进。设备润滑管理技术人员要从改进润滑方法和润滑装置入手，挖掘设备潜力，提高设备的可靠性和生产效率。

7）负责实验和试用新型润滑材料。润滑材料直接决定机件的润滑效果。目前国内外正在不断研发新型润滑材料，特别是高温、高压、真空等特殊条件下的新型润滑材料。这些新型润滑材料针对特定的使用条件，有特殊的使用性能，能起到很好的润滑作用。设备润滑管理技术人员要负责实验和试用新型润滑材料。在有条件的情况下，还应协助搞好设备的润滑设计，以提高设备的润滑性能和固有的工作可靠性。

8）负责指导油库润滑工人的工作，监督检查润滑材料的储运和发放。

9）负责开展设备润滑技术业务培训工作。润滑技术业务培训的目的是提高润滑工人的业务能力和技术操作水平，培训教育的内容应当以润滑基础知识、润滑技术、润滑工具及其使用方法、润滑材料、工厂的润滑管理为主。在有条件的情况下，也可组织系统的理论知识学习和设备润滑管理经验交流，以提高设备的润滑效果。

10）做好常规性的设备润滑管理工作。润滑管理技术人员要做好基础工作，积累设备润滑方面的经验，收集有关设备润滑方面的资料，并将其存入设备档案，以备查阅。

11）负责开展设备润滑事故的研究。对与设备润滑有关的事故进行调查研究与分析，针对存在的问题采取措施，杜绝此类事故的发生。

12）从减少摩擦入手，研究节约能源的措施。为了减少摩擦和磨损，降低能耗和资源消耗，从设备润滑管理方面可采取的措施如图5-4所示。

13）负责设备润滑效果的评价和改善。为了了解实施设备润滑管理的效果，针对存在的问题采取改善措施，设备润滑管理技术人员要对实施前后的设备维修保养费、润滑管理费、设备的运转效率等诸项指标进行调查统计和分析对比。通过这一活动对设备润滑效果作出评价，对查明的问题有针对性地采取改善措施，不断将设备润滑管理工作提高到新的水平。

2. 润滑工人的职责

1）熟悉所负责区域内每台设备的润滑系统，所用油品及需用量。

2）贯彻执行设备润滑“五定”与“三过滤”的规定。

3）每日巡回检查、督促操作工对设备进行正确的日常润滑；对不按规定加油者提出劝

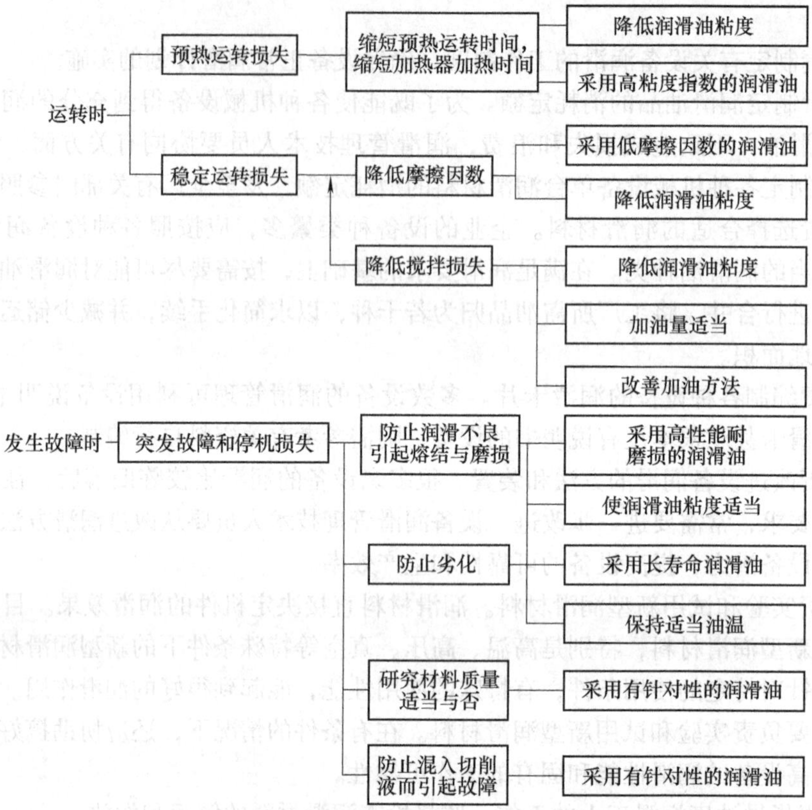

图5-4　设备润滑管理方面可采取的措施

告，并报告车间管理部门。

4）对设备储油部位每周巡回检查和补充加油，保持规定的液面高度，补充油杯的润滑脂。

5）实施月份设备清洗换油计划，在维修工和操作工的配合下按清洗换油工艺规程进行，保证油箱的清洗质量。

6）每季配合设备润滑管理技术人员、设备维修组长对所负责区域内的设备进行一次润滑状态的全面检查，并记录到设备润滑状态记录卡中，对存在的问题要及时安排解决。

7）质量不合格的油品和切削液不得擅自使用，应及时报告润滑管理技术人员处理。

8）将每台设备油箱的换油量和耗油量登记到换油卡片上。回收的废油要及时退库，每月统计上报，并提出严重漏油的设备清单。

9）配合润滑管理技术人员进行新品种油料的试用，按要求作好试用记录。

10）经常保持润滑工具、用具清洁，用后要擦拭干净，存放在工具柜里。

5.2.3　设备润滑“五定”与“三过滤”

设备润滑“五定”与“三过滤”是我国总结多年润滑管理经验提炼出来的，它把日常润滑管理工作规范化、制度化，其内容精练，简明易记。贯彻与实施设备润滑“五定”与“三过滤”工作，是搞好设备润滑工作的重要保证。

1. 润滑“五定”

所谓润滑“五定”，是指定点、定质、定量、定期、定人。其含义如下：

（1）定点　确定每台设备的润滑点，按规定的润滑部位和检查点（油标，油窗等）进行加油、换油、检查液面高度及来油情况等。

（2）定质　按照润滑图表规定的油脂牌号用油，润滑材料必须经过化验合格后方可使用，代用和掺配时要有科学根据。润滑器具、密封等均须完好、清洁，油料要防止污染和混杂。

（3）定量　按规定的数量换油或添加油脂。执行油料消耗定额，废料回收退库，治理设备漏油，防止浪费。

（4）定期　按润滑图表或润滑卡片规定的时间加油、清洗换油。按规定时间抽样化验，视油脂情况进行循环过滤，或确定清洗换油以及下一次抽验或换油的时间。

（5）定人　明确操作工、维修工、润滑工对设备工作的分工，对各种设备和设备润滑点要各负其责，互相监督，密切配合。

润滑管理技术人员要负责组织指导、检查、监督润滑“五定”工作，润滑工、操作工要认真执行“五定”工作，维修工要密切配合“五定”工作。

操作工、润滑工、维修工在设备润滑上的分工原则一般为：

操作工负责需每班、每周加油（脂）一次或多次的润滑点，用手动润滑泵加油（脂）及开、关滴油杯，监视油窗来油及油位等。

润滑工负责为储油箱定期加油（脂），按计划取油送样等。

维修工负责润滑装置与过滤器的修理、清洗与更换，大修和检修中拆卸部位的清洗换油（脂）及治理漏油。

2. “三过滤”

“三过滤”也称三级过滤，是为了减少油中的杂质含量，防止尘屑等杂质随油进入设备而采取的措施，包括入库过滤、发放过滤和加油过滤。其含义如下：

（1）入库过滤　油液经运输入库，泵入油罐储存时要经过过滤。

（2）发放过滤　油液发放注入润滑容器时要经过过滤。

（3）加油过滤　油液加入设备储油部位时要经过过滤。

思　考　题

1. 什么是设备的润滑管理？其主要内容是什么？
2. 设备管理部门在设备润滑管理工作中的主要任务有哪些？
3. 设备润滑管理工作中的润滑“五定”与“三过滤”的具体内容是什么？

第 6 章　设备的技术状态管理

设备技术状态是指设备的技术性能、负荷能力、传动机构和安全运行等方面的实际状态及其变化情况。反映设备技术状态的主要指标有设备的完好率、故障停机率、设备的可靠性和设备对均衡生产影响的程度等。对企业来讲，设备技术状态良好与否，直接关系到企业产品的质量、数量、成本和交货期等经济指标能否顺利实现。

6.1　设备的技术状态管理概述

设备技术状态管理是设备在投入使用后，为保持其完好的技术状态所采取的一系列技术、经济、管理措施的总称。设备技术状态管理的目的是保持和改善设备的固有技术性能，防止或减少故障和异常的发生。

设备技术状态管理为正常的生产秩序提供了基本保证，并通过大量生产实际所取得的各种技术、经济信息，为设备整个寿命周期的全过程管理提供了分析、决策的依据。所以，设备管理始终是以设备技术状态管理为主要内容展开的。设备管理水平也总是以设备技术状态管理为主要内容来体现的。

6.1.1　设备技术状态完好的标准

1. 设备完好

设备完好是指设备处于完好的技术状态，设备完好标准总的有三条要求：

1）设备性能良好。机械设备的精度能稳定地满足生产工艺的要求；动力设备的功能达到原设计或规定标准，运转无超温、超压等现象。

2）设备运转正常，零部件齐全，安全防护装置良好，磨损、腐蚀程度不超过规定的标准，控制系统、计量仪器仪表和润滑系统工作正常。

3）原材料、燃料、润滑油、动能等消耗正常，基本无漏油、漏气（汽）、漏电现象，外表清洁整齐。

设备完好的具体标准应能对设备做出定量分析和评价，由各行业主管部门根据总的需要，结合行业特点制定，作为本企业检查设备的完好的统一尺度。目前，各行业已对各类设备制定出了具体的完好标准实施细则。

例如，金属切削机床完好标准实施细则：设备技术状态完好标准，应尽可能用准确的数据表示，才具有可比价值和便于评定。由于现行的各类单项设备的完好标准多属定性要求，执行时会遇到许多具体问题，故具体确定金属切削机床完好状态时可参照下述实施细则执行。

（1）精密、性能满足生产工艺要求　精密、稀有机床主要精度性能达到出厂标准。

1）精度、稀有机床按说明书规定的出厂标准检查主要精度项目；其传动精度、运动精度、定位精度均应稳定可靠，满足生产工艺要求。

2）属于机修、工具车间的精加工、半精加工的金属切削机床及生产车间专用于维修的金属切削机床，除满足生产工艺要求外，还应检查其主要精度项目。

3）金属切削机床的精度，可根据机床精度、加工对象、产品要求精度（包括尺寸、几何公差、表面粗糙度）、使用单位及条件、设备役龄、大修次数等划分设备级别，确定检查项目。对役龄较长、大修两次以上及原制造质量较低、难以恢复精度的设备，经主管厂长或总工程师批准，可酌情降低精度标准，其具体情况报主管部门备案，也可参考表6-1执行。

表6-1　金属切削机床精度级别划分表

机床类级		划分原则	精度标准系数	备　注
类	级			
Ⅰ	1	确定精密机床和高精度机床，加工精度在IT5以上	1	按出厂要求检查精度
Ⅰ	2	用于精加工的精密机床和经过两次大修以及使用达15年的精密机床，加工精度为IT5～IT6	根据不同使用要求为：1.25～1.5	按主要精度项目检查
Ⅱ		用于半精加工的机床，加工的精度为IT7～IT8	根据不同使用要求为：1.5～2	检查影响产品精度的项目
Ⅲ		粗加工机床	按生产工艺或工序要求	根据加工件情况确定

4）检查设备单项完好时，对精度、性能满足生产工艺要求的机床，可按各类机床规定的加工范围，结合产品工艺规程的技术要求进行切削加工试验，要求满足产品质量规定的表面粗糙度及形位精度，并保证能稳定生产一定数量的合格品。

（2）各传动系统运转正常，变速齐全

1）设备运行时（包括液压传动），无异常冲击、振动、噪声和爬行现象。

2）主传动和进给运动变速齐全，各级速度运转正常、平稳、无异声。

3）液压系统各元件动作灵敏可靠，系统压力符合要求。

4）主轴承在最高转速下运转30min后，检查其温度不超过60℃，滚动轴承温度不超过70℃。

5）通用机床经批准改作专用机床使用时，在满足工艺要求的前提下，减少不必要的变速机构和零件仍算设备完好。

（3）各操作系统灵敏可靠

1）操作、变速手柄动作灵敏，定位可靠，无捆绑和附加重物现象。

2）传动手轮所需操纵力和反向空量程，均应符合通用技术规程。

3）制动、连锁、锁紧和保险装置齐全、灵敏可靠。

（4）润滑系统装置齐全、功效良好

1）润滑系统、液压元件、过滤器、油嘴、油杯、油管、油线等，应完整无损、清洁、畅通。

2）表示油位的油标、油窗要清晰醒目，能观察出油位或润滑油滴入情况。

(5) 电气系统装置齐全、管线完整、动作灵敏、运行可靠

1) 配电箱内洁净，布线整齐，各种线路标志明显、连接可靠。

2) 电器元件完整无损、定位可靠、接触良好、动作灵敏。

3) 外部导线有完整的保护装置，出入线口蛇皮管无脱落破损。

4) 所有按钮、开关及各种显示信号作用可靠，仪表偏转灵活，误差在允许范围内。

(6) 滑动部位运转正常　各滑动部件无严重拉伤、研伤、碰伤。

1) 各滑动部位及工作台面应无拉伤、研伤、碰伤，凡拉伤、研伤、碰伤超过下列标准之一者为严重损伤，即为不完好设备：

① 精密机床：拉伤深 0.3mm，宽 0.7mm，累计长度 100mm；研伤面积大于 $50mm^2$；碰伤印痕深 1mm，面积 $15mm^2$，每一表面伤痕超过 3 处，或 1 处面积大于 $30mm^2$。超过以上其中一项即为严重损伤。

② 一般机床：拉伤深 0.5mm，宽 1.5mm，累计长度 200mm；研伤面积大于 $50mm^2$；碰伤印痕深 1mm，面积 $20mm^2$，每一表面伤痕超过 3 处，或 1 处面积大于 $50mm^2$。

2) 凡拉伤、研伤、碰伤经修复完整后，可列为合格；对虽非严重拉伤、研伤、碰伤者，仍应采取措施进行修复。

(7) 机床整洁

1) 机床各导轨、丝杠、滑动接触面清洁、无油垢积灰，罩壳内及机身外表无积垢和锈蚀。

2) 润滑油箱、油池或液压油箱内清洁，油质符合要求。

(8) 基本无漏油、漏水、漏气现象

1) 机床 80% 以上的结合面不漏油，全部漏油点 1min 漏油不超过 3 滴。

2) 各冷却系统接头无直线状漏水。

3) 气动装置各阀及接头无明显漏气。

4) 由于机床先天性的渗漏而难于整改者，应采取措施，使油液不滴到地面和不流入切削液池内。

(9) 零部件完整，随机附件齐全

1) 随机附件齐全，账物相符，保管妥善，无锈蚀、损伤。

2) 机床手柄、手球、螺钉、盖板无短缺，标牌完整清洁。

(10) 安全防护装置齐全可靠

1) 各种安全防护装置如带、齿轮、砂轮的罩壳、保险箱、防尘罩等配备齐全、固定可靠。

2) 接地装置可靠，其他电气保护装置完好。

对于金属切削机床以外的其他各类设备，可参照上述实施细则，制定其完好标准检查实施细则。总的要求应尽可能采用定量的数据，能较客观地反映设备完好情况。

2. 设备完好率

企业生产设备的技术状态完好程度以“设备完好率”指标进行考核，企业应经常进行设备完好率的专项检查。设备完好率 φ 的计算公式如下：

$$\varphi = \frac{\text{主要生产设备完好台数}}{\text{主要生产设备台数}} \times 100 \tag{6-1}$$

机械修理复杂系数大于 5 的已安装生产的设备为企业的主要生产设备，包括备用、封存和在修的生产设备，但不包括尚未投入生产、由基建部门或物资部门代管的设备。

企业设备完好台数应是逐台检查的结果，不得采用抽查和估算的方法推算。正在检修的设备，应按检修前的实际技术状态计算，检修完的设备按检修后技术状态计算。

当企业或车间的设备完好率已达到规定的目标时，必须经常检查该单位是否能保持这个设备完好率的水平。抽查完好设备的方法是在已报的完好设备中随机抽查一部分。完好设备的抽查合格率用β表示为

$$\beta = \frac{\text{抽查合格台数}}{\text{完好设备台数}} \times 100 \tag{6-2}$$

抽查合格率达到规定指标时（一般$\beta \geqslant 90\%$），才能认可所报的完好率。

6.1.2 技术状态管理

设备的技术状态反映了设备在生产活动中的存在价值和对生产的保证程度，是设备的精度和性能的集合。在设备的使用阶段，由于工作负荷、工作条件和环境的作用，其原始技术状态会发生变化，工作能力不断耗损。也就是说，随着时间的推移，设备的技术状态总是要变坏的，通常我们称之为设备的劣化。为制止劣化的发展，人们的行动形成了一个对抗过程（反劣化过程），即维护、修理、改造的过程。

设备技术状态管理应包括以下五项内容：

（1）立标　建立各种状态管理的原始依据，主要包括性能指标、检查标准、管理标准和评价标准。

（2）保持　按照设备的性能指标，开展积极的维护保养工作，以保持其原有性能，延缓劣化过程。

（3）监控　采取各种手段，及时获得设备技术状态变化的信息，并通过与原始指标对比分析，掌握和研究设备的异常和故障。

（4）评价　对获得的技术状态信息进行分析处理，针对不同的要求，对其异常状态进行定性或定量的评价，为维护或改进其技术状态的各种对策措施提供依据。

（5）对策　为改善设备的异常状态和补偿磨损而采取相应措施。

6.1.3 技术状态的监测

状态监测是指对运转中的设备整体或局部的技术状态进行的定期检测。状态检测的目的是及时掌握设备的实际技术状态，以便对设备技术状态的劣化采取恢复措施。

状态监测一般需使用专门仪器工具，并按一定的监测点进行间断或连续检查，定量掌握设备的异常征兆和劣化动态，较之定检更能精确地判断设备的技术状态，预知性更强。通常监测仪器通过传感器取得信号，并对取得的信号进行波形或频谱分析，再对照标准型谱，判明损伤部位、形式和原因，以便适时采取相应的维持措施。监测手段则根据设备在生产中的重要程度和其结构特性以及经济上的合理性做出决策。

1. 状态监测的分类

状态监测从做法上分两类，即主观监测和客观监测。主观状态监测由操作者、维修人员凭感官和经验对设备技术状态进行检验和判断，其可靠性取决于人的技能和经验。客观状态监测则是利用各种工具、监测仪器和监测系统对设备进行检测，以获得技术状态的有关参数、图像等准确信息，其可靠性取决于仪器的可靠性、仪器的操作和数据处理正确与否。

按监测时设备是否运转分为动态监测和静态检测；按监测与时间的关系分为连续监测、间断监测和定期检测。

2. 状态检测的应用

（1）振动的监测　造成设备的振动和噪声的因素较多，主要是零件加工或装配中的偏心、弯曲和材质的不平衡，以及支承轴承的磨损、损坏或齿轮磨损、疲劳剥离、齿面点蚀等，因此，根据测定的振动幅值或振动速度，就能识别和判断设备的运行状态。振动监测属于动态监测的一种。

用振动监测法监测和判断主要轴承的磨损状态较为常见。例如用脉冲振动测量仪监测滚动轴承，能测出滚动体的磨损和点蚀所造成的运转中的最大冲击振动量，也可测出由于轴承圈滚道的磨损和润滑不良造成的轴承运转中的特征振动量，从而绘制出振动量和时间的变化曲线，及时掌握和判别轴承磨损的过程和故障发生的可能性。

（2）裂纹的监测　目前已广泛采用的渗透探伤、磁粉探伤、电磁感应探伤、X 射线探伤和超声波探伤等无损检测技术，是利用物理的方法对零件材料的隐蔽缺陷和损伤进行探伤，同时，又不损伤零件机体。通常无损检测是在停机拆卸状态下实施的，属于静态监测。

无损检测可以鉴别先天性机体材料缺陷、加工缺陷及使用中产生的缺陷。无损检测不仅用于设备维修，也广泛用于机械制造、改进工艺、提高产品可靠性等许多技术领域，特别是动力设备、压力容器、冶炼及化工等设备。目前常用的各类无损检测设备有多通道超声波自动探伤系统、数字超声探伤仪、裂纹深度测试仪、X 射线探伤仪、磁探钳、涡流探伤仪等。

（3）润滑油的检测　又称润滑油样分析法。润滑油在机器中循环流动，必然携带着机器中零部件运行状态的大量信息。这些信息可提示机器中零件磨损的类型、程度，预测机器的剩余寿命，从而进行计划性维修。

目前常采用的润滑油样分析法有光谱分析法、铁谱分析法和磁塞法。后两种方法主要适用于观测铁磁性材料零件的磨损情况。

（4）温度的监测　温度异常往往是故障的前兆。轴承磨损或润滑不良、电气设备绝热层破坏、炉衬损坏等均会使温度超常。

常用的测温方法和手段很多，测温仪一般有非接触型辐射式的，如红外热像仪，也有接触型的，如温度指示笔、温度指示器、温度指示带等，它们的感温器常以电阻式和热电偶式居多。

（5）泄漏的监测　管道损坏和泄漏不仅损耗能源，还会造成严重污染。对管道上细小的泄漏或埋在地下要迅速检测出来的泄漏，不仅要有灵敏的仪器，还要有长期积累的判断经验。

泄漏监测的简易方法有，用肥皂水探测一般管道的泄漏；用甲烷灯探测氟利昂的泄漏；用氨水棉花球探测氯气的泄漏；用触媒燃烧器检测管道、暗沟、容器及其他设备的可燃气和蒸气的泄漏；用声学测漏仪捕捉气体或液体泄漏时所发出的声信号或超声信号等。此外，还有灵敏度更高的氦质谱仪、红外分光仪、热传导探测器、气体检测仪以及利用超声原理制造的超声波检漏仪等。

（6）频闪观测仪　频闪观测仪能在可调时间间隔内产生极短促的闪光，将闪光照射到转动着的机件上。调整单位时间的闪光次数与转动件的次数一致，则闪光总能照射到机件相同的位置上。由于人眼的视觉停留作用，便可形成运动件“固定不动”的现象。

利用频闪观测仪可观测运转中的零部件是否有缺陷，如联轴器橡胶衬套是否磨损或两半体是否错位；检查机件运动速度或频率；调整机件平衡；检查机件上温度带颜色的变化；对铆接、螺纹联接、焊接等连接部分涂密封漆，用频闪观测仪观测其是否松动或出现裂纹；高速摄像等。

（7）监测系统　监测系统是多种监测手段的综合系统，能较全面地对设备实施监测。如飞机发动机性能趋向监测系统、船舶振动监测系统等。监测系统主要应用于安全性、可靠性要求较高的情况下。

6.2 设备的可靠性

可靠性工程是可靠性学科的一个重要分支。由于军事工业、核工业、宇航以及国际市场竞争的需要，可靠性工程发展得十分迅速。在工业发达国家的企业中，普遍设立了可靠性工程师室，对产品进行可靠性设计和可靠性估计。近年来，我国对可靠性学科引进的发展也很快。

在设备管理中，一是从使用角度出发研究可靠性、维修性和成本效应问题；二是对故障机理进行研究并形成一门新的学科——故障物理学，通过提示故障的规律和发生的原因、预测故障、分析诊断故障，制订出更科学的检查和修理制度。

可靠性工程是一门综合性的工程技术，可贯穿于对产品的研究、设计、制造、选择、运输、存储、试验、使用及维修保养等各个环节，适合于设备的全系统管理，可使设备的可靠性不断改进和提高。

6.2.1 可靠性基本概念

可靠性的简单定义是：系统、设备或元件在规定的条件下和规定的时间内，正常地完成预定功能的能力。此定义包含了四个要素：对象、规定条件、预定的时间和良好的性能。

对象可以是复杂的系统、设备、部件或一个简单的零件。如果对象是一个系统，则包括硬件、软件和人的判断、操作等因素在内。规定条件包括了对象所处的环境条件和维护条件，如载荷、环境温度及润滑状况等。规定的时间可用小时，也可用次数、距离等。良好的性能即能正常工作，其含义随对象不同而不同。

可靠性要求生产出尽可能少发生故障的产品，这是可靠性技术的基本目的。但对于不同的对象有不同的要求。对于一旦发生故障会对生命财产造成极大危害的系统和设备，如宇航、核能、高压容器等，就要求有很高的可靠性，除保证功能要求外，还要满足安全要求。高可靠性设备，其造价必然昂贵。一般设备可靠性要受到各种因素的影响，尤其是经济性的影响，所以还是从可靠性和维修性两个方面综合考虑，即考虑设备的有效性。

6.2.2 可靠性的数量指标

1. 可靠度、不可靠度、故障密度函数及故障率

1）可靠度是系统、设备、部件或零件在规定条件下和规定的时间内，能正常工作的概率，用 $R(t)$ 表示。

2）不可靠度又称失效概率，是系统或零件在规定的条件下和规定的时间内，不能完成预定工作的概率，用 $F(t)$ 表示。

$R(t)$ 与 $F(t)$ 一般均为时间函数，$R(t)$ 随时间增加而减小，$F(t)$ 随时间增加而逐渐由零趋近于1。二者为互逆事件，有

$$R(t)+F(t)=1 \tag{6-3}$$

$$F(t)=1-R(t) \tag{6-4}$$

3）将 $F(t)$ 对时间微分得

$$f(t)=\mathrm{d}[F(t)]/\mathrm{d}t=\mathrm{d}[1-R(t)]/\mathrm{d}t=-\mathrm{d}R(t)/\mathrm{d}t \tag{6-5}$$

式中　$f(t)$——故障密度函数，表示某段时间内故障发生的比率。

4）故障率为工作到某一时间的系统、设备、零部件等，尚未发生故障的可靠度 $R(t)$，在下一个单位时间内可能发生故障的条件概率，即

$$\lambda(t)=f(t)/R(t)=\frac{-\mathrm{d}R(t)}{\mathrm{d}tR(t)} \tag{6-6}$$

故障率随时间的变化常常是一条浴盆曲线，典型的故障曲线如图6-1所示。

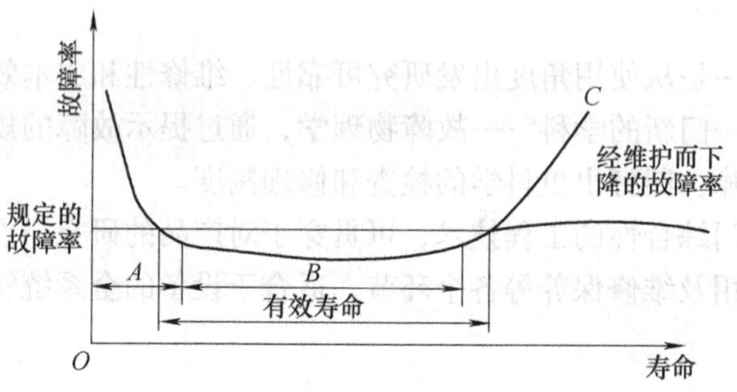

图6-1　设备的典型故障曲线

初期故障期，故障率较高；随着故障一个个地被排除而逐渐减少并稳定在一个常数，进入正常寿命期，此时的故障率称为基本故障率，此期间的故障是随机的，无法预测，这个时期的寿命称为有效寿命。随着设备的有形老化，故障率上升进入磨损故障期，或称耗损故障区，这一时期到来前对设备进行大修或改造，则可把故障率降下来，从而延长设备的有效寿命。

2. 有效度 A 可修复系统

设备或零部件两次相邻故障间的工作时间的平均值称为平均故障间隔期，记为 *MTRF*。设备发生故障后，进行维修所需要的平均时间，称为平均修复时间，记为 *MTTR*。则有效度，或称有效利用率 A 为

$$A=T_u/(T_u+T_D)\approx MTRF/(MTRF+MTTR) \tag{6-7}$$

式中　T_u——可能工作时间；

T_D——故障停修时间。

T_u 或 *MTRF* 增大，即提高设备的可靠性；T_D 或 *MTTR* 减小，即提高设备的维修性。二者结合，使 A 增大即提高有效利用率。方法就是进行可靠性、维修性设计，加强管理和养护，或改进维修作业方式，提高修理技术和效率，从而使维修作业在短时间内完成，使工作时间延长。

研究有效利用率的重要目的之一是追求寿命周期费用最经济。在设备性能已确定的条件下，仅着眼于高可靠性，则原始费用必然高，而维修费用低；如着眼于原始费用低，

则维修费用高。因可靠性影响生产率，所以总的关系是可靠性、维修性好的设备，有效利用率高。

由图 6-2 可知可靠度与费用之间的关系，设备费与维修费有最佳结合点。此时，总费用最低，即设备寿命周期费用最优化。

6.2.3 可靠性模型

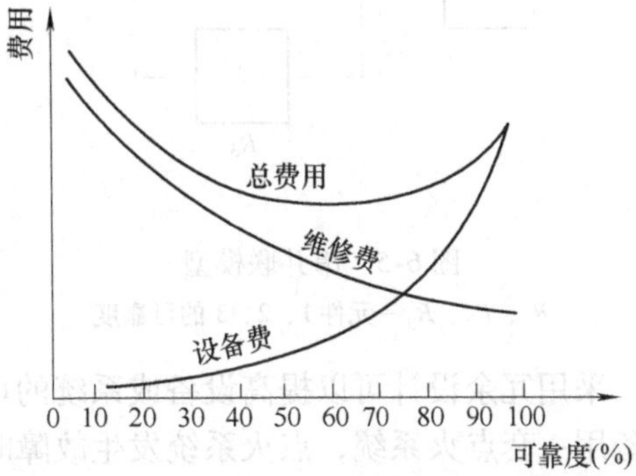

图 6-2 设备费、维修费与可靠度

当设备或系统是由多个零部件或子系统组成时，根据零部件或子系统的连接方式不同，设备或系统的可靠性模型有以下几种。

（1）串联模型　设备或系统中零部件的失效互相独立，如果某一零部件发生故障，就会引起整个系统失效。如锚链就是这种组合形式，其中一个环节断裂，整个链条就会失效。串联模型如图 6-3 所示。

串联系统的可靠度总是小于系统中任何一个元件的可靠度，应尽可能避免系统中特别薄弱的环节串联元件过多，串联元件越多，系统可靠度越低。一般来说，越简单的机械越可靠。

串联系统（1，2）的可靠度 $=R_1R_2$。

（2）并联模型　若设备或系统由若干零部件或子系统构成，只要有一个零部件或子系统在发挥其功能，设备或整个系统就能维持其功能，或者说即使某一个零部件或子系统发生故障，设备或整个系统仍能维持正常功能而不失效，这种结构形式称为并联模型，如图 6-4 所示。

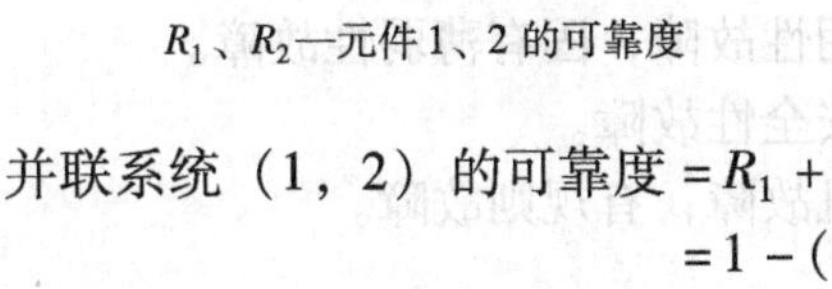

图 6-3 串联模型

R_1、R_2—元件 1、2 的可靠度

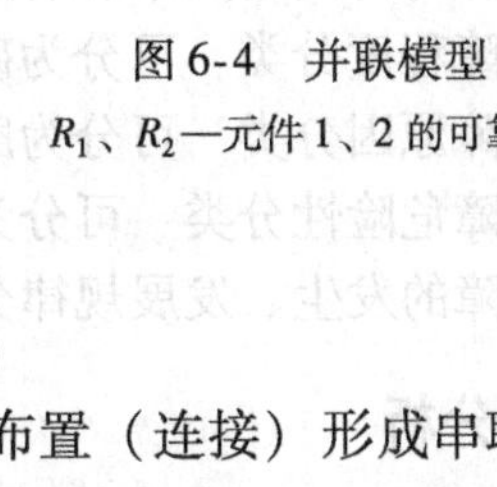

图 6-4 并联模型

R_1、R_2—元件 1、2 的可靠度

并联系统（1，2）的可靠度 $=R_1+R_2-R_1R_2$

$=1-(1-R_1)(1-R_2)$

（3）串并联模型　把串联模型与并联模型结合起来布置（连接）形成串联、并联模型，称为串并联模型，如图 6-5 所示。

串并联系统（1，2，3）的可靠度 $=R_1(R_2+R_3-R_2R_3)$

（4）备用冗余模型　在设备或系统构成中，把同功能部件或子系统重复配置以备用，当其中一个部件发生故障时，用备用的替代以继续维持功能，这就是备用冗余。按备用冗余原则构成的可靠性模型，称为备用冗余模型，如图 6-6 所示。

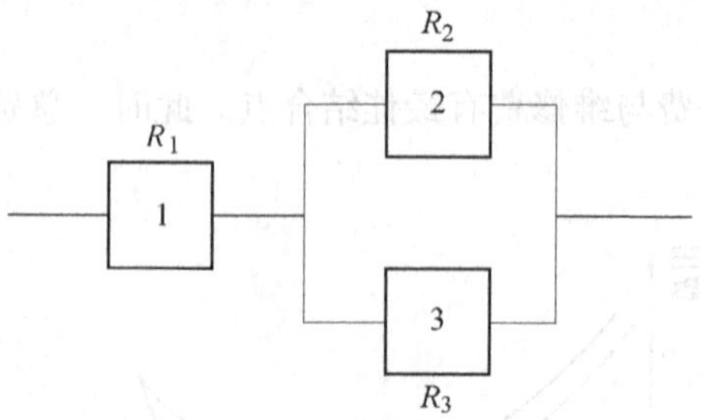

图 6-5　串并联模型

R_1、R_2、R_3—元件 1、2、3 的可靠度

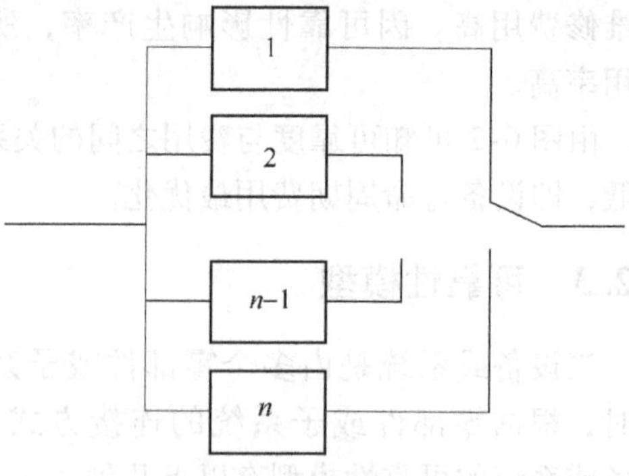

图 6-6　备用冗余模型

采用冗余设计可以提高设备或系统的可靠性，如大型飞机采用多台发动机并联工作；汽车备用一套点火系统，点火系统发生故障时，另一套备用系统通过转换开关投入工作；重要动力设备，设备用机；重要部门设双供电区，或设柴油发电机组等。

6.3　故障分析与故障管理

设备的运行状态有故障状态、异常状态和正常状态之分。所谓故障，一般是指设备丧失或降低其规定功能的现象。通常是由于组成设备的某些零部件失去原有的精度或性能，或零部件之间的关系失常，或设备正常工作条件被破坏等，使设备不能正常运行，技术性能降低，致使生产中断或因设备效能降低而影响生产。

故障发生之前总会有一些征兆，称之为异常。异常是相对于正常状态而言的。设备的正常状态及性能参数，早在设计阶段即已确定。当设备在运行中超越了正常状态的性能参数，但尚未达到超限报警时，则认为是存在异常了，否则就成为故障。

6.3.1　故障的分类

故障可以从各种角度、不同观点进行分类。

（1）按故障的性质分类　可分为间断性故障；永久性故障。

（2）按故障与时间的关系和有无发展过程分类　可分为突发性故障；渐发性故障。

（3）按故障程度分类　可分为破坏性故障；渐衰失效性故障。

（4）按故障原因分类　可分为磨损性故障；错用性故障；固有薄弱性故障。

（5）按故障危险性分类　可分为危险性故障；安全性故障。

（6）按故障的发生、发展规律分类　可分为随机故障；有规则故障。

6.3.2　故障分析

故障分析是故障管理的重要内容，其目的是为了探索故障发生的原因与机理，判断故障发生的概率与后果，预防与消除故障，以提高设备的可靠性与安全性。

1. 故障分析的基本程序和方法

故障分析的基本程序和方法如图 6-7 所示。在故障分析的初期，要对故障实物（现场）和故障发生时的情况，进行详细的调查和鉴定，还要尽可能详细地从使用者和制造厂收集有关故障的历史资料，通过对故障的外观检查鉴定，找出故障的特征，查出各种可能引起故障的影响因素。在判断阶段，要根据初步的研究结果，提出需要进一步开展的研究工作，以缩小故障产生的可能原因和范围。在研究阶段，要用不同的方法仔细地研究故障实物，测定材料参数，重新估算故障的负载。研究阶段应找出故障的类型及产生的原因，提出预防的措施。故障分析常用的研究方法如图 6-8 所示。

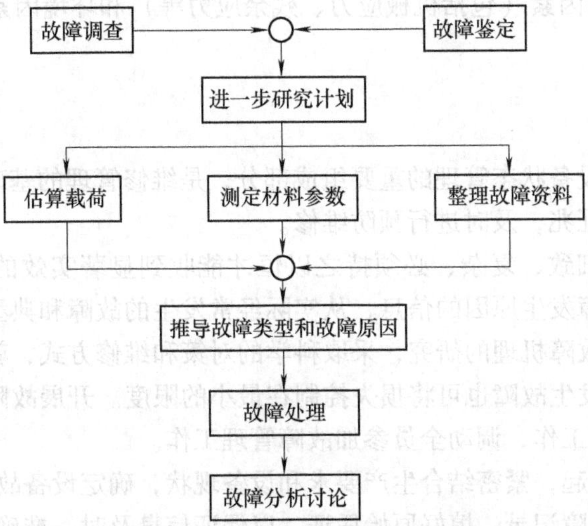

图 6-7　故障分析的基本程序和方法

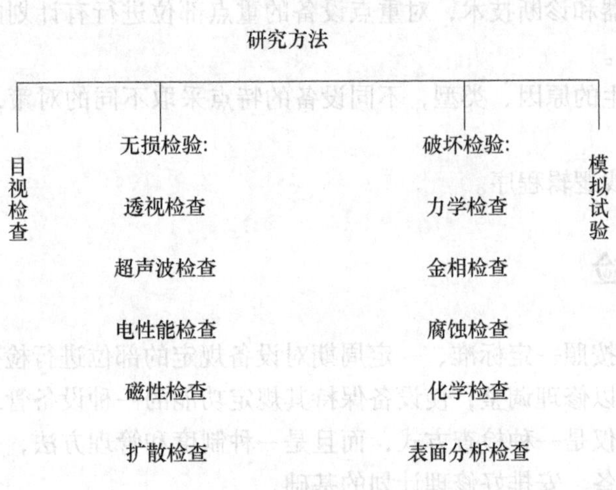

图 6-8　故障分析常用的研究方法

2. 故障产生的原因

从宏观上看，无论是设备或其零部件，影响其失效的基本因素都可归纳为设计、制造过程因素（原始因素）和运转、维修过程因素（使用因素）两大方面。

（1）设计因素　应力过高；应力集中；材料、配合、润滑方式选用不当；对使用条件、环境影响考虑不周等。

（2）装配调试因素　表现为啮合传动件如齿轮、蜗杆、螺旋等啮合间隙不合适；连接零件的必要防松措施不可靠；铆、焊结构的必要探伤检验不良；润滑与密封装置不良等。

（3）制造（工艺）因素　如毛坯加工缺陷（铸、锻、焊、热处理、压力加工等缺陷）；切削加工缺陷等。

（4）材料因素　设计选材不当；毛坯加工工艺过程中产生的材料缺陷等。

（5）运转和维修的因素　包括运转工况参数的异常和维修制度的不完善。

从微观上看，发生设备故障的原因在于产品中零件的强度因素（包括机械强度、抗化学腐蚀强度等）、应力因素（包括机械应力、残余应力等）和环境因素（介质和温度等）的不相适应。

6.3.3　故障管理

设备故障管理是设备状态管理的重要组成部分，是维修管理的基础。开展故障管理的目的在于早期发现故障征兆，及时进行预防维修。

故障管理是一项细致、复杂、必须持之以恒才能收到显著实效的工作。要搞好故障管理，必须认真掌握故障发生原因的信息，从实际经常发生的故障和典型故障中积累资料和数据，重视故障规律和故障机理的研究，采取科学的对策和维修方式，就可能避免突发故障和控制渐发故障，一旦发生故障也可将损失控制在最小的限度。开展故障管理的主要做法是：

1）做好宣传教育工作，调动全员参加故障管理工作。

2）从基础工作抓起，紧密结合生产要求和设备现状，确定设备故障管理的重点。

3）做好设备的故障记录，填好原始凭证，以保证信息及时、准确。

4）进行故障的统计、整理和分析。

5）采用监测仪器和诊断技术，对重点设备的重点部位进行有计划的监督，以发现故障发生前的征兆和信息。

6）针对故障发生的原因、类型，不同设备的特点采取不同的对策，建立适合本厂的设备维修管理制度。

7）建立故障查找逻辑程序。

6.4　设备的点检

设备的点检是指按照一定标准、一定周期对设备规定的部位进行检查，以便尽早发现设备故障隐患，及时加以修理调整，使设备保持其规定功能的一种设备管理方法。值得指出的是，设备点检制不仅仅是一种检查方式，而且是一种制度和管理方法，是重要的维修活动信息源，是做好修理准备、安排好修理计划的基础。

设备点检中所指的“点”，是指设备的关键部位，通过检查这些“点”，能及时、准确地获得设备技术状况的有关信息。点检管理的要点是：实行全员管理，专职点检员按区域分工管理。点检是按照一整套标准化、科学化的程序进行的，是动态的管理，并且要与维修相结合。

6.4.1　设备点检的分类

按照点检的周期和业务范围，点检分为日常点检、定期点检和专项点检。

（1）日常点检　设备日常点检是由设备操作工人和维修工人每日执行的例行维护作业。

检查的方法是利用人的感官、简单工具或装在设备上的仪表和信号标志，如压力、温度、电流、电压的检测仪表和油标等来对设备进行感知和观测。日常点检的目的是为了及时发现设备的异常情况，保证设备正常运转。

点检应严格按专用的点检卡片进行，检查结果记入标准的日常点检卡中。点检卡的内容应包括检查项目、检查方法、判别标准等，并以各种符号进行记录。进口设备往往由制造厂家提供专用点检卡。表6-2和表6-3所示为某企业卧式车床日点检表和桥式起重机周点检作业卡的一部分。

表6-2 卧式车床日点检表

车间 班组	资产编号		设备型号		班组长				操作者A			操作者B		
点检内容		1	2	3	4	5	6	7	8	9	10	…	31	
1	传动系统无异常响声													
2	各手柄操作灵活、定位可靠													
3	正反转及刹车性能良好													
4	各变速箱油量在油标刻线以上													
5	主轴变速箱开机时油镜显示供油正常													
6	光杠、丝杠、操作杆表面无拉伤、研伤													
7	各轨道润滑良好，无拉伤													
8	各部位无漏油，冷却系统不漏水													
9	油孔、油杯不堵塞，不缺油													
10	无缺损零件													
交班问题记录	1		4		7			本月点检发现问题				处		
	2		5		8			本月维修解决问题				处		
	3		6		9			其他						
检查方法	看试听	检查周期	每天	重大问题处理意见				记录符号		正常 √	异常 ×	已修好 ◎		

机械员： 年 月 日

表6-3 桥式起重机周点检作业卡

周点检计划卡	单元：初轧区 域：初轧区		点检者								日期	自 年 月 日至 月 日	
设备名称	部位	点检项目	内容	星期							点检标准	异常记录	备注
普通桥式起重机	横行轨道	钢轨	龟裂或损伤								无龟裂或损伤		
		螺钉	松动或折损								无松动或折损		
		螺钉	脱落								无脱落		
		轨道压板	折损								无折损		

（续）

周点检计划卡	单元：初轧区 域：初轧区	点检者							日期		自　年　月　日至　月　日		
设备名称	部位	点检项目	内容	星期							点检标准	异常记录	备注
普通桥式起重机	传动舱	构件	龟裂或变形								无龟裂或变形		
		螺钉	松、脱、损								无松、脱、损		
		轴承	声音异常								无异常声音		
		轴承	发热								40℃以下		
		轴承	振动								无异常振动		

注：点检记录标记，“+”运行中的点检；“-”停止时的点检；“×”已完成运动的点检；“÷”已完成停止时的点检。

（2）定期点检　定期点检由维修人员（或专职点检员）凭感官和专用检测工具，定期对设备的技术状态进行全面检查和测定。除日常点检的工作内容外，定期点检主要是测定设备的劣化程度、精度和设备的性能，查明设备不能正常工作的原因，记录在点检作业卡中下次检修时应消除的缺陷项中。其主要目的是查明设备的缺陷和隐患，确定修理的方案和时间，保证设备维修规定的功能。

定期点检的对象是重点生产设备，点检内容比较复杂，一般需要停机进行。因此，必须使点检计划与生产计划相协调。

（3）专项点检　一般由专职维修人员（含工程技术人员）针对某些特定的项目，如设备的精度、某项或某些功能参数等进行定期或不定期检查测定，目的是为了了解设备的技术性能、专业性能，通常要使用专用工具和专业仪器设备。

6.4.2　点检的主要工作

虽然设备点检的内容因设备种类和工作条件的不同而差别较大，但设备的点检都必须认真做好以下几个环节的工作：

1）确定检查点。一般将设备的关键部位和薄弱环节列为检查点。

2）确定点检项目。确定各检查部位（点）的检查内容。

3）制定点检的判定标准。根据制造厂家提供的技术要求和实践经验，制定各检查项目的技术状态是否正常的判定标准。

4）确定检查周期。根据检查点在维持生产或安全上的重要性和生产工艺特点，并结合维修经验，制定点检周期。

5）确定点检的方法和条件。根据点检的要求，确定各检查项目所采用的方法和作业条件。

6）确定检查人员。确定各类点检（如日常点检、定期点检、专项点检）的负责人，确定各种检查的负责人。

7）编制点检表。将各检查点、检查项目、检查周期、检查方法、检查判定标准以及规定的记录符号等制成固定的表格，供点检人员检查时使用。

8）做好点检记录和分析。点检记录是分析设备状况、建立设备技术档案、编制设备检修计划的原始资料。

9）做好点检的管理工作，形成一个严密的设备点检管理网。

10）做好点检人员的培训工作。

思　考　题

1. 什么是设备的可靠性？它包含哪些要素？
2. 应当从哪些方面着手提高设备有效利用率？
3. 有哪四种可靠性模型？它们各自的结构特征和可靠程度如何？
4. 什么是设备的点检制度？它的基本含义是什么？
5. 认真贯彻设备点检制度一般应注意哪几个环节的工作？

第 7 章 设备的修理和管理

设备在使用过程中，其零部件会逐渐产生磨损、变形、蚀损甚至断裂，导致设备的精度、性能和生产率下降，使设备发生故障、事故乃至报废。但是，由于零部件的材质、使用条件等不同，其失效程度也不同。一些零部件因各种原因而失去了原有的功能，需要修复和更换，一些零部件却能完好无损地正常工作。这就构成了设备维修的必要性和可能性。

设备维修是为了保持或恢复设备完成规定功能的能力而采取的技术活动，包括维护和修理。设备维修经济效益的高低，取决于设备维修性设计的优劣、维修人员技术水平的高低和维修组织管理以及设备设施的完善程度三个方面。

7.1 维修方式与维修类别

7.1.1 设备维修方式

设备维修方式具有维修策略的含义。现代设备管理强调对各类不同的设备采用不同的维修方式，就是强调设备维修应遵循设备物质运动的客观规律，在保证生产的前提下，合理利用维修资源，达到寿命周期费用最经济的目的。

目前，国内外常用的维修方式有：事后维修、计划维修、预知维修、改善维修及无维修设计。

改善维修是为了消除设备的先天性缺陷或频发故障，对设备的局部结构或零部件进行改造，以改善设备的可靠性和维修性。

无维修设计是指产品的理想设计，其目标是达到使用中无维修的目的。在设备设计时，就着眼于消除造成维修的原因，使设备无故障地运转或减少维修作业。它是一种维修策略，也称维修预防。目前，无维修设计分两种情况，一种是生产批量大的家用电器，如电视机、录像机、录音机等；另一种是生产安全可靠性要求极高的设备，如核能设备、航天器等。

7.1.2 修理类别

根据修理内容、要求及工作量大小划分修理类别，修理类别分为：大修、项修、小修、定期维护或定期检查、定期精度调整和定期预防性试验等。

（1）大修 设备大修是工作量最大的一种有计划的彻底性修理。大修时，对设备的全部或大部分部件解体检查，修复基础件，更换或修复全部不适用的零件；修复、调整电气系统；修复设备的附件以及翻新外观等，从而达到全面消除修理前存在的缺陷，恢复设备规定的精度和性能。

（2）项修 项目维修是根据设备的结构特点及存在的问题，对技术状态已达不到生产工艺要求的某些项目，按实际需要进行的针对性修理，恢复所修部分的性能。

对生产中的关键设备，尤其是精密、大型、稀有设备采用项修，容易解决计划预修与生产的矛盾，避免设备失修和修理过度，可利用间隙时间（节假日），从而保证生产的正常运行。

（3）小修　小修是维持性的修理，不对设备进行全面的检查、清洗和调整，只结合掌握的技术状态的信息进行局部拆卸、更换和修复部分失效零件，以保证设备正常的工作能力。

（4）定期维护或定期检查　该项工作通常列入计划修理来进行，做到及时掌握设备的技术状态，发现和清除设备隐患以及较小故障，以减少突发故障的发生。针对性地提出相应的计划修理内容，做好修前准备工作或据此调整修理计划。

（5）定期精度检查调整　对精密、大型、稀有设备的几何精度进行有计划的定期检查并调整，使其达到或接近规定的精度标准，保证其精度稳定，以满足加工要求。通常该项检查的周期为 1~2 年，并应安排在气温变化较小的季节进行。

（6）定期预防性试验　对动力设备、受压容器、电气设备、起重运输设备等安全性要求高的设备，由专业人员按规定期限和规定要求进行试验，如对耐压、绝缘、电阻、接地、安全装置、指示仪表、限制器、制动器等进行试验。通过试验可及时发现问题，消除隐患或安排修理。

7.2　修理计划

设备修理计划包括按时间进度编制的计划和按修理类别编制的计划两大类。按时间进度编制的计划有年度、季度设备修理计划（见表 7-1），月份设备修理计划（见表 7-2），计划中包括大修、项修、小修、更新设备的安装和技术改造等；按修理类别编制的计划通常为年度设备修理计划（见表 7-3），以便于大修理费用的管理。有的企业也编制项修、小修、预防性试验和定期精度检查的计划。

表 7-1　年度、季度设备修理计划

序号	使用单位	资产编号	设备名称	型号规格	设备类别	修理复杂系数			修理类别	主要修理内容	修理时间定额/h					停歇天数	计划进度				承修单位	备注
						$F_{机}$	$F_{电}$	$F_{热}$			合计	钳工	电工	机加工	其他		1季	2季	3季	4季		

厂长（总工程师）：　　　　设备科长：　　　　组长：　　　　计划员：

表 7-2　月份设备修理计划

序号	使用单位	资产编号	设备名称	型号规格	设备类别	修理复杂系数			修理类别	主要修理内容	修理时间定额/h					停歇天数	计划进度		承修单位	备注
						$F_{机}$	$F_{电}$	$F_{热}$			合计	钳工	电工	机加工	其他		起	止		

厂长（总工程师）：　　　　设备科长：　　　　组长：　　　　计划员：

表 7-3　年度设备修理计划

序号	使用单位	资产编号	设备名称	型号规格	设备类别	修理复杂系数			修理类别	主要修理内容	修理时间定额/h					停歇天数	计划进度		修理费用/元	承修单位	备注
						$F_{机}$	$F_{电}$	$F_{热}$			合计	钳工	电工	机加工	其他		季	月			

厂长（总工程师）：　　　　设备科长：　　　　组长：　　　　计划员：

7.2.1　编制设备修理计划的依据

对修理计划的要求是，力求达到既准确可行又有利于生产。计划编制得准确与否，主要取决于编制依据是否正确。计划编制的主要依据是设备的技术状态和产品对设备的要求。

1. 设备的技术状态

设备技术状态的信息主要来自下述两方面：

（1）设备技术状态的普查鉴定　企业设备的普查一般是在每年的第三季度进行，主要任务是摸清设备存在的问题，提出修理意见，填写设备技术状态普查表，以此作为编制设备维修计划的基础资料。

（2）原始资料　它包括日常检查（点检）、定期检查、状态检测记录，维修记录等原始凭证及综合分析资料等。

2. 生产工艺及产品质量对设备的要求

适应生产的需要是设备维修的目的，因此，产品质量对设备的要求是重点考虑的依据之一。如设备的实际技术状况不能满足工艺要求，则应安排计划修理。

设备维修活动的经济效益也是编制设备维修计划的重要依据之一。通过对设备维修活动的经济分析，力求做到以最少的维修费用达到最高的设备利用率。

3. 设备修理的经济效益指标

（1）修理计划方面

1）定期维护计划完成率。

2）定期检查计划完成率。

3）小修计划完成率。

4）项修计划完成率。

5）大修计划完成率。

（2）维修时间方面

1）计划维修停机率（时间）。

2）故障修理停机率（时间）。

3）维修总停机率 = 计划维修停机率 + 故障维修停机率。

（3）维修质量方面

1）设备大修返修率。

2）设备项修返修率。

（4）维修费用方面

1）分类设备大修理费用（元）/修理复杂系数。

2）车间维修费用（元）/万元净产值（或单位产品、产量）。

3）企业维修费用（元）/万元净产值（或单位产品、产量）。

(5）设备技术状态方面

1）设备完好率。

2）设备故障率。

在上述各项指标中，综合反映企业维修经济效益的重要指标是：设备完好率；设备可利用率；企业维修费用（元）/万元净产值（或单位产品、产量）。

7.2.2 设备修理计划的编制

1. 年度修理计划

设备年度修理计划是设备维修工作的大纲，是企业贯彻执行计划预修和检查执行修理情况的基础。它的内容包括：修理的设备名称、修理类别、修理日期、停歇时间、修理工作量（含经费、所需备品、备件及材料等）。设备年度修理计划的编制程序如图 7-1 所示。

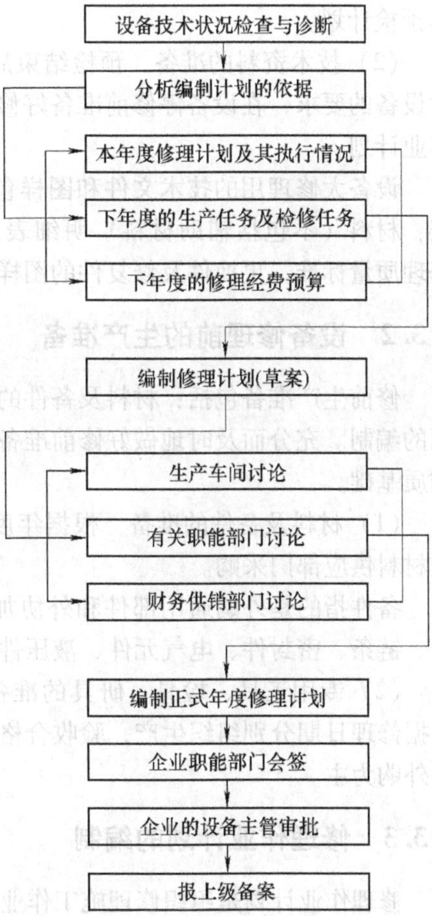

图 7-1 设备年度修理计划的编制程序

2. 季度修理计划

设备季度修理计划是年度修理计划的实施计划，必须在落实停修时间、修理技术、生产准备工作及劳动组织的基础上编制。根据设备的实际技术状况和生产情况，年度修理计划有可能变动。季度修理计划在前一季度第二个月开始编制。可按编制计划方案、平衡审定、下达执行三个基本程序进行。

3. 月份修理计划

设备月份修理计划是季度计划的分解，是执行修理计划的作业计划，是检查和考核企业修理工作最基本的依据。在月份修理计划中，应列出应修项目的具体开工、竣工日期，对跨月项目可分阶段进行考核。应注意与生产任务的平衡，要合理利用维修资源。

7.3 设备修理前的准备工作

修前准备包括修前技术准备和修前生产准备。做好修前准备工作，是完成修理计划、保证修理质量、提高维修效率、降低修理成本的技术保证和物质保证。

7.3.1 修前技术准备

修前技术准备工作由主修技术人员负责。它是为修前生产准备服务的，包括对需要修理设备的技术状态修前预检、编制修理技术文件和专用工具、检具、研具的设计等，有时还包括改善维修和技术改造的设计。

（1）设备修前预检　预检工作是做好修前准备工作的基础和制订修理措施计划的依据。预检的目的是全面深入掌握待修设备实际技术状况（包括设备的精度、性能、零件缺损、安全防护装置的可靠性、附件状况等）和了解生产对该设备的工艺要求，以便为修理准备更换件、专用工具、检具、研具，为编制专用修理工艺等收集原始材料。

预检的准备工作包括：阅读设备使用说明书，熟悉设备的构造和性能，查阅设备档案（如设备安装验收记录、事故报告、历次计划修理的竣工报告、近期定期检查记录及设备普查后填报的设备技术状况等），以便了解设备的历史和现状；查阅设备的图册，为测绘、校对更换件或修复件的图样作准备；分析、确定预检时需解体检查的零部件和预检内容，并安排预检计划。

（2）技术资料的准备　预检结束后，由主修技术人员根据设备存在的问题和产品工艺对设备的要求，在设备停修前准备好修理用的技术文件资料和图样，复杂设备还应编制修理作业计划。

设备大修理用的技术文件和图样包括：修理技术任务书，更换件（包括修复件）明细表，材料（不包括辅助材料）明细表，修理工艺，专用工具、检具、研具明细表及图样，修理质量标准，更换件及修复件的图样及制造（修复）工艺。

7.3.2　设备修理前的生产准备

修前生产准备包括：材料及备件的准备，专用工具、检具、研具的准备以及修理作业计划的编制。充分而及时地做好修前准备工作，是保证设备修理工作顺利进行的重要的环节和物质基础。

（1）材料及备件的准备　根据年度修理计划，设备管理部门应编制年度材料计划，提交材料供应部门采购。

备件指的是外购通用部件和外协加工部件。外购通用部件包括滚动轴承、标准件、胶带、链条、密封件、电气元件、液压件等。修理需用备件均由设备管理部门准备。

（2）专用工具、检具、研具的准备　专用工具、检具、研具的生产需列入生产计划，根据修理日期分别组织生产，验收合格入库编号后进行管理。通用工具、检具、研具通常应以外购为主。

7.3.3　修理作业计划的编制

修理作业计划是组织修理施工作业的具体行动计划，其目标是以最经济的人力和时间，在保证质量的前提下力求缩短停机天数，按期或提前完成修理任务。

修理作业计划由修理单位的计划员负责编制，并组织主修机械和电气的技术人员、修理工（组）长讨论审定。对一般中小型设备的大修，可采用“横道图”或作业计划加上必要的文字说明；对于结构复杂的高精度、大型、关键设备的大修，应采用网络计划。

修理作业计划的主要内容有：①作业程序；②分阶段、分部分作业所需的工人数、工时及作业天数；③对分部作业之间相互衔接的要求；④需要委托外单位劳务协作的事项及时间要求；⑤对用户配合协作的要求等。

7.4 设备修理计划的实施

设备修理计划的实施，应注意抓好以下几个环节：①认真做好修前的准备工作，搞好维修工作量与维修资源的平衡；②认真组织好维修的施工作业；③注意掌握计划与实际的差异，做好计划的修改与调整。

1. 交付修理

设备使用单位应按照修理计划规定的日期，在修前认真做好生产任务的安排。对由企业机修车间或企业外修单位承修的设备，应按期移交给修理单位。移交时，应认真交接并填写设备交修单，一式两份，交接双方各留存一份。

设备竣工验收后，双方按设备交修单清点无误，该交修单即作废。如设备在安装现场进行修理，使用单位应在移交设备前，彻底擦洗设备并把设备所在的场地扫干净，移走成品或半成品，为维修作业提供必要的场地。

由设备使用单位维修工段承修的小修或项修，可不填写设备交修单，但也应同样做好修前的生产安排，按期将设备交付修理。

2. 修理施工

在修理过程中，一般应抓好以下几个环节：

（1）解体检查　设备解体后，由主修技术人员与维修工人密切配合，及时检查零部件的磨损、时效情况，特别要注意有无在维修前未发现或未预测到的问题，并尽快发出以下技术文件和图样：

1）按检查结果确定的换修件明细表。

2）修改、补充的材料明细表。

3）修理技术任务书的局部修改与补充。

4）按修理装配的先后顺序要求，尽快发出临时制造的配件图样。

计划调度人员会同修理工（组）长，根据解体检查的实际结果及修改补充的修理技术文件，及时修改和调整修理作业计划，并将作业计划粘贴在作业施工的现场，以便于参加修理的人员随时了解施工进度要求。

（2）生产调度　修理工（组）长必须每日了解各部件修理作业的实际进度，并在作业计划上做出实际完成进度的标志（如在计划进度线下面标上红线）。对发现的问题，凡本工段能解决的应及时采取措施解决，例如，发现某项作业进度延迟，可根据网络计划上的时差，增加修理工人数量，把进度赶上去；对本工段不能解决的问题，应及时向计划调度人员汇报。

计划调度人员应每日检查作业计划的完成情况，特别要注意关键线路上的作业进度，并到现场进行实际观察、检查，听取修理工人的意见和要求。对工（组）长提出的问题，要主动与技术人员联系商讨，从技术上和组织管理上采取措施，及时解决。计划调度人员还应重视各工种之间作业的衔接，利用班前、班后各工种负责人参加的简短“碰头会”了解情况，这是解决各工种作业衔接问题的好方法。总之，要做到不发生待工、待料和延误进度的现象。

（3）工序质量检查　修理工人在每道工序完毕、经自检合格后，必须经质量检查员检验，确认合格后方可转入下道工序。对重要工序（如导轨磨削），质量检查员应在零部件上做出“检验合格”的标志，避免以后发现漏检的质量问题时引起更多的麻烦。

（4）竣工验收　设备大修理完毕，修理单位自检合格后，需进行空运转试车试验、负荷试车试验及精密检验。

验收由企业设备管理部门的代表主持，要认真检查修理质量，查阅各项修理记录是否齐全、完整。经设备管理部门、质量检验部门和使用单位的代表一致确认，通过修理，已完成修理技术任务书规定的修理内容并达到规定的质量标准及技术条件后，各方代表在设备修理竣工报告单上签字。

设备大修竣工验收后，修理单位将修理技术任务书、修换件明细表、材料明细表、试车及监督检验记录等作为附件随同设备修理竣工报告单送交修理计划部门，作为考核计划完成的依据。关于修理费用，如竣工验收时修理单位尚不能提出统计数字，可以在提出修理费用预算书后，同计划考核部门按预算书上的数据补充填入设备修理竣工报告单内，然后由修理计划部门定期办理归档手续。

设备小修完毕后，以使用单位机械动力师为主，与设备操作工人和修理工人共同检查，确认已经完成规定的修理内容和达到小修的技术要求后，在设备修理竣工报告单上签字验收。设备的小修竣工报告单应附有换件明细表和材料明细表，其人工费可以不计，备件费、材料费及外协劳务费均按实际数计入竣工报告单。此报告单由车间机械动力师送交修理计划部门，作为考核小修计划完成的依据，并由修理计划部门定期办理归档手续。

7.5　设备修理工作定额

设备修理工作定额包括时间定额、停歇天数定额、材料定额及费用定额。修理工作定额是制订修理计划、考核修理中各项消耗以及分析修理活动经济效益的依据。在我国，通常以设备修理复杂系数作为计算考核的基本依据。应用设备修理复杂系数确定的各项定额，所表示的是同类设备相当多台次的平均数。实践证明，用它来测算一个工厂或车间年度全部修理设备的定额比较准确，而用它考核单台（项）设备的修理往往出入较大，更不宜作为计件工资或计算奖金的依据。它适用于年度修理计划的编制。

7.5.1　设备修理复杂系数

1. 设备修理复杂系数的概念和作用

（1）设备修理复杂系数　它是前苏联设备计划预修制度中的一个重要概念，是用来表示设备修理复杂程度的一个假定单位，并将它作为确定设备修理与维护各项技术经济指标的计算单位。一台设备的修理复杂系数，根据其设备类型、规格、结构特征、工艺特性和维修性等因素来确定。一般说来，设备越复杂其规模尺寸越大，精度和自动化程度越高，则其修理复杂系数就越大。

（2）设备修理复杂系数的主要用途　①用于衡量有关企业或车间设备修理工作量的大小；②用于制订设备修理的各种工作定额；③用于概算企业设备维修部门所需人员和设备；④可作为企业划分设备等级的依据。

2. 设备修理复杂系数的分类

设备的修理系数可分为以下三类：

1）机械设备修理复杂系数用 $F_{机}$ 或 JF 表示。

2）电气、仪表设备修理复杂系数分别用 $F_{电}$（DF）和 $F_{仪}$ 表示。

3）热力设备修理复杂系数用 $F_{热}$ 表示。

3. 确定设备修理复杂系数的方法

按规定，机械设备（不包括设备中的电气部分）的修理复杂系数是以 C620—1/750 卧式车床为标准，其修理复杂系数定为 10，其他机械设备（包括动力设备中的机械结构部分）的修理复杂系数都与之相比较而确定。电气设备的修理复杂系数以额定功率为 0.6kW 的防护异步笼形电动机为标准，其修理复杂系数规定为 1，其他电气设备的修理复杂系数都与之相比较而确定。

确定设备修理复杂系数的具体方法有公式计算法和分析比较法。常用设备的修理复杂系数可由表 7-4 查得。

表 7-4　常用设备修理复杂系数举例

设备类别及名称	型　号	主要规格	修理复杂系数	
			机 械	电 气
卧式车床	C615	ϕ300mm × 750mm	7	2.5
	C616	ϕ320mm × 750mm	8	3
	C618K	ϕ360mm × 850mm	8	3
	C620	ϕ400mm × 1000mm	10	4
	C620—1	ϕ400mm × 750mm	10	4
	C620—1	ϕ400mm × 1000mm	11	4
	C620—1	ϕ400mm × 1500mm	11	4
	C620—1	ϕ400mm × 2000mm	12	4
	CA6140	ϕ400mm × 750mm	11	4
	C630	ϕ615mm × 1400mm	14	6
	C650	ϕ1000mm × 3000mm	23	12
立式钻床	Z525	ϕ25mm	5	2
摇臂钻床	Z35	ϕ50mm	12	7
卧式铣镗床	T68	ϕ85mm	22	9
万能外圆磨床	M131W	ϕ315mm × 1000mm	12	12
滚齿机	Y38	ϕ800mm × M8	14	6
插齿机	Y54	ϕ462mm × M6	12	6
立式升降台铣床	X52K	325mm × 1250mm	12	8
万能升降台铣床	X62W	320mm × 1250mm	13	7
龙门刨床	B2020	2000mm × 6000mm	52	60
牛头刨床	B665	650mm	10	4
空气锤	C41—150	150kg	8	4

（续）

设备类别及名称	型　　号	主 要 规 格	修理复杂系数	
			机　械	电　气
空气锤	C41—400	400kg	13	6
桥式起重机	（单钩）11—17	10t	9	22
桥式起重机	10.5－28.5	20/5	13	35
内燃机		20mm×736W 以下	7	
内燃机		40mm×736W	8	
内燃机		60mm×736W	9	
内燃机		80mm×736W	10	
内燃机		90mm×736W	12	
内燃机		100mm×736W	14	

（1）公式计算法　可通过查阅《机械动力设备修理复杂系数》手册中的计算公式，进行计算。

（2）分析比较法　有三种具体比较方法。

1）工时分析比较法。工时分析比较法是由设备大修理的实际耗用工时与单位复杂系数时间定额相比较而得出的方法。

2）部件分析比较法。根据设备结构特点和部件的复杂程度，与已知复杂系数的类似结构和部件逐一比较，求得各部件的复杂系数，其总和就是这台设备的修理复杂系数。

3）整台设备比较法。以 C620—1 卧式车床的修理复杂系数为标准，其他设备与该标准相比较来确定其修理复杂系数。这种方法的误差很大，很难做到准确。

7.5.2　设备修理工作量定额

设备修理工作量定额又称为设备时间定额，是企业计算设备各种修理工作所需劳动时间的依据，通常以一个修理复杂系数所需的劳动时间来表示，即

$$J = G/[F(1-X)] \tag{7-1}$$

式中　J——修理工作量定额（h/F 个修理复杂系数）；

G——设备修理标准实耗有效工时（h）；

F——修理复杂系数；

X——先进性系数，取值 0.03～0.17。

设备修理工作量定额，一般以五级工的技术水平计算，非五级工要作适当折算。

根据设备修理复杂系数和设备各种不同修理类别的修理工作量定额，可计算出计划期内为完成全部修理工作所需要的劳动量，并由此计算出所需各个工种的人数。例如，某企业规定一种设备大修理的一个修理复杂系数的工作量定额为：钳工 50h，焊工 30h，电工 12h，其他工种 4h。若此设备的修理复杂系数是 15，则该设备大修理时所需的工作量为 $(50+30+12+4)\times 15\text{h}=1440\text{h}$。

7.5.3　设备修理停歇时间定额

设备停歇检修时间限额称为修理停歇时间定额，是指设备从停止工作交付修理开始，到

修理完毕、验收合格为止所需的全部时间，但不包括革新、改造所增加的停歇时间。设备修理停歇时间按下式计算：

$$T=\frac{GF}{MHDK}+C \tag{7-2}$$

式中 T——设备修理停歇时间（天）；

G——一个修理复杂系数的钳工工时定额（h）；

F——修理复杂系数；

M——每天工作班次；

H——每个工作班的时间（h）；

D——在一个工作班内，修理该设备的工人数量；

K——修理工时定额完成系数（与修理级别有关）；

C——附加停机时间（如现场清理、浇灌地基、验收等）（天）。

7.5.4 设备修理费用定额

设备修理费用主要包括：备件费、材料费、动力费、修理人员工资、车间经费和企业管理费等。设备修理费用定额是指企业为完成各种修理工作所需费用的标准，一般以一个修理复杂系数为单位来判定设备各种修理工作的费用定额。

对于尚未采用修理复杂系数的设备，有关定额标准可根据设备修理的历史统计资料、设备的有关文件并结合实际情况制订。

以每个修理复杂系数来制定各种定额时，应考虑下列因素加以适当的修正：

1）当设备进行提高精度和技术性能的修理时，应另加工时。

2）原设备设计质量低劣，或使用年限过长时，可适当增加工时。

3）修理工艺水平提高及应用先进技术和装备时，可适当压缩工时。

4）考虑设备使用维护条件、加工条件、机修工人技术水平和作业条件、维修管理水平等因素的影响。

7.5.5 制定设备修理工作定额的方法

制定设备修理工作定额的方法有统计分析法和技术测算法两种。

（1）统计分析法 根据本企业分类设备各种修理类别的修理记录进行统计分析，剔出非正常因素产生的消耗，取其平均值，制定出分类设备各种修理类别的平均修理工作定额。

此法也可以用于制定企业拥有数量较多同型号规格的设备（特别是专用设备）的单台（项）修理工作定额。

由于设备项修的针对性强，故不宜采用此法判定修理所需定额。

（2）技术测算法 在预定的修理内容、修理工艺、质量标准和企业现行修理组织的基础上，对设备修理的全过程进行技术经济分析和预算，制定设备的修理工时、停歇天数和费用定额，以作为控制修理施工的经济指标。用技术测算法测定的设备修理工作定额，是根据设备修前的实际技术状况，参照以往同类设备的修理经验，经过具体分析而制定出来的，因此更加切合实际，也是今后企业制定设备修理工作定额的发展方向。

7.6 设备的委托修理

设备的委托修理是指本企业在维修技术或能力上不具备自己修理设备的条件，必须委托外企业承修。一般由企业的设备管理部门负责委托设备专业修理厂、制造厂或其他有能力的企业维修，并签订设备修理合同。

7.6.1 办理设备委托修理的工作程序

1. 分析确定委托修理项目

根据年度设备修理计划或使用单位的申请，企业的设备管理部门经过仔细分析，确定本企业对某（些）设备在技术上或维修能力上不具备自己修理的适合条件，经主管领导同意后，方可对外联系办理委托修理工作。负责办理委托修理的人员，应熟悉设备修理业务，并了解经济合同法。

2. 选择承修企业

通过调查，选择修理质量高、工期短和服务信誉好的承修企业。应优先考虑本地区的专业修理厂或设备制造厂。对重大、复杂的工程项目，可委托招标公司招标确定承修单位。

3. 与承修企业协商签订合同

签订承修合同一般应经过以下步骤：

1）委托企业（甲方）向承修企业（乙方）提出“设备维修书”，其内容包括设备的编号、名称、型号、规格、制造厂及出厂年份、设备实际技术状况、主要修理内容、修后应达到的质量标准、要求的停歇天数及修理的时间范围。

2）乙方到甲方现场实地调查了解设备状况、作业环境及条件，如乙方提出要局部解体检查，甲方应给予协助。

3）双方就设备是否要拆运到承修企业修理、主要部位的修理工艺、质量标准、停歇天数、验收办法及相互配合事项等进行协商。

4）乙方在确认可以保证修理质量及停歇天数的前提下，提出修理费用预算（报价）。

5）通过协商，双方对技术、价格、进度以及合同中必须明确规定的事项取得一致意见后，签订合同。

7.6.2 设备委托修理合同的内容

1）委托单位（甲方）及承修单位（乙方）的名称、地址、法人及业务联系人的姓名。

2）所修设备的资产编号、名称、型号、规格、数量。

3）修理工作地点。

4）主要修理内容。

5）甲方应提供的条件及配合事项。

6）停歇天数及甲方可供修理的时间范围。

7）修理费用总额（即合同成交额）及付款方式。

8）验收标准及方法，以及乙方在修理验收后应提供的技术记录及图样资料。

9）合同任何一方的违约责任。

10）双方发生争议事项的解决办法。

11）双方认为应写入合同的其他事项，如保修期、乙方人员在施工现场发生人身事故的救护等。

7.7　设备维修技术资料管理

设备维修技术资料管理是指收集、编制，积累各种维修技术文件。设备维修技术管理工作主要内容如下：

1）设备维修技术资料的管理。

2）编制设备维修图册。

3）编制设备的典型修理工艺规程和零件制作工艺规程。

4）制定各种维修技术标准。

5）设备的修前技术准备工作及在设备维修中推广应用新技术、新工艺、新材料，设备的技术改造和专用设备的设计审查，设备维修的质量管理等。

设备维修技术资料管理的主要工作内容是收集、编制、积累各种维修技术资料，向有关部门及时提供准确的设备维修的技术资料以及建立健全管理机构和管理制度。

设备维修主要技术资料包括维修图册、动力管线网图、设备修理工艺、备件制造工艺、修理质量标准等，其具体内容见表7-5。

表7-5　设备维修用主要技术资料

序号	名　称	主要内容	用　途
1	设备说明书	规格性能 机械传动系统图 液压系统图 电气系统图 基础布置图 润滑图表 安装、操作、使用、维修说明	指导设备安装、使用、维修
2	设备维修图册	外观示意图及基础图 机械传动示意图 液压系统图、电气系统图及线路图 滚动轴承位置图 组件、部件装配图 备件图 滚动轴承、液压元件、电气元件、电子元件、带、链条等外购件明细表	维修人员分析、排除故障，制订修理方案，制造储备备件
3	各动力站设备布置图及厂区车间动力管网线	变配电所、空气压缩机站、锅炉房、煤气站等各动力站房设备布置图 厂区车间供电系统图 厂区电缆走向及坐标图 厂区、车间蒸汽、压缩空气、供水管路图，厂区、车间下水管道图	检查维修

（续）

序号	名　称	主要内容	用　途
4	设备修理工艺规程	拆卸程序及注意事项 零部件的检查修理工艺及质量要求 主要部件装配及总装配工艺及质量要求 需用的设备，工具、检具、研具及工艺装备	指导维修工人进行修理作业
5	备件制造工艺规程	工艺程序及所用设备 专用工、夹具及其图样 检查方法，注意事项	指导备件制造作业
6	专用工具、检具、研具图	设备修理用各种专用工具、检具、研具及装备的制造图	制造及定期检定
7	修理质量标准	各类设备磨损零件换修标准 各类设备修理装配通用技术条件 各类设备空运转及负荷试车标准 各类机床几何精度检验标准	设备修理质量检查和验收的依据
8	设备试验规程	目的和技术要求 试验程序、方法及需用量具和仪器	检定设备的性能是否符合国家规定的有关安全规程
9	其他参考技术资料	有关国际标准及外国标准 有关国家技术标准 工厂标准 国内外设备维修先进技术经验、新技术、新工艺、新材料等有关资料 各种技术手册 各种设备管理与维修期刊等	维修技术工作参考

7.8　设备修理的技术文件

设备修理技术文件是修前材料、备件准备的依据，是制定时间定额和费用预算的依据，是编制修理作业计划的依据，是指导修理作业的依据，是检查和验收修理质量的标准。

修理技术文件的正确性和先进性，是衡量企业设备维修技术水平的主要标志之一。其中，正确性是指能全面、准确地反映设备修前的技术状况，针对存在的缺损，制定切实有效的修理方案；先进性是指采用的修理工艺不但先进、适用，而且经济效益良好（停修时间短，修理费用低）。

7.8.1　修理技术任务书

修理技术任务书是设备修理重要的指导性技术文件，其中规定了设备的主要修理内容、应遵守的修理工艺规程和应达到的质量标准。

1. 编制程序

1）详细调查设备修前的技术状况、存在的主要问题及生产工艺对设备的要求。

2）针对设备的磨损情况，分析确定采用的修理方案、主要零部件的修理工艺以及修后的质量要求。

3）将草案报送使用单位征求意见并会签，然后由有关技术负责人审批。

2. 编制内容

1）设备修前技术状况。如工作精度、几何精度、主要性能、主要零部件磨损情况、电气装置及线路主要的缺损情况、液压和润滑系统的缺损情况、安全防护装置的缺损情况以及其他需要说明的缺损情况。

2）主要修理内容。说明要解体、清洗和换修的部分；说明基准件、关键件的修理方法；说明必须仔细检查、调整的机构；治理水、油、气的泄漏；检查、修理、调整安全防护装置；修复外观的要求；结合修理进行预防性试验的要求；结合修理需要进行改善维修的内容及图号；其他需要进行修理的内容；适用的典型修理工艺规程或专用修理工艺规程的资料编号。

3）修理质量要求。逐项说明通用、专用修理质量检查和验收标准。

3. 修正与归档

设备解体检查后所确定的修理内容，一般不可能与修理技术任务书规定的内容完全相同。设备修理竣工后，应由主修人员将变更情况作出记录，附在修理技术任务书后面，随同修理竣工验收单一起归档。

7.8.2 修换件明细表

1. 修换件明细表的编制原则

（1）列入明细表中的零件

1）需要铸、锻、焊接的零件毛坯更换件。

2）制造周期长、精度高的更换件。

3）需要外购的大型、高精度滚动轴承、滚动丝杠副、液压元件、气动元件、密封件、链条、片式离合器的摩擦片等。

4）制造周期不长，但需用量大的零件。

5）采用修复技术在施工时修复的主要零件。

（2）不应列入明细表中的零件

1）已列入本企业易损件、常备件目录的备件。

2）用原材料或通用铸铁毛坯加工、工序少、修理施工时可临时制造而不影响工期的零件。

2. 填写修换件明细表

在设备修理前，填写修换件明细表，并上报上级设备主管部门，以确保设备修理用的修换件供应及时。

7.8.3 材料明细表

1. 设备修理常用材料品种

1）各种型钢，如圆钢、槽钢、工字钢、钢轨等。

2）非铁金属型材，如铜管、铜板、铝合金管、铝合金板等。

3）电气材料，如电气元件、电线、电缆、绝缘材料等。

4）橡胶、塑料及石棉制品。

5）管道用保温材料。

6）砌炉用的各种砌筑材料及保温材料。

7）润滑油脂。

8）其他直接用于设备修理的材料。

2. 填写设备修理材料申请单

在设备修理前，填写材料申请单。

思 考 题

1. 编制设备修理计划的主要依据是什么？
2. 设备修前预检的目的是什么？
3. 设备技术管理有哪些主要工作内容？

第 8 章　备件管理

备件是设备维修工作必不可少的物质基础。一个固定资产上亿元的企业，备件种类有几千种，占用流动资金几百万元。备件管理是设备维修活动的重要组成部分，只有遵循“既要满足维修需要，又要尽可能降低备件储备量”的原则，合理地确定备件储备定额，精心安排备件的计划、生产、订货、供应，才能使设备维修工作完成得既保质保量又经济省时，减少备件对流动资金的占用，加速企业流动资金的周转，降低成本。

备件管理的目标是用最少的备件资金、合理的库存储备，保证设备维修的需要，提高设备的使用可靠性、维修性和经济性。具体目标如下：

1）把设备突发故障所造成的生产停工损失减少到最低程度。

2）把设备计划修理的停歇时间和修理费用降低到最低限度。

3）把备件的储备资金压缩到合理供应的最低水平。

备件管理的主要任务是：

1）及时、有效地向维修人员提供合格的备件。

2）重点做好关键设备维修所需备件的供应工作。

3）做好备件使用情况的信息收集和反馈工作。

4）在保证备件供应的前提下，尽可能减少备件的资金占用量。

备件管理工作流程如图 8-1 所示。

8.1　备件的技术管理

备件的技术管理工作主要是指备件图样的收集、测绘、整理，备件图册的编制，各类备件统计卡片和储备定额等基础资料的设计、编制及备件卡的编制工作。

8.1.1　备件技术管理的工作内容和作用

备件的技术管理工作应主要由备件技术人员来完成，其工作内容为编制、积累备件管理的基础资料。通过这些资料的积累、补充和完善，可以掌握备件的要求，预测备件的消耗量，确定比较合理的备件定额、储备形式，为备件的生产、采购、库存提供科学、合理的依据。

8.1.2　确定备件储备品种的原则和方法

（1）确定备件储备品种的原则　从企业实际出发；满足设备维修需要；保证设备的正常运转；减少企业的库存资金。

（2）可列为备件的范围　各种配套零件，如滚动轴承、胶带、链条、液压元件、电气元件等；设备说明书中所列出的易损件；传递主要载荷而自身又较薄弱的零件，如小齿轮、联轴器等；经常摩擦而损耗较大的零件；受冲击载荷的零件；制造工序多、工艺复杂、加工

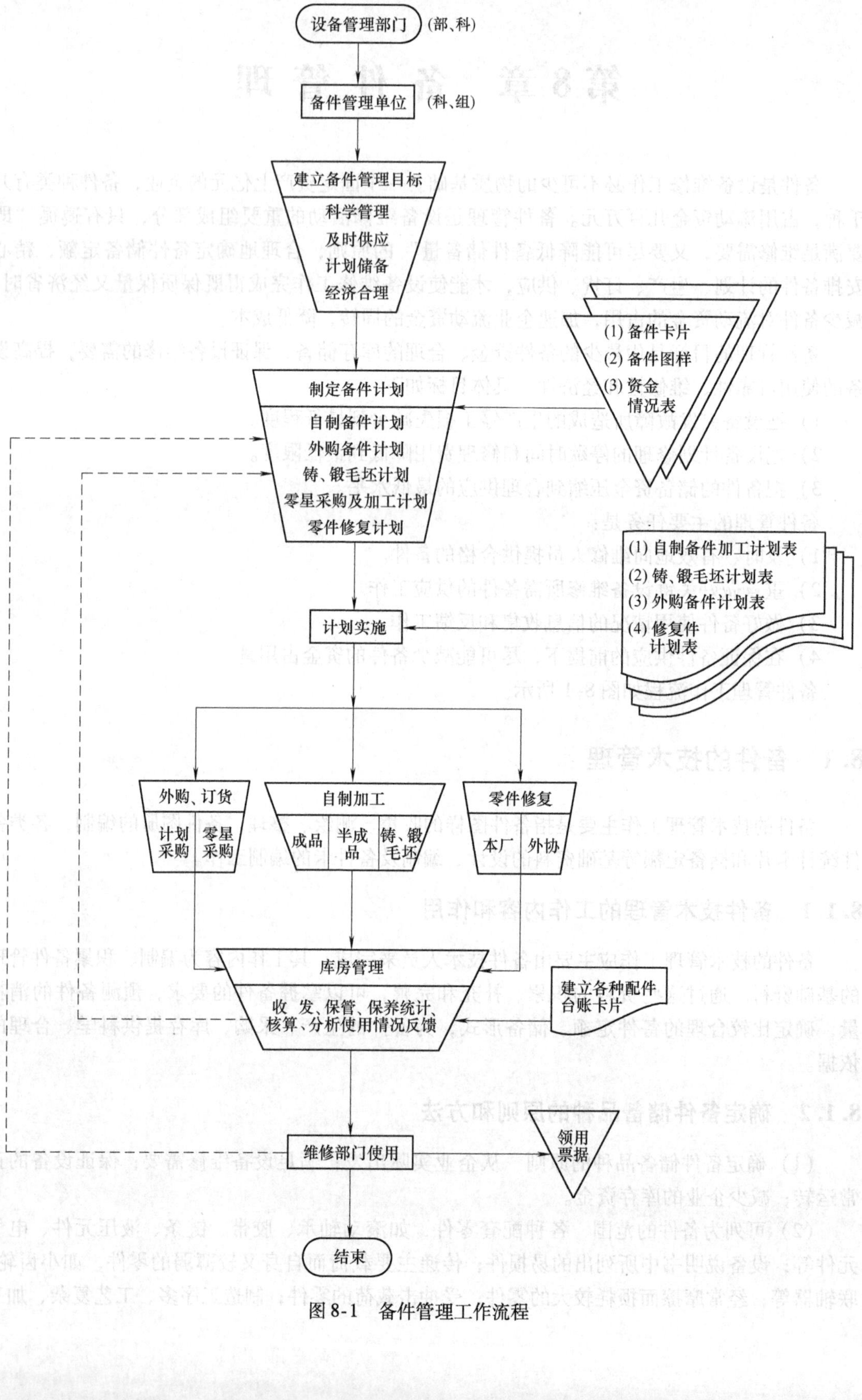

图 8-1 备件管理工作流程

困难、生产周期长以及需要外单位协作或制造的复杂零件；因设计结构不良而故障频率高的零件；在高温、高压及有腐蚀介质的环境下工作，易造成变形、腐蚀、断裂、疲劳破坏的零件；对于流水生产线上的设备和生产上的关键（重点）设备，应储备更充分的易损件或成套件。

（3）确定零件储备品种的方法　一种是针对零件结构特点、运动状态的结构状态分析法，即对设备各种结构运动状态进行分析，判别有哪些零件经常处在运动状态，其受力的大小，容易产生哪类磨损，磨损后对设备精度、性能和使用情况的影响以及零件的结构、质量、容易损坏的原因等，再与确定备件储备品种的原则结合起来综合考虑，确定出应储备的备件项目。另一种是根据维修换件情况的技术统计分析法，对企业日常维修、项修和大修件的消耗量进行统计和分析（需要积累较长时间的准确资料），通过对零件消耗情况的分析找出零件的磨损和消耗规律。在此基础上，与设备结构和确定备件储备品种的原则结合起来进行综合分析，确定应当储备的备件品种和数量。第三种是参考同型号设备备件手册的参考资料比较法，这种方法适用于一般通用设备，可参看机械行业发行的备件手册、轴承手册和液压手册等技术资料，结合本企业实际情况，再结合前两种方法确定单位的备件储备品种。

8.1.3　备件的生产、供应和储备形式

备件生产、供应和储备形式，随企业规模和所设置的生产管理体制、备件性质和备件库存不同而有不同的分类形式，并制订有相应的储备定额。

1. 按备件生产、储备的集中程度分类

（1）集中生产，集中储备　这种方式可以充分发挥备件专业化生产厂的设备能力，其生产效率高，备件质量好，生产成本低，可以减少各需要厂的重要储备，压缩备件储备资金，提高社会经济效益。集中生产的备件，一般都是需求量很大的通用件。如果企业自行制造备件会很不经济，而且有些企业也不具备制造条件，故应采用集中生产备件的这种方式。但对于企业非常分散的地区和地处边远的企业来说，采用这种方式会有许多不便。

（2）集中生产，分散储备　这种方式适用于加工工序多、结构复杂、需要专用工装才能加工的零件。一般可用向专业化配件厂订货或由大型企业集中加工，再分散到中心城市或企业的方式进行储备。这种方式既便于满足使用企业的需要，又具有集中生产的优越性，但备件的储备量和储备费用都比集中储备要高，分散储备占用的储备资金比集中储备方式要多。

（3）分散生产，分散储备　一般容易加工制造的较简单的零件，由各企业自行生产储备。这种方式要求企业（或企业的修理车间）具有一定的加工设备和加工能力。这将使企业（或修理车间）增加设备、机构和人员，由此变成大而全或小而全的生产模式，且生产备件质量较差，设备利用率较低，生产成本较高，经济效益也随之降低。

2. 按备件的订货方式分类

（1）定量订货方式　定量订货方式是在库存量下降到某一规定数量（称为订货点）时，即按事先计划规定的数量（订量）订货，使库存量保持在计划最高和最低储备之间的库存方式。

（2）定期订货方式　定期订货方式是按事先规定的时间，每月、每季或每年盘点库存量，按期进行订货，其订货量根据下一次到货前的需求量和当时的库存量确定。

（3）根据使用量的订货方式（维持库存量方式） 这种方式应首先确定库存各类零件的最高库存量，再根据实际使用量订货，使库存量经常保持在规定的最高库存量水平。按这种订货方式，每次的订货量和订货时间都不固定，适用于每年发出次数少、单价昂贵、发出后要立即补充的零件。

3. 按备件的性质和储备形式分类

（1）成品储备 在设备修理中，有些备件要保持原来的尺寸，如摩擦片、齿轮、花键轴等，可制成成品储备。

（2）半成品储备 在设备修理中，有些零件必须留有一定的修理余量，以便拆机修理时进行尺寸链的补偿。因此，这类零件不能储备成品，而应储备半成品。

（3）成对（套）储备 为了保证备件的传动和配合精度，有些机床备件必须成对（套）制造、保存和更换。

（4）部件储备 为了进行快速修理，可把生产线中的设备及关键设备上的主要部件，制造工艺复杂、技术条件要求高的通用标准部件等，根据本单位的具体情况组成部件适当储备。

（5）毛坯（或材料）储备 为了缩短停机时间，对某些机械加工工作量不大及难以预先决定加工尺寸的备件，应以毛坯形式储备。

4. 按库存控制方法分类

（1）经常储备 需要经常储备的备件称常备备件。常备备件主要是那些易损、消耗量大、更换频繁的零件，以及易造成停机损失而又无法预计使用寿命、不知何时损坏的关键设备的备件。

（2）间断储备 间断储备是一种即要保证设备需要，又不积压资金的储备方式。采用这种方式储备的备件，一般是同型号机型少、零件磨损时间长、能预计零件的使用寿命、价格贵、消耗量少的零件。这种零件一经更换，使用寿命是比较长的，在其寿命周期内一般不会损坏。在没有发现磨损或损坏征兆前，一般不需准备备件。

（3）特殊及保险储备 特殊及保险储备是为了应付紧急需要，预防发生不测事故给工厂造成重大损失而采取的一种储备措施。这种储备占用的资金不计入正常储备资金内。

8.1.4 备件的储备定额

1. 备件储备定额的构成

备件储备量随时间的变化规律，如图 8-2 所示，当时间为 0 时，储备量为 Q；随着时间的推移，备件陆续被领用，储备量逐渐递减；当储备量递减至 Q_d 时，采购人员以 Q_p 批量去订购备件，并要求在 T 时间段内到货（T 称为订货周期）；当储备量降至 Q_{min} 时，新订购的备件入库，备件储备量增至 Q_{max}，从而走完一个“波浪”，又开始走一个新“波浪”。因此，备件储备定额包括：最大储备量 Q_{max}、最小储备量 Q_{min}、每次订货的经济批量 Q_p、订货点 Q_d。

因为备件储备量的实际变化情况不会像图 8-2 所示那样有规律，所以必须有一个最小储备量，以供不时之需（见图 8-3）。最小储备量定得越高，发生缺货的可能性越小；反之，发生缺货的可能性越大。因此，最小储备量实际上是保险储备。

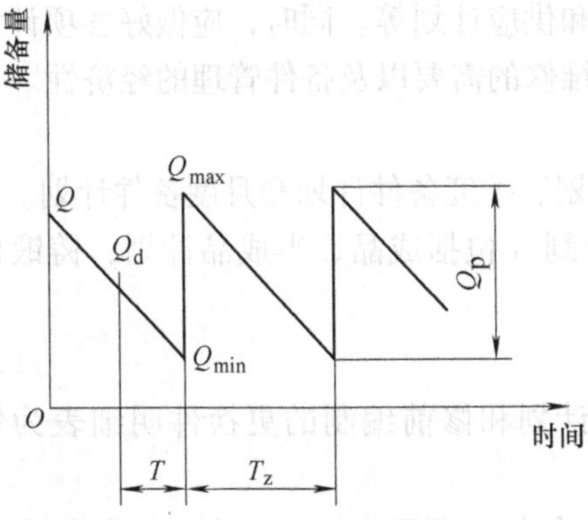

图 8-2　理想情况下备件储备量变化率

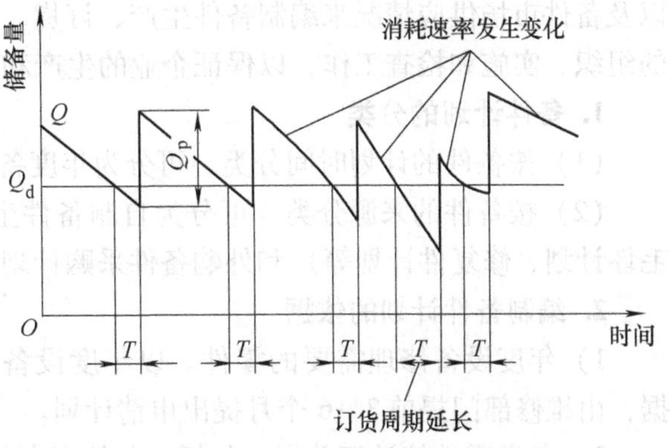

图 8-3　实际备件储备量变化率

最小储备量在正常情况下是闲置的，企业还要为它付出储备流动资金及持有费用。但又不能盲目降低最小储备量，否则可能发生备件缺货现象。怎样才能降低最小储备量？这取决于对未来备件消耗量做出准确的预测。

对备件过去的消耗量进行统计分析，可以预测备件将来的消耗趋势。目前，还没有一个通用的预测方法，企业可根据实际情况灵活制定预测方法。

2. 备件储备定额的确定

确定备件订货点应以订货周期内备件的消耗量预测值（用 N_h 表示）为依据，要求订货点储备量必须足够用到新备件进库，即订货点 Q_d 大于订货周期内备件消耗量。

备件订货点

$$Q_d = kN_h \tag{8-1}$$

式中　k——保险系数，一般取 $k = 1.5 \sim 2$；

N_h——订货周期内备件消耗量预测值（件）。

备件的最小储备量

$$Q_{min} = (k-1)N_h \tag{8-2}$$

备件订货经济批量

$$Q_p = \sqrt{2NR/(ID)} \tag{8-3}$$

式中　N——备件的年度消耗量（件）；

R——每次订货的订购费用（元）；

I——年度的持有费率，以库存备件金额的百分率来表示；

D——备件的单价（元）。

备件的最大储备量

$$Q_{max} = Q_{min} + Q_P \tag{8-4}$$

8.2　备件的计划管理与经济管理

8.2.1　备件的计划管理

备件计划管理是指通过对备件消耗的预测，结合本企业的生产维修能力、设备维修计划以及备件市场供应情况来编制备件生产、订货、储备和供应计划等。同时，应做好各项计划的组织、实施和检查工作，以保证企业的生产和设备维修的需要以及备件管理的经济性。

1. 备件计划的分类

（1）按备件的计划时间分类　可分为年度备件计划、季度备件计划和月度备件计划。

（2）按备件的来源分类　可分为自制备件生产计划（包括成品、半成品计划，铸锻件毛坯计划、修复件计划等）和外购备件采购计划。

2. 编制备件计划的依据

1）年度设备修理需要的零件。以年度设备修理计划和修前编制的更换件明细表为依据，由维修部门提前3~6个月提出申请计划。

2）各类零件统计汇总表。包括：备件库存量；库存备件领用、入库动态表；备件最低储备量的补缺件。由备件库管理人员根据现有的储备量及储备定额，按规定时间及时申报。

3）定期维护和日常维护用备件。由车间设备员根据设备运转状况和备件情况，提前三个月提出备件计划。

4）本企业的年度生产计划及机修车间、备件生产车间的生产能力、材料供应等情况的分析。

5）本企业备件历史消耗记录和设备开动率。

6）临时补缺件。设备大修、项修及定期维护临时发现需要更换的零件，以及已制成和购置的配件不适用或损坏的急件。

7）本地区备件生产、协作供应情况。

8.2.2　备件的经济管理

备件的经济管理工作，主要是备件库存资金的核定、出入库账目的管理、备件成本的审定、备件消耗统计、备件各项经济指标的统计分析等。经济管理贯穿于备件管理工作的全过程。

1. 备件储备资金的核定

备件资金主要来源于企业的流动资金中的储备资金，各企业按照一定的核算方法确定。核算的目的是为了减少占用资金，以加速流动资金的周转，使备件既要满足维修的需要，又要求尽量减少储备。为此，规定有备件的储备资金定额，其资金只能由属于备件范围内的物资占用。核定方法一般有以下几种：

1）由卡上规定的储备定额逐项核算累计而得。这种方法的合理程度取决于备件的准确性和科学性，缺乏企业间的可比性。

2）按照本年度的库存资金、消耗金额以及下年度的预计资金周转期，并结合下一年度的设备检修计划与本年度计划相比较进行计算。具体公式为

$$储备资金=本年度全年消耗金额\times预计资金周转期\times\frac{下年度设备检修F总和}{本年度设备检修F总和}\tag{8-5}$$

式中的预计资金周转期可参照本年度实际达到的资金周转期进行推算。

3）按照设备原购置总值2%~3%估算。采用这种方法，只要知道设备固定资产原值就可以算出备件储备资金，计算简单，也便于企业间比较。但核定的资金指标偏于笼统，与企业的生产实际情况，特别是设备的利用、维修和磨损情况联系较差。

4）按照典型设备推算确定。这种方法计算简单，但准确性差。设备和备件储备品种较少的小型企业可采用这种方法，并在实践中逐步修订完善。

2. 备件经济管理考核指标

（1）备件资金周转期　在企业中，减少备件资金的占用和加速资金的周转具有显著的经济效益，也是反映企业备件管理水平的重要经济指标。其计算公式为

$$资金周转期=\frac{年平均库存金额}{年消耗金额} \tag{8-6}$$

备件资金周转期一般为一年半左右，应不断压缩。若资金周转期过长造成占用资金过多，企业就应对备件卡上的储备品种和数量进行分析、修正。

（2）备件库存资金周转率　用备件库存资金周转率来衡量库存备件占用的资金，实际上满足设备维修需要的效率。其公式为

$$库存资金周转率=\frac{年备件消耗总额}{年平均库存金额}\times 100\% \tag{8-7}$$

（3）资金占用率　用资金占用率来衡量备件占用资金的合理程度，以便控制备件储备的资金占用量。其计算公式为

$$资金占用率=\frac{备件储备资金总额}{设备原购置总值} \tag{8-8}$$

（4）资金周转加速率

$$资金周转加速率=\frac{上期资金周转率-本期资金周转率}{上期资金周转率}\times 100\% \tag{8-9}$$

8.3　备件入库和保管

1）有申请计划并已被列入备件计划的备件方能入库，计划外的备件必须经设备管理负责人和备件管理员批准方能入库。

2）自制备件必须由检验员按图样规定的技术要求检验合格后，填写入库单，方能入库，外购件必须附有合格证并经入库前复验，填写入库单后，方能入库（入库单见表8-1）。

表8-1　备件入库单

工作号发票/合同号				备件来源			
设备名称型号	备件名称	图号或规格	单位	数量	单价	总价	质量情况
实际价格			计划价格				备注
发票价格	运杂费	总金额	单价		总价		

3）备件入库后应登记入账，涂油防锈，挂上标签，并按设备属性、型号分类存放，以便于查找。

4）入库备件必须保管好、维护好。入库的备件应根据备件的特点进行存放，对细长轴

类备件应直挂，一般备件也不要堆放过高，以免零件压裂或产生刻痕、变形等。

5）备件管理工作要做到“三清”（规格、数量、材质）、“两整齐”（库容、码放）、“三一致”（账、卡、物）、“四定位”（区、架、层、号），定期盘点（每年盘点1~2次），定期清洗维护；做好梅雨季节的防潮工作，防止备件锈蚀。

8.3.1 备件的领用

1）备件领用一律实行以旧换新，由领用人填写领用单，注明用途、名称、数量，以便对维修费用进行统计核算，按各厂规定执行领用的审批手续。

2）对大、中修中需要预先领用的备件，应根据批准的备件更换清单领用，在大、中修结束时一次性结算，并将所有旧件如数上交。

3）支援外厂的备件须经设备管理负责人批准后方可办理出库手续。

8.3.2 备件处理

备件管理员应经常了解设备情况，凡符合下列条件之一的备件，应及时准予处理，办理注销手续。

1）设备已报废，厂内已无同类型设备。

2）设备已改造，剩余备件无法利用。

3）设备已调拨，而备件未随机调拨，本厂又无同型号设备。

4）由于制造质量和保管不善而无法使用，且无修复价值（经备件管理员组织有关技术人员鉴定）的备件，报有关部门批准办理注销手续。但同时还必须制定出防范措施，以防止类似事件重复发生。

对于前三种原因造成的需处理的备件，应尽量调剂，回收资金。

8.3.3 备件库的组织形式

由于企业的生产规模、管理机构的设置、生产方式以及企业拥有备件品种、数量的不同，备件库的组织形式也有所不同，大致可分为综合备件库、机械备件库、电器备件库和毛坯备件库等。

(1) 综合备件库　综合备件库将所有的备件，如机床备件、电器备件、液压元件、橡胶密封件及动力设备用备件都管理起来，做到统一集中管理，避免了分散存放，对统一备件规划较为有利。

(2) 机械备件库　机械备件库只管理机械备件（如齿轮、轴、丝杠等机械零件），形式较为单一，便于管理，但修理中所需的轴承、密封件等零件，维修人员需到其他部门去领取。

(3) 电器备件库　电器备件库储备全厂设备维修的电工产品，电气、电子元件等。储备的品种视具体情况而定，多数企业一般不单独设电器备件库，而由企业生产供应部门管理。

(4) 毛坯备件库　毛坯备件库主要储备复杂铸件、锻件及其他非铁金属毛坯件，目的是缩短备件的加工周期，以适应修理的需要。如果只有少数毛坯备件，一般不设毛坯备件库而由材料库兼管。

8.3.4 备件的 A、B、C 管理法

备件的 A、B、C 管理法，是物资管理中 A、B、C 分类控制在备件管理中的应用。它是根据备件品种规格、占用资金和各类备件库存时间、价格差异等因素，采用必要的分类原则而实行的库存管理办法。具体分类见表 8-2 和图 8-4 所示。

表 8-2 备件的 A、B、C 分类参考表

备件分类	品种数占库存品种总数的百分比	价值占库存资金总额的百分比
A 类	10%左右	50% ~70%
B 类	25%左右	10% ~30%
C 类	65%左右	10% ~30%

对不同种类、不同特点的备件，应当采用不同的库存量控制方法。

A 类备件的特点一般为储备期长（周转速度慢）、重要程度高、储备件数少（通常只有一两件）、采购和制造困难而价格又较高。对 A 类备件要重点控制，应在保证供应的前提下控制进货，尽量按最经济、最合理的批量和时间进行订货和采购；采取定时、定量进货供应，保证生产的正常需要。

B 类备件的控制不像 A 类那样严格，订货批量可以适当加大，时间可稍有机动，对库存量控制也可比 A 类稍宽一些。

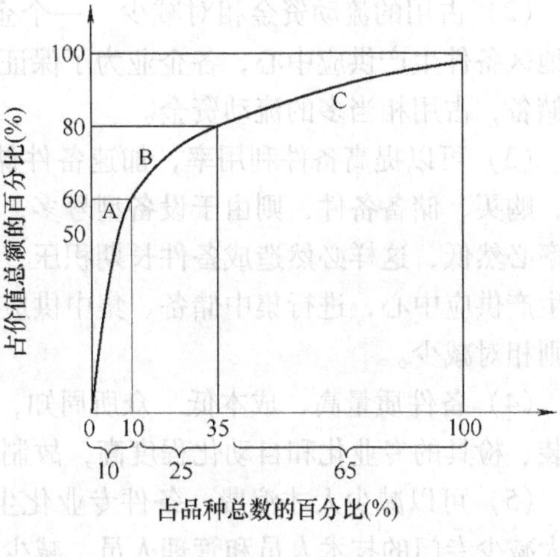

图 8-4 各类备件的品种、价值分布曲线

C 类备件，由于其耗资不太大而品种较多，为了简化物资管理，可按照计划需用量一次订货，或适当延长订货间隔期，减少订货次数。

8.3.5 备件仓库的信息反馈

备件仓库内的备件有成百上千个品种，及时进行信息反馈十分必要。仓库的信息反馈一般有以下几种：

（1）最低储备量的信息反馈　每种备件都被规定了最低储备量，当库存降到最低储备量时，应将此信息及时反馈（可按周、按旬或按月反馈一次），并根据这一信息，按最大量提出备件计划，进行第二次备件订货或制造。

（2）备件入库信息反馈　备件入库后要将这一信息及时反馈给有关人员，以便其掌握备件计划执行情况，并供执行修理计划时参考。

（3）备件仓库资金活动情况信息反馈　这类反馈包括资金变动的月报、年报等。

8.4 设备维修备件管理的现代化

8.4.1 备件管理现代化的主要优点

实行备件专业化生产与集中供应，建立地区性的专业化设备维修公司，或在一个地区成立专业化设备修理厂、备件制造厂、备件总库，负责本地区或本城市有关企业的设备维修及备件的生产供应工作，逐步形成地区性的集中修理体制，是设备维修发展的必然趋势。从经济和技术角度分析，它适合我国国情，可促进备件管理现代化的发展。实行备件专业化、集中生产与供应备件有如下优点：

（1）供应的备件品种更为齐全　实行地区性的集中供应，供应备件的对象包括许多企业。各企业的设备加到一起不仅数量多，而且机型也多，可使安排生产、采购、供应的备件品种更为齐全。

（2）占用的流动资金相对减少　一个企业维修设备用的备件品种成千、数量上万，如无地区备件生产供应中心，各企业为了保证设备维修的需要，就得在品种和数量上进行足够的储备，占用相当多的流动资金。

（3）可以提高备件利用率，加速备件储备资金的周转　如前所述，若由各企业自行生产、购买、储备备件，则由于设备型号多，备件储备量必然大；又由于同型设备少，备件利用率必然低，这样必然造成备件长期积压，使备件储备资金周转缓慢。如果建立起地区性备件生产供应中心，进行集中储备、集中供应，备件储备品种更为齐全，而每种备件的储备数量则相对减少。

（4）备件质量高、成本低　众所周知，实行备件专业化生产，由于生产批量大，设备、工装、检具的专业化和自动化程度高，故制造出来的备件质量高、成本低。

（5）可以减少人才浪费　备件专业化生产和集中供应，较之由各企业分散生产，可以大大减少专门的技术人员和管理人员，减少人才浪费。

8.4.2 计算机辅助备件库存管理

用计算机进行备件管理，可以随时查询并及时提供所需信息，以便采取措施，在保证供应的前提下实现维修备件的经济合理储备。

1）准备工作。建立备件“五定”管理，作为输入计算机的基本数据。“五定”的内容为：定储备品种和储备性质；定货源和订货周期；定最高、最低储备量；定订货地点和订货量；定储备资金限额和平均周转期。

2）将所有的备件、存架按三号定位的原则进行编号，并将对应的零件架号填写到登记表上。

3）对备件进行分类编号。编号方法如下：编号前半部是备件分类的账本号，后半部是按顺序排列的备件编号，供计算机查询用。

4）将领料单据增加一项备件编号，由保管员填写。将备件的全部信息输入计算机，建立数据库。针对备件管理实际需要对计算机提出功能要求，编制程序。

应打印的报表及注意事项：按 A、B、C 分类打印；每月向财务部门报送报表；打印储备件清单、季度分类统计表。

5）计算内容：旧账结算清理；计算消耗金额；计算平均储备金额；计算周转期。

6）编制工作任务关系（见图8-5），明确有关人员的职责业务关系。

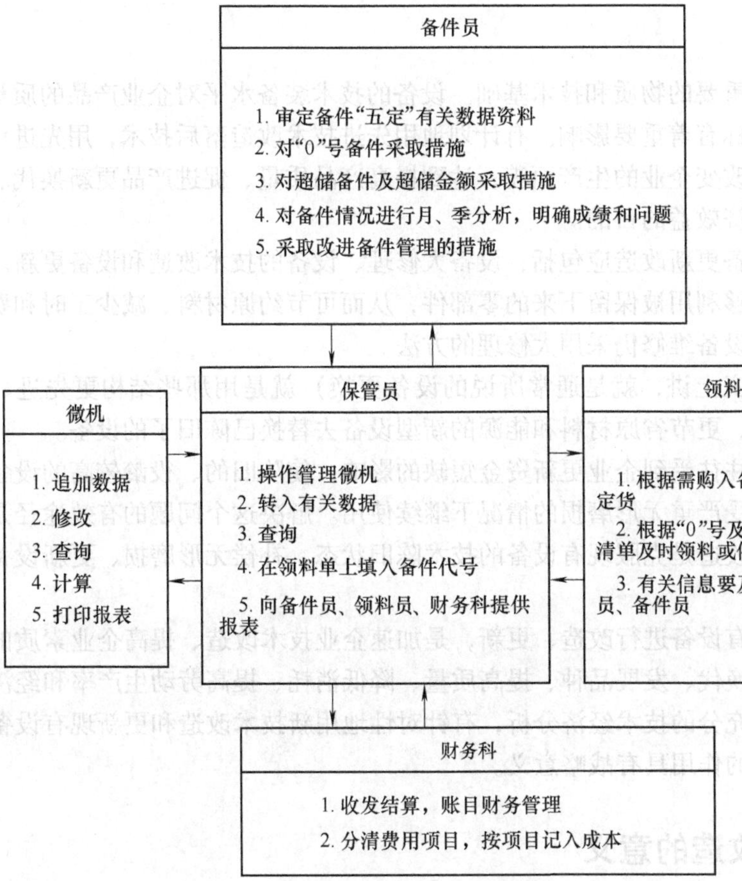

图8-5　工作任务关系图

思　考　题

1. 什么是备件及备件管理？备件管理的主要内容是什么？
2. 为什么要进行备件的经济管理？
3. 在经济管理中，主要有哪几种考核指标？
4. 简述A、B、C管理法在备件管理中的应用。

第9章 设备的更新改造

机器设备是企业重要的物质和技术基础。设备的技术装备水平对企业产品的质量、数量和生产成本等主要指标有着重要影响。有计划地用先进技术改造落后技术，用先进设备取代陈旧落后的设备，可改变企业的生产面貌，达到提高产品质量、促进产品更新换代、节能降耗、全面提高企业经济效益的目的。

从广义上讲，设备更新改造应包括：设备大修理、设备的技术改造和设备更新。一般情况下，设备大修理能够利用被保留下来的零部件，从而可节约原材料、减少工时和费用。因而，目前许多企业的设备维修仍采用大修理的方法。

设备更新（从狭义上讲，就是通常所说的设备更换）就是用那些结构更先进、技术更完善、生产效率更高、更节省原材料和能源的新型设备去替换已陈旧了的设备。

但是，设备更新往往受到企业更新资金短缺的影响，使陈旧的、役龄较高的设备得不到及时更新，在已经遭受严重无形磨损的情况下继续使用。解决这个问题的有效途径是设备的技术改造。设备技术改造是克服现有设备的技术陈旧状态，补偿无形磨损、更新设备的重要方法之一。

采用新技术对现有设备进行改造、更新，是加速企业技术改造、提高企业素质的有效方法。从企业产品更新换代、发展品种、提高质量、降低消耗、提高劳动生产率和经济效益的实际需要出发，进行充分的技术经济分析，有针对性地用新技术改造和更新现有设备，对充分发挥现有工业基础的作用具有战略意义。

9.1 设备更新改造的意义

9.1.1 设备更新的意义

1. 设备更新的意义

从经济角度来，在用设备不能不修，但也不能常修。设备常修虽然能延长使用寿命，然而，它又是产生无形磨损的客观基础。

落后的生产设备永远是工业发展的一大障碍，这已被世界工业发展的历史所证实。例如，在18~19世纪的很长时期内，英国一直是世界工业发达的国家，被人称为“世界工人”，但自19世纪80年代以后，工业发展速度缓慢，其重要的原因之一是一些重要的工业部门，如纺织、煤炭、冶金等部门技术停滞，不少设备仍是产业革命时期的老设备，至少已用了四、五十年。由于英国大量资本投入国外，没有尽力进行设备更新和改造，而这些舍不得丢掉的陈旧、落后的设备，就成了英国工业迅速发展的绊脚石。与英国相反，在这段时期内，美国和德国则利用国外的资金和技术装备本国的工业，使生产很快地发展起来，并很快超过了英国和法国。日本自1956年以来，先后执行了四个工业振兴法，在大抓智力发展的同时，一手抓专业、一手抓设备更新。例如，日本政府对机械工业的某些部门规定，使用

20 年的机床，必须全部拆除；使用 15～20 年的机床要拆除一半；使用 10 年以上精度差的机床要转给其他次要部门使用；过去粗制滥造、精度达不到工业标准的设备，全部拆除，由政府给予补贴。这个政策执行的结果使日本金属切削机床平均役龄有所下降，从 1957～1962 年，役龄在 5 年以下的机床由 8% 增至 37%，役龄在 5 年以下的压力加工机械由 28% 增至 50%；到 70 年代，日本机床行业的机床役龄在 10 年以下的占 75%，而劳动生产率比 60 年代中期提高了 2 倍。

反观我国情况，建国 60 多年来形成了较完整的现代化工业体系和国民经济体系，改造并建成了一批技术装备先进的现代化企业，这是建设社会主义物质文明的物质技术基础。但是，从这些设备的整体可看出问题还是十分突出的。仅就机械工业技术装备存在的问题而言，就有四个方面：一是设备的结构比较落后；二是设备技术状况差，技术陈旧落后，效能低，耗能高，费用大；三是设备役龄长，严重老化；四是设备改造更新工作进展缓慢，设备折旧率低，资金不足。

因此，从宏观上来说，加快更新是使国民经济转入良性循环的一个重要环节；从微观上来说，适时地更新老设备是提高企业经济效益的有效途径。

2. 设备役龄和新度系数

反映一个国家（行业或企业）装备更新换代水平的重要标志，是设备役龄和设备更新换代频数，即技术性无形磨损速度。

从上述各国工业发展的速度来看，许多国家认为一般设备的役龄以 10～14 年较为合理，而以 10 年最为先进。美国为了加速更新，规定了各类设备的服役年限，如机床工具行业和电子机械工业的设备平均服役年限为 12 年，上限为 14.5 年，下限为 9.2 年。

设备的新旧可用“新度”来表示，所谓设备新度系数就是设备固定资产净值与原值之比。设备新度系数可分别按设备台数、类别、企业或行业的主要设备总数进行统计计算，其平均可反映企业装备的新旧程度。从设备更新的意义上看，平均新度系数可在一定程度上反映装备的更新速度，某些行业把设备新度系数作为设备管理的主要考核指标之一。

表示技术进步程度的另一个标志是设备更新换代频数，即使设备役龄很“年轻”也不能称设备属先进水平。因此，考虑设备的更新问题时，要将平均役龄、平均新度系数和更新换代频数等指标结合起来进行统一分析才较为全面和客观。

9.1.2 设备技术改造的意义

技术改造就是用先进的技术改造企业落后的技术，用先进的工艺和装备代替落后的工艺和装备，以改变企业落后的生产面貌，实现以内涵为主的扩大生产。经济的发展历史表明：一个国家的工业现代化过程，都是不断进行技术改造的过程。在建设初期，由于现代工业在国民经济中的比重较小，工业部门不齐全，地区分布不平衡等原因，主要是通过基本建设投资建设新工厂，发展新兴的工业部门，建设新的工业基地，即以外延为主扩大再生产。随着工业规模的日益扩大，比较完整的工业体系日渐形成，就得把投资重点由外延的扩大再生产转移到内涵扩大再生产上来，由量的扩大变为质的提高。

我国的企业很多，机器设备的拥有量很大，例如切削机床的拥有量已经名列世界前茅。在短时期内，不可能有大量新设备来取代现有落后的、陈旧的设备。因此，还应从实际出发，正确对待现有老设备，既不能试图有朝一日全部更新，也不能抱残守缺，听之任之。实践证明，对现有的老设备积极进行革新、改造是提高生产现代化水平的重要途径。特别是在设备更新受资金来源、供应条件等限制的情况下，对现有的设备进行技术改造有更大的现实意义。

首先，技术改造投资少、周期短、见效快，是扩大再生产的主要途径。马克思在分析扩大再生产的两种类型时曾指出，如果生产场所扩大，就是外延扩大再生产，如果生产资料效率提高了，就内涵扩大再生产。这里所说的“在外延上扩大”指的是单纯依靠扩大生产规模，增加劳动力、机械设备、原材料及扩大生产场所等，使生产向广度发展；而在“内涵扩大”则是指改进生产技术、提高劳动生产率和生产资料使用率等，依靠生产要素的改善和合理组织，从而使生产向深度发展，对现有企业进行技术改造，主要是在内涵上扩大再生产。它可以充分利用原有的设备、厂房及公用设施，因而投资少、周期短、见效快。它所形成的新的生产能力与新建同样生产规模的企业相比，一般要少用2/3资金、材料与设备，建设周期也大大缩短。

其次，现有设备的改造是生产的需要，设备的改造和工艺的改革密切结合。在某些情况下，对原有设备稍作改造，就可以采用新的生产工艺和新的操作方法，从而大大提高生产效率，提高产品质量，减少消耗，降低成本，改善劳动条件等。

9.2 设备更新改造的原则

9.2.1 设备更新问题的分析

设备更新的问题，就本质而言，可分为两大类：

（1）设备在使用期间，如其效能突然消失则寿命即告结束。这类设备平时不保养，事后无法修理。

这类是更换问题，首先确定是定期整批更换，还是单台损坏时个别更换，哪种方式更有利？一般设备购置时，批发价格便宜，零售则昂贵；同时，对于设备的安装，整批进行安装较为省工，个别进行安装则耗费较大。最佳的更换策略，则是权衡此二者之间的经济效益。研究这一类问题时，首先应调查过去这类设备的寿命曲线，进而分别求出各个不同时期设备损坏的概率，然后再把整批更换与个别更换的得失加以比较。

（2）设备在使用期间其效能逐渐降低　大部分机器设备都属于这一类。例如，机床使用较长时间后，其精度降低，而维护、保养和修理费用反而提高了；像汽车一类的设备，不仅维护、保养和修理费用提高，而且燃油消耗率也相应增加。

这类更新的中心问题是设备的经济寿命即设备的使用年限问题，它们有以下几个不同的意义。

1）物理寿命　它是指一台设备从全新状态开始使用，直到不能保持正常状态以致不能再用而予以报废的全部时间过程。物理寿命与设备维护保养得好坏有关，通过对设备进行恢复性修理，可延长设备的物理寿命。在物理寿命期内，由于设备转让的缘故，它可以为若干项目服务，在物质上也是完整的。

2）使用寿命　它是指设备产生有用服务所经历的时期。实际上也是延续至设备被卖掉或转让为止的时期。

3）技术寿命　它是指设备从开始使用到因技术落后而被淘汰所经过的时间。科学技术发展越快，产品更新换代越快，设备的技术寿命便越短。通过设备改造可以延长设备的技术寿命。

4）折旧寿命　它是指按照财政部门的规定把设备价值的余额折旧到接近于零时所历经的时间。折旧寿命并不等于物理寿命。在整个这段时间之内，设备将在企业的固定资产账册上加以折旧。

5）经济寿命　所谓经济寿命是指给定的设备具有最低等值成本的时期。换言之，经济寿命也就是一台设备开始使用直至在经济前景的分析中被另外一台设备替代时所经历的时期。当企业投资购买一套设备以后，它可供使用的年数越多，理论上每年所分摊的设备成本当然越少。可是事实上，当使用年数增加的时候，维护保养费、操作费和材料及能源消耗费都会增加。例如，一辆汽车，使用的时间越长，则平均每年分摊的汽车的投资越少，仅就这一点来看，当然是使用的时间越长越好；可是另一方面，即使汽车的修理、保养费用以及使用费用很低，也会被越来越高的能源消耗费所抵消。在整个变化过程中，平均每年的总成本是时间的函数，在最适宜的使用年数内会出现总成本最低值，其对应的时间间隔就是设备的经济寿命。因此，设备的经济寿命就是从成本观点研究设备更新的最佳时刻。

由此可以看出，经济寿命就是一台设备退化到一个新的服务或变卖之前，在原来安排的服务岗位所经历的时间。一台设备每次降级都意味着它的经济寿命的终止。每一经济寿命结束时都可以考虑转让，例如，把更新下来的设备保留在企业内部的某处，去完成功能较差的工作。因此，一台设备在最后退役之前，可以进行多次转让，而每次转让都是完成一种新的功能较差的工作。这样，一台设备就可以相继具有若干个经济寿命。设备在最后退役之前，由于多次的转让，其性能会衰退若干次。当然，设备性能处于最优的时候，应承担主要的服务；在其经受某种程度的过时和陈旧化影响之后，它将被另一台更有效的设备所替代，则其本身降为承担次一级的服务；当它又在该岗位上被替代时，可下降承担再次一级的工作，以致作为应急备用的设备；当它再次从备用岗位被替代下来时，就只能当做废旧物资处理了。例如，一台高效率车床，开始首先作为完成基本生产任务的主要生产线上的重点设备；第一次被更换后，作为辅助生产的主要生产线的重点设备；再次更换后，可降为基本生产和辅助生产的备用设备；第三次被更换后，可作为一天仅仅工作几小时的新工人训练设备；最后被作为废料回收。

设备的每次降级均代表了在不同岗位上的经济寿命的结束。不过在任何时候，都应该先对设备进行经济分析，然后才能更换其服务岗位。当它从某一个高层次的服务岗位上被替换下来时，对较低级的服务岗位来说，它又作为被推荐的设备，而且要与其他可以取得这种地位的新设备或者老设备相竞争，只有在竞争中获得胜利，才可能在新的服务岗位上去替代原有设备。

9.2.2　设备经济寿命（更换期）的计算方法

（1）最大总收益法　对生产设备来说，总输入（即寿命周期费用）和总输出的方程式分别为

$$Y_1 = P + Vt$$
$$Y_2 = AE^* t \qquad (9\text{-}1)$$

式中 Y_1，Y_2——总输入和总输出（元）；

P——设备原始价值（元）；

V——年可变费用（元）；

t——使用年限（年）；

A——可利用率；

E^*——最大年输出量（即 $A=1$ 时的输出）（元/年）。

设
$$V=(1+\beta t)V_0 \tag{9-2}$$

式中 β——可变费用增长系数；

V_0——起始可变费用（元）。

将式（9-2）代入式（9-1），得寿命周期费用方程

$$Y_1=\beta V_0 t^2+V_0 t+P \tag{9-3}$$

这样，设备总收益 Y 的方程为

$$\begin{aligned}Y&=Y_2-Y_1\\&=AE^*t-(\beta V_0 t^2+V_0 t+P)\\&=-\beta V_0 t^2+(AE^*-V_0)t-P\end{aligned} \tag{9-4}$$

欲求总收益的最大值 Y_{max}，可求其微分并令其等于零，即可求出最大收益寿命。

（2）最小年均费用法　上述是以最大总收益来评价设备经济寿命的方法，对一些“非盈利”设备，如某些电气设备、家用设备和军用设备等，很难求得收益函数。另外，最大总收益法在计算上也较为复杂。为实用起见，下面介绍最小年均费用法。

年均费用由年均运行维持费用和年均设置费分摊值组成。年均费用可由下式表示

$$C_i=\frac{\sum V+\sum P_n}{T} \tag{9-5}$$

式中 C_i——第 i 年的均费用（元）；

V——年均运行维持费用（元）；

P_n——年均设置费分摊值（元）；

T——使用年限（年）。

年均设置费分摊值是设备原始价值每年损耗的部分。一般来说，年均设置费分摊值是随使用年份的增大而减小的，而设备的年均运行维持费随使用年限增加而逐渐增大，所以计算设备每年的年均费用值以观察各种费用的变化时，年均费用值最小的年份即为设备的经济寿命。

将现金存入银行可以得到利息，借款需支付利息，因此资金是随着时间产生增值的，通常把它称为资金的时间价值。以上介绍的两种方法均未计算资金的时间价值。如果要考虑资金的时间价值，可用折现法，即将各期发生的投资和费用折合成现值，再进行计算分析。

（3）单位产品计算费用法　影响产品成本的因素如设备折旧费、修理费、维护保养费、燃料动力费以及设备的生产率等，都与设备使用时间的长短有关。有的影响因素随设备使用时间的增加而减少，有的影响因素随设备使用时间的增加而增加，它们都是设备使用时间的函数。综合考虑这些因素对于单位产品费用的影响，得出使单位产品费用为最小的使用期限，就是设备的最佳使用期限，即设备的经济寿命。

$$P(n) = K_0 + \sum_{j=1}^{n} \frac{E_j}{(1+i)^j} - \frac{L_n}{(1+i)^n} \tag{9-6}$$

式中 $P(n)$ ——净费用现值（元）；

K_0——设备的投资费用（元）；

E_j——每年末的生产费用（元）；

L_n——使用 n 年后的残值（元）；

j——第 j 年，$j=1, 2, \cdots, n$；

i——资金的利率；

n——设备使用的年数。

$$P(n) = \sum_{j=1}^{n} \frac{Q_j M_0(n)}{(1+i)^j}$$

$$K_0 + \sum_{j=1}^{n} \frac{E_j}{(1+i)^j} - \frac{L_n}{(1+i)^n} = \sum_{j=1}^{n} \frac{Q_j M_0(n)}{(1+i)^j}$$

$$M_0(n) = \frac{\left[K_0 + \sum_{j=1}^{n} \frac{E_j}{(1+i)^j} - \frac{L_n}{(1+i)^n}\right]}{\sum_{j=1}^{n} \frac{Q_j}{(1+i)^j}} \tag{9-7}$$

式中 Q_j——每年的产量（件）；

$M_0(n)$——单位产品的平均费用（元）。

9.3 设备技术改造的方向

对设备进行技术改造能充分利用企业熟悉原有设备结构性能的长处，发挥企业自力更生的力量，挖掘企业潜力，提高企业设备的现代化水平，满足生产发展的需要。但是，若能从实际出发，抓住重点，很好地把握改造的方向，则效果会更加显著。对生产设备进行技术改造的方向有：

1）充分利用现代切削工具，提高切削速度，缩短机械加工时间。

2）采用电子计算机、数控技术和机械手传送装置，并把它们有机地结合起来，形成自动化的柔性加工系统，以适应产品不断变化的需要。

3）集中加工功能，减少传递环节，缩短加工和辅助时间。

4）提高旧机床的机械化、自动化水平。

5）扩大现有机床的工艺性能或改变其工艺用途。

6）使旧机床专业化并与新机床连成生产线。

7）提高机床的工作精度和可靠性。

8）改善劳动条件，保证劳动安全。

9）节约能源。对先天不足、泄漏（漏气、漏水、漏电、漏油）严重、耗能大的设备进行改进和更新。

表9-1、表9-2列出了金属切削机床和锻压机械的改造目的和方法。

表 9-1　金属切削机床的改造目的和方法

改造方法	改造目的									
	提高功率和速度	增加刚性和抗振性	缩短辅助时间	实现自动化	扩大工艺范围	改变工艺用途	专业化	提高精度	提高维修性和可靠性	提高安全性
改变主传动系统	+			+	+	+				
装设附加变速箱或单速驱动机构	+					+		+		
改进主轴轴承	+	+						+		
改进润滑系统								+		
增加电动机功率	+							+		
精心刮研，重新装配		+						+		
用强度和耐磨性更高的零件替换薄弱环节		+							+	
改变进给机构			+		+	+				
装设附加的多刀架和多轴工作头			+		+					
改进操作机构，安装机械手和自动送料机构			+	+					+	+
粗调位移行程的机械化			+	+						
改进位移行程；显示及调整限位装置			+							
装设多工位工作台和多工位刀盘			+		+					
装设快速行程与工作自动循环机构			+	+						
应用数控和数显技术改进车床			+	+				+		
设置控制仪器仪表			+	+				+	+	+
采用液压仿形机构				+	+					
采用镶钢和耐磨塑料导轨								+	+	
装设修正装置								+		
改进防尘、防屑装置									+	
装设防护装置										+
装设制动器和连锁装置										+

表 9-2　锻压机械（压力机）的改造目的和方法

改造方法	改造目的				
	提高生产能力	提高可靠性和寿命	提高安全性和方便操作	降低维修费用	提高产品质量
装备辊式送料机构	+	+	+		+
装备将成件坯料送进冲模的操作器	+		+		+
装备吹、吸进料及成品的装置	+		+		+
装设成品计数器	+		+	+	
用 V 带代替主驱动轮传动		+		+	
用滚动轴承代替滑动轴承		+		+	
改用 Z—64 制动带嵌块的气动摩擦离合制动器		+	+	+	
装设集中润滑系统	+	+	+	+	
在滑块或导轨上镶装耐磨塑料板，减少运动间隙		+		+	+
用电气控制代替机械控制		+	+	+	
装设冲压空间的保护装置（光电保护器）			+		
装设过载保护器和作用力测试仪		+	+	+	+
用电动机械式调节装置替换手动调节装置	+		+		
装设飞轮防护罩			+		
改用主驱动齿轮传动为 V 带传动			+	+	
用滚动轴承替换曲轴和连杆轴承			+	+	
装设集中润滑系统		+		+	
工作缸内应用淬硬的铸铁缸套		+		+	
用聚酰胺环替换锥头的金属密封环	+	+		+	
加大冲击能量	+		+	+	
增加每分钟的冲击次数	+		+	+	

9.4 设备技术改造的具体途径

新技术革命对机械工业的发展产生了重大影响，尤其是微电子技术和计算机技术的应用，有力地推动了机械工业的技术进步，也为采用新技术改造现有机械设备提供了广阔的前景。近年来，机械工业采用新技术，特别是微电子技术改造现有设备的进展很快，取得了明显的效果。总结多年以来的经验，机械工业设备技术改造的具体途径如下所述。

推广采用经济型数控、数显、静压（静动压）技术和可编程序控制器改造机械设备，用微机控制工业炉窑，重点改造大型、重型机床，精密、关键设备，大型炉窑和在生产中起重要作用的中、小型设备。

一般来说，对现有普通机床进行数控改造的具体做法是：

（1）改造机械部分　主传动系统一般不作变动，进给传动系统中采用高精度的滚珠丝杠螺母副替换原有的普通丝杠副。

（2）加装数控系统　机械部分改造完成后，配上 MCS—51 单片机作为数控系统，用步进电动机作为各进给轴的动力，直接或经过一级减速齿轮驱动 X、Y、Z 轴的运动。

普通车床经过数控化改造后，其加工精度、生产率均有提高，改造后的机床控制系统为开环控制系统，价格低廉，性能稳定，易于实现。

例如，某重型机器厂用 BS—03A 直流伺服电动机拖动的经济型数控系统改造 CW61100 大型卧式车床（加工直径 1m、长 3.5m）。该系统元件调速范围为 1∶10000，过载能力强，8 轴选用 F825 型直流伺服电动机，X 轴选用 F815 型直流伺服电动机，能两轴联动，具有自诊断功能，运用显示器可显示当前坐标值或程序段。改造后测量精度如下：纵向重复定位精度：0.003mm；横向重复定位精度 0.005mm，纵向定位精度 0.01～0.015mm；横向定位精度 0.005～0.01mm。经过改造，可以加工各种大型、复杂且具有互换性的轴类，尤其是加工热轧机辊子有明显的经济效益，平均提高工效 2～5 倍；加工有锥面、球面、圆角及倒角的表面时，工效更高，并可节省许多成形刀具和测量样板，大大减轻了劳动强度，节约费用 335.5 万元。

大型机床导轨和磨床等主轴，可根据加工工艺的需要，用静压或静动压技术加以改造。

例如，某量具刃具厂按照生产工艺要求，针对产品磨削工序多、磨削量大的特点，用静压技术将多台外圆磨床、螺纹磨床等的磨头主轴改装为液体静压轴承。经多年使用，机床性能稳定，磨削表面粗糙值大幅降低，生产效率提高了 30% 左右。

又如，某厂 1150 初轧机采用 60CrMnMo 锻造轧辊，每根轧辊重 26t，一对轧辊价值 20 余万元，其综合寿命仅能轧 40～50 万 t 钢材。二次改造后，采用合金 3Cr13 堆焊的工艺，只花了 12000 元，使一对因磨损而报废了的轧辊恢复了生命，而且比原来的还耐磨，其综合寿命为可轧 86 万 t 钢材。因此对机械设备维护来说，技术改造是一项十分重要的工作。

工业炉窑、电力网线等动力系统，可用微机监测或控制运行。

例如，某重型机械厂有工业炉窑 140 台，每台耗能 15.9 万 t 标准煤。该厂从炉型结构、炉衬、炉嘴、炉体密封、余热利用等方面进行改造，节能效果明显。经测试，热处理炉节能 45%，加热节能率就达 5%，年节约标准煤 2.5 万 t。三台车式热处理炉采用纤维炉衬、高速嘴及实行自控三项改造，节能率达 47.8%。

又如，某大型电机厂采用新型耐火保温材料改造炉衬，采用新型燃烧方式并用微机控制炉窑 36 台，每年可节约标准煤 3000t，其中焊接分厂一台大型退火炉每年就可节约天然气 24 万 m^2，炉冷时间缩短至原来的 1/8。

再如，某市第二工具厂应用微机控制 10 台盐浴回火炉，实现“群控”。由于采用微机代替多台电子电位差计，无触点开头代替交流接触器，两相间断送电代替三相间断送电控制温度，并具有对工作温度自动打字纪录、工作加热到时报警、出现故障自动断电报警的安全装置等，使回火炉运行稳定可靠，一年可节电 38 万 kW·h。

有些设备也可根据生产工艺要求和机床本身的条件，在进行技术经济分析后，同时加装经济型数控和数显装置，或选用直流伺服电动机拖动的多功能数控装置，以提高生产效率和加工质量。

思考题

1. 什么是设备的有形磨损和无形磨损？试述其产生的原因。
2. 设备更新的含义是什么？设备更新有什么意义？
3. 设备技术改造的方向有哪些？

第 10 章　现代化管理方法在设备管理中的应用

客观世界都是由大大小小的系统组成。组成系统的要素或子系统又由一定数量的元素组成，它们各自都有特定的功能和目标。它们之间既相互关联，又分工合作，以实现整体的共同目标。例如，科学技术系统包括七个基本要素，即机构、法、人、财、物、信息和时间等子系统，它们集合在一起的共同目标是多出成果，快出人才，推动国民经济向前发展，而科学技术系统又是人类社会经济大系统的一个组成部分。

系统工程是组织管理“系统”的规划、研究、设计、制造、试验和使用的科学方法。应用系统工程的方法解决问题时，必须运用以下基本原则：

（1）整体性原则　系统工程要求人们处理问题时首先着眼于系统整体，从全局、整体上去把握事物，不能仅对系统的各个局部考虑得很仔细而没有周密地考虑系统的整体和全局。即使是处理局部性的问题，也要首先看到它是全局中的一部分，要从全局出发来解决局部性的问题。这是从空间角度来解决系统问题的整体性原则。其次，还有一个时间整体性的问题，这就是说，要着眼于系统的整个寿命周期，把系统的不同时间阶段联系起来，不能只顾当前而忽视长远。要坚持从系统的全过程来观察、处理问题。

（2）综合性原则　这条原则要求人们首先要考虑系统目标的多样性和综合性，比如工业企业的生产，既要注重高产，更要重视优质和降低消耗，不能只顾一头；其次，处理问题时要全面、综合考虑所采取的措施引起的多方面后果，比如发展现代化工业，既生产了空前丰富的现代产品，同时也带来了向周围环境排放“三废”、造成环境污染以至危害人类生存的严重问题；再次，解决某一问题可以有多种方案，要从实际出发全面分析比较，选择最优方案或者博采众长，综合使用。

（3）科学性原则 它是指要按科学规律办事，既要有严格的工作步骤和工作程序，又要尽量做到定量分析，系统优化。

系统工程在我国的推广应用时间虽然不长，但已显示出它的优越性，并受到了工业界人士的普遍重视。系统论、信息论、价值工程、网络计划技术、线性规划、决策论、行为科学、目标管理、技术经济分析、寿命周期费用评价法、ABC 管理法、计算机辅助管理、状态监测与故障诊断技术等现代管理理论和方法在设备管理中也都有所应用，已取得明显的效果。

现代企业管理与现代设备管理的形成和发展，很大程度上得益于系统工程理论的指导。下面介绍网络计划技术在设备管理中的应用。

10.1　网络计划技术概述

网络计划技术是 20 世纪 50 年代发展起来的一种计划管理的科学方法。1957 年，美国杜邦公司在兰德公司的配合下，提出运用图解理论的方法来制订计划。这种计划明确地表示出各工序及各工序所需时间，并且表示出各工序之间的相互关系，于是给这种方法定名为“关键线路法（CPM）”。1958 年，美国海军特种计划局在研制“北极星”导弹过程中，也研究出一种以数理统计学为基础、以网络分析为主要内容、以电子计算机为手段的新型计划管理方法，即“计划评审技术（PERT）”。这两种方法基本原理相同，即编制计划都是用网络图表示，所以被称为网络计划。1965 年，我国华罗庚教授开始推广和应用这些新的科学管理方法，定名为“统筹法”，它在我国国民经济各部门得到了广泛应用，并取得了显著的效果。

10.1.1　网络计划技术的概念

网络计划技术是指用网络计划对任务的工作进度进行安排和控制，以保证实现预定目标的科学的计划管理技术。网络计划则是在网络图上加注工作时间参数等而编制成的进度计划。

如一台镗床大修过程可看成为一个系统。镗床大修过程可以分解成若干项具体工作：拆卸、清洗、检查、电器检修、床身与工作台研合、零部件修理、零件加工、变速箱组装、部件组装、总装和试车等，这些工作之间的相互关系如图 10-1 所示。在确定各工作相互关系的基础上，可以用网络图的形式，把各项具体工作按照彼此之间的相互关系，依据一定的规则编制网络计划。在这个过程中，可以对一切资源进行统筹规划、综合平衡。

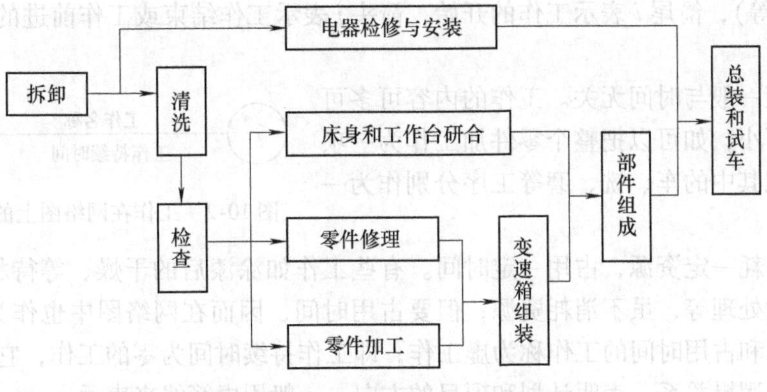

图 10-1　镗床大修各工作之间的相互关系

10.1.2　网络计划技术的基本原理

网络计划技术的基本原理是：利用网络图形式，表示一项计划中各项工作的时间、先后顺序及相互关系；通过计算找出计划中关键工作和关键路线，利用时差不断改善网络计划，选择最优方案；在计划的执行中，通过信息反馈，对工作进行监督和控制，以保证实现预定的计划目标。

长期以来，在生产经营活动的组织和管理上，特别是对生产进度的计划控制，一直使用甘特图及计划进度表来安排计划。这种技术方法简单，直观性强，易于掌握。但它不能反映各个工作之间错综复杂的相互联系、相互制约的关系，也不能清楚地反映出主要的、关键性的工作。与传统的甘特图相比，网络计划技术具有系统性、动态性和可控性等特点。

10.1.3 网络计划技术的应用范围

网络计划技术的应用范围很广，主要应用于工程项目的计划管理，在设备管理中也经常被应用。对于那些任务规模很大，需要多种不同来源的大量资源（人员、机器设备、运载工具、原材料、资金），协调频繁、时间紧迫的工程任务，采用网络计划技术来管理，效果最为理想。具体来说，它可以应用于建筑工程、船舶制造、新产品研制、设备大修、单件小批量生产和一次性的工程项目。

10.2 网络图的绘制和时间参数的计算

网络图是指由箭线和节点组成的用于表示工作流程的有向、有序的图形。网络图是网络计划技术应用的基础，是计划任务或工程项目及其组成部分内在逻辑关系的综合反映。

10.2.1 网络图的构成

网络图一般由工作、事件和线路三个部分组成。

（1）工作　工作是指计划任务按所需要程序划分而成的一个消耗时间、也消耗资源的子项目或子任务。一般用箭线来表示。箭线的上方标明工作的名称，下方标明工作持续时间（小时、天、周等），箭尾 i 表示工作的开始，箭头 j 表示工作结束或工作前进的方向，如图10-2 所示。

箭线的长短一般与时间无关。工作的内容可多可少，范围可大可小，如可以把整个零件加工作为一项工作，也可以把其中的车、铣、磨等工序分别作为一项工作。

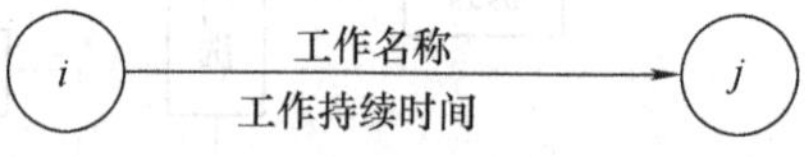

图 10-2　工作在网络图上的表示方法

工作需要消耗一定资源，占用一定时间。有些工作如涂漆后的干燥、等待材料和工具、铸件的自然时效处理等，虽不消耗资源，但要占用时间，因而在网络图中也作为一项工作。不需要消耗资源和占用时间的工作称为虚工作，即工作持续时间为零的工作，它只表示相邻前后工作之间的逻辑关系，表明计划和项目的方向，一般用虚箭线来表示。

（2）事件　事件是指某些工作的开始或结束，在网络中是指两项工作的衔接点，通常用“○”即节点来表示。事件不占用时间，也不消耗资源，只表示某项工作的开始或结束。若将两个节点用箭线连接，箭尾的节点称为开始节点，用 i 来表示；箭头的节点称为完成节点，用 j 来表示。网络图中第一个节点称为起点节点，表示网络图开始；最后一个节点称为终节点，表示网络图的结束；介于两者之间的节点称为中间节点，既表示前面工作的结束，又表示后面工作的开始。

（3）线路　线路是指在网络中从起点节点开始，沿箭线方向连续通过一系列箭线和节点，最后到达终点节点所经过的通路。在网络图中，线路有很多条，每条线路上各工作持续时间之和就是该线路所需的时间周期。其中周期最长的线路称为关键线路。关键线路的周期也就是整个计划任务或项目所需的时间，简称工期。关键线路一般用双线标注在网络图上。关键线路上各项工作称为关键工作。关键线路往往不止不一条，越是科学合理的计划，其网络的关键线路就越多。

10.2.2 网络图的绘制

1. 网络图的绘制规则

1）进入某一节点或从其引出的箭线可能有很多条，但相邻两个节点之间只能有一条箭线，代表一项工作，不能同时出现两条或两条以上箭线，如图 10-3a 所示。如果相邻两个节点之间有两项或两项以上平行工作（可以同时进行的几项工作），则应增加节点并和虚箭线加以区分，正确的画法如图 10-3b 所示

2）网络图中不能出现图 10-3c 所示的回路，即闭路循环线路，箭线方向应该自左至右，不能逆向。

3）网络图中每一项工作都应有自己独立的编号，应遵守箭尾编号小于箭头编号的原则。图 10-3d 所示的箭尾节点编号大于箭头编号是错误的。正确的画法如图 10-3e 所示。编号不能重复使用，一对编号不能同时代表两项以上的工作。

4）箭线必须从一个节点开始到另一个节点结束，其首尾都应该有节点，不允许从一条箭线中间引出另一条箭线，如图 10-3f 所示。正确的画法如图 10-3g 所示。

5）每个网络图只能有一个起点节点和一个终点节点，如果出现两项或两项以上的工作同时开始或同时结束时，其所有的开始节点和完成节点都应汇合成一个起点节点或一个终点节点，如图 10-3i 所示。不能出现没有紧前工作（紧排在本工作之前的工作）或紧后工作（紧排在本工作之后的工作）的中间节点。

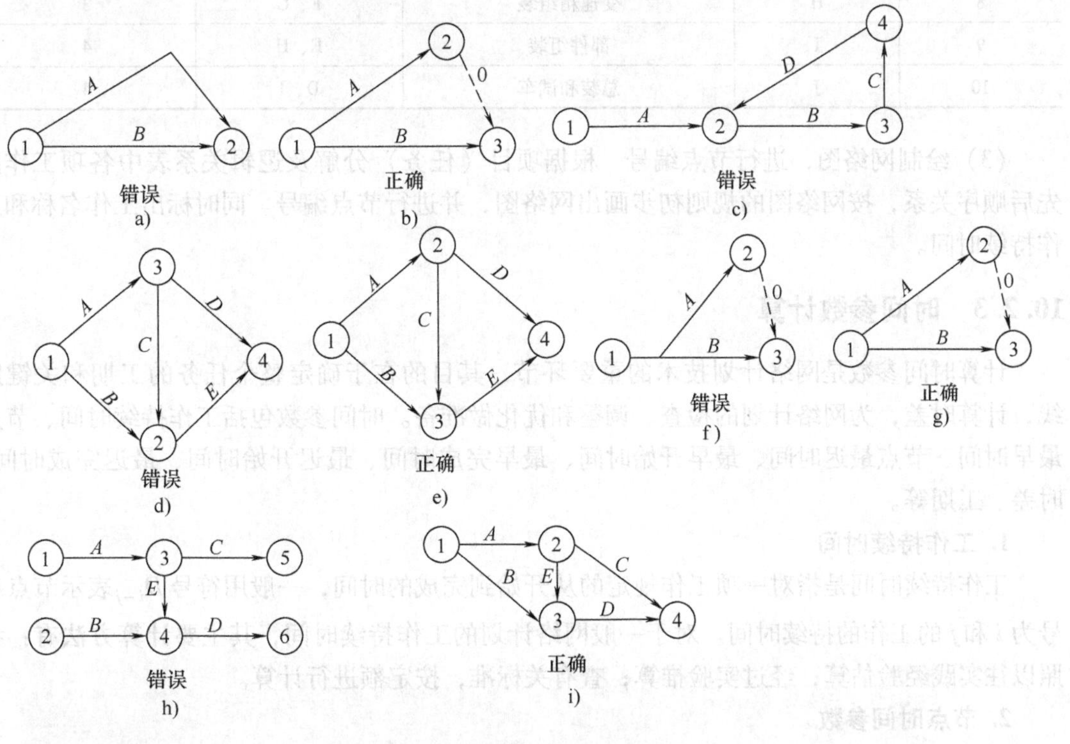

图10-3 网络图的绘制规则

2. 绘制步骤

（1）项目（任务）分解 任何一个项目（任务）都是由许多工作组成，在绘制网络图

前，首先将项目（任务）分解成各项工作。

项目（任务）一般可按其性质、组织结构和运行方式等来分解。如按准备阶段、实施阶段进行分解；按全局与部分进行分解；按专业或工艺作业内容进行分解；按工作责任或工作地点进行分解等。如在编制镗床大修理计划时，将任务分解为拆卸、清洗……试车等10项工作。

（2）逻辑关系分析　工作的逻辑关系分析是根据网络图的要求，分析每项工作的紧前工作、紧后工作及平行工作，并将分析的结果列表。例，镗床大修项目分解及逻辑关系表见表10-1。

表10-1　镗床大修项目分解及逻辑关系表

序号	代号	作业名称	紧前工作	工作持续时间/天
1	A	拆卸	—	2
2	B	清洗	A	2
3	C	检查	B	3
4	D	电器检修	A	2
5	E	床身与工作台研合	C	5
6	F	零部件修理	C	3
7	G	零件加工	C	8
8	H	变速箱组装	F、G	3
9	I	部件组装	E、H	4
10	J	总装和试车	D、I	4

（3）绘制网络图，进行节点编号　根据项目（任务）分解及逻辑关系表中各项工作的先后顺序关系，按网络图的规则初步画出网络图，并进行节点编号。同时标出工作名称和工作持续时间。

10.2.3　时间参数计算

计算时间参数是网络计划技术的重要环节，其目的在于确定整个任务的工期和关键路线，计算时差，为网络计划的检查、调整和优化做准备。时间参数包括工作持续时间、节点最早时间、节点最迟时间、最早开始时间、最早完成时间、最迟开始时间、最迟完成时间、时差、工期等。

1. 工作持续时间

工作持续时间是指对一项工作规定的从开始到完成的时间，一般用符号D_{i-j}表示节点编号为i和j的工作的持续时间。对于一般网络计划的工作持续时间，其主要计算方法有：参照以往实践经验估算；经过实验推算；查有关标准，按定额进行计算。

2. 节点时间参数

（1）节点最早时间　节点最早时间是指该节点后各项工作的最早开始时间，以ET_i表示。它的计算是从起点节点开始，在网络图上逐个按照节点编号由小到大自左向右计算，直至最后一个节点（终点节点）为止。起点节点最早时间等于零，一个完成节点的最早开始时间是由它的开始节点的最早时间加上工作持续时间来决定的。如果同时有几支箭线与完成节点相连接，则其中开始节点的最早时间与工作持续时间之和的最大值为节点最早时间。其计算公式为

$$ET_1 = 0 \tag{10-1}$$

$$ET_j = \max(ET_i + D_{i-j}) \tag{10-2}$$

$$(j = 2,\ 3,\ \cdots,\ n)$$

式中 ET_j——完成节点的最早时间（天）；

ET_i——开始节点的最早时间（天）；

ET_1——起点节点的最早时间（天）；

D_{i-j}——节点编号为 i 和 j 工作的持续时间（天）。

（2）节点最迟时间　节点最迟时间是指该节点前各项工作的最迟完成时间，以 LT_i 来表示。终点节点的最迟时间应当等于总完工工期。在网络图上，从终点节点开始，按节点编号由大到小自右向左逐个节点计算，直至起点节点止。一个开始节点的最迟时间，是由它的完成节点的最迟时间减去工作持续时间来决定的。如果从此开始节点同时引出几条箭线时，则其中完成节点的结束时间与工作持续时间相减差值中的最小值为节点最迟时间。其计算公式为

$$LT_n = ET_n \tag{10-3}$$

$$LT_j = \min\{LT_i - D_{i-j}\} \tag{10-4}$$

$$(i = n-1,\ n-2,\ \cdots,\ 1)$$

式中 LT_n——终点节点的最迟时间（天）；

ET_n——终点节点的最早时间（天）；

LT_i——开始节点的最迟时间（天）；

LT_j——完成节点的最迟时间（天）；

D_{i-j}——节点编号为 i 和 j 工作的持续时间（天）。

3. 工作时间参数

（1）最早开始时间　在紧前工作和有关时限约束下，工作有可能开始的最早时刻，称为该工作的最早开始时间，一般以 ES_{i-j} 表示。实际上工作的最早开始时间就是它的箭尾节点（开始节点）的最早时间。在网络图上的标识示例如图 10-4 所示。其计算公式为

$$ES_{i-j} = ET_i \tag{10-5}$$

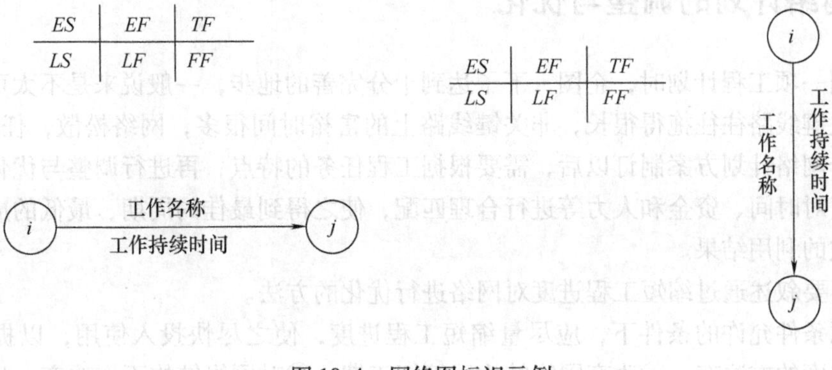

图 10-4　网络图标识示例

（2）最早完成时间　在紧前工作和有关时限约束下，工作有可能完成的最早时刻，称为该项工作的最早完成时间。一般以EF_{i-j}表示，在网络图上的标识示例如图 10-4 所示。它们存在以下关系

$$EF_{i-j} = ES_{i-j} + D_{i-j} \tag{10-6}$$

（3）最迟完成时间　在不影响任务按期完成和有关时限约束的条件下，工作最迟必须完成的时间，称为该项工作的最迟完成时间，一般以LF_{i-j}表示。实际上工作的最迟完成时间就是它的箭头节点（完成节点）的最迟时间。在网络图上的标识示例如图 10-4 所示。其计算公式为

$$LF_{i-j} = LT_j \tag{10-7}$$

（4）最迟开始时间　在不影响任务按期完成和有关时限约束的条件下，工作最迟必须开始的时间，称为该项工作的最迟开始时间，一般以LS_{i-j}表示。在网络图上的标识示例如图 10-4 所示。它们存在以下关系

$$LS_{i-j} = LF_{i-j} - D_{i-j} \tag{10-8}$$

（5）总时差　总时差也称为富裕时间或机动时间，是指在不影响工期和有关时限的前提下，一项工作可以利用的机动时间，即一项工作从其最早开始时间到最迟开始时间，或从最早完成时间到最迟完成时间，中间可以推迟的最大延迟时间，一般用TF_{i-j}表示。总时差在网络图上的标识示例如图 10-4 所示。其计算公式为

$$\begin{aligned} LS_{i-j} &= LF_{i-j} - D_{i-j} \\ &= LF_{i-j} - EF_{i-j} \end{aligned} \tag{10-9}$$

总时差越大，说明挖掘时间的潜力越大，反之则相反。若总时差为零，则说明该项工作无任何宽裕的时间。总时差为零的工作称为关键工作，由关键工作组成的线路称为关键线路。

（6）自由时差　是指在不影响其紧后工作最早开始时间和有关时限约束的前提下，一项工作可以利用的机动时间，一般用FF_{i-j}表示。自由时差在网络图上的标识如图 10-4 所示。其计算公式为

$$FF_{i-j} = ES_{j-k} - EF_{i-j} \tag{10-10}$$

式中　ES_{j-k}——紧后工作的最早开始时间。

计算时间参数可列出表格，并标注在网络图上。

10.3　网络计划的调整与优化

在编制一项工程计划时，企图一下子达到十分完善的地步，一般说来是不太可能的。初始网络的关键线路往往拖得很长，非关键线路上的富裕时间很多，网络松散，任务周期长。通常在初步网络计划方案制订以后，需要根据工程任务的特点，再进行调整与优化，从系统工程的角度对时间、资金和人力等进行合理匹配，使之得到最佳的周期、最低的成本以及对资源最有效的利用结果。

下面简要叙述通过缩短工程进度对网络进行优化的方法。

在资源条件允许的条件下，应尽量缩短工程进度，使之尽快投入使用，以提高经济效益。缩短进度的方法有：①改变网络结构以缩短工期；②对网络结构不作改变，只缩短作业

的时间。无论采用以上哪种方法，都要根据具体情况采取相应的对策。通常可供选择的技术、组织措施有：

1）检查工作流程，去掉多余环节。

2）检查各作业工期，改变关键线路上的工作组织。

3）把串联作业改为平行作业或交叉作业。

4）调整资源或增加资源（人力、物力、财力）到关键线路上的关键作业中去。

5）采取技术措施（如采用机械化、改进工艺、采用先进技术）和组织措施（如合理组织流程，实现流程优化）。

6）利用时差，从非关键作业中抽调部分人力、物力集中于关键作业，缩短关键作业的时间。把关键线路上的作业设法改为平行作业或交叉作业，是最常采用的有效优化手段。但必须指出，为达此目的往往要想办法采取一些本单位可行的技术和组织措施才能实现。因此，能否"想出办法"往往成为能否进一步优化网络的关键。经验证明，一旦想出办法把关键作业改为平行作业或交叉作业，经济效益是极为显著的。

思考题

1. 网络计划技术有何特点？
2. 网络图由哪几部分构成？
3. 如何确定关键线路？

第 11 章　设备维修概述

11.1　机械设备维修体系

11.1.1　设备的劣化及补偿

机械设备在使用或者闲置过程中逐渐丧失其原有性能，或者与同类新型设备相比较性能较差，显得旧式化的现象称为设备的劣化。

设备的劣化可分为使用劣化、自然劣化和灾害劣化。使用劣化是指设备在使用过程中，由于磨损和腐蚀所造成的耗损、冲击、疲劳和蠕变等所造成的损坏和变形，原材料的附着和尘埃的污染等使设备失去其原有性能的现象。自然劣化是指设备在进厂之后不管使用与否，随着时间的流逝，或者受大气的影响而使材料老朽化，或者遭受意外的灾害而加快这种老朽化速度的现象。灾害劣化是指由于自然灾害，如暴风、水浸、地震、雷击、爆炸等使设备遭受破坏或性能下降的现象。

设备劣化导致设备技术性能下降，或者与新型设备相比，原有设备的技术性能较差，这一类劣化又称之为技术劣化。如果从设备的经济价值来看待，随着时间的流逝，其价值也在减少，这又称之为经济性劣化。

对设备劣化的补偿方法有两种：一是用新设备来替换已经劣化或损耗的旧设备，即进行设备更新；二是在使用过程中通过检修进行局部性的补偿。由于设备零部件的使用寿命长短不齐，因此用检修方法进行局部性的补偿具有重要的经济意义。

11.1.2　设备维修体系的三大侧面

设备维修具有三大侧面：技术侧面、经济侧面和管理侧面。技术侧面包括日常保养技术、设备诊断技术、修理技术及设备的改造与更新等。经济侧面主要包括设备购置或制造的费用、维修费用、劣化损失、固定资产的转移和折旧等。管理侧面主要包括设备维修的方针和目标、维修组织、维修管理体系等。

11.2　机械设备维修的发展概况

从维修方式上看，机械维修管理的发展大体可分为以下四个阶段。

11.2.1　事后维修阶段

自有了机器以来，维修工作就和机器并存，并随着生产的发展而发展。但是，直到 19 世纪末，人们对机械故障的处理还是坏了才修，不坏不修。这个阶段又由两个“时代”组成，即兼修时代和专修时代。在兼修时代，由于设备比较简单，设备的操作人员也就是维修人员；随着设备技术复杂程度的不断提高，开始有了专业分工，进入了专修时代（操作工专门操作，维修工专门维修）。

11.2.2 预防维修阶段

进入20世纪后，随着生产的发展，出现了以福特汽车装配线为代表的流水生产作业，生产方式由单件生产转向批量生产，生产效率大幅提高。然而，机械故障对生产的影响显著增加，某一工序出现问题，则全生产线受影响；某一环节停止运转，则全生产线停工，因而出现了设备利用率的问题。在这种背景下，预防维修的观点应运而生。这种观点认为：设备和人一样，一进入老年期，由于零部件劣化，故障频发；如果在进入老年期之前将劣化的零部件替换下来，就能预防故障的发生。具体说，就是对设备进行定期检查和计划修理。这种维修方式在20世纪50年代得到普遍推广，从此开始了从组织上把设备维修管理起来。但是，在这个阶段由于不能定量地掌握设备的劣化和故障，维修周期还只能主要靠经验来确定，这样就出现两个问题：一是为了保证安全，必然会人为地缩短维修周期，增加不必要的维修次数，从而增加了维修费用；二是在维修时可能出现一些人为差错，从而增大了设备初期故障的几率。

11.2.3 可靠性技术引入维修阶段

第二次世界大战期间，美国为了应对军用装备的频繁损伤和故障，开始有组织地进行可靠性研究，20世纪60年代初，确立了可靠性工程学。可靠性工程学是以概率统计方法为基础，利用可靠度和故障率描述设备状态，研究设备修理。

11.2.4 预知维修阶段

现代机械设备及其零部件的可靠性要求、需要及时排除故障的要求越来越高，为此，从20世纪60年代中期开始，对设备的动态过程进行了大量的研究工作，寻找各种措施对设备状态和异常进行诊断和监测。到20世纪60年代末期，设备系统各种故障的监测技术和诊断技术趋于成熟，并开始应用到设备的维修活动中。这种应用先进的状态监测技术和故障诊断技术以准确掌握设备的实际状态，并依赖计算机系统和软件来记录故障、评估系统和制定维修策略的方法，称之为预知维修。

状态维修要求对设备进行各种参数测量，将测量值与允许的极限值进行比较，以确定维修计划。也可以进行趋向管理，即对测出的数据进行推测，以便预测其可能超出允许值的时间，并在足够的提前期内发出警报，以便提前安排维修。

状态维修是随着故障诊断技术的进步而发展起来的。如果检查手段落后，设备的劣化不能及时、准确地诊断，也就无法进行有效的状态维修。

11.3 我国机械设备维修现状及发展趋势

我国从20世纪50年代开始学习前苏联的设备管理经验，普遍推广以预防为主的计划维修制，亦称计划预修制。其主要特点是：以预防为主，把日常的设备维护放在重要地位，并做到定期检查，计划修理；按照设备磨损规律确定检修周期和修理周期，合理安排小修、项修和大修，并结合检修对设备进行改造。计划预修制的实行，在我国冶金、矿山企业生产任务非常繁重的情况下，对保证生产任务的完成起到了重要作用。而且，直到今天，我国大多数企业的设备维修工作仍处于以预防维修为主的阶段。

在维修体制的模式上，长期以来，我国的国有企业，维修资源重复配置，大而全、小而全的现象严重，造成资源的严重浪费。一方面，多数国有企业的维修部门长期吃不饱，只能依靠行政手段垄断企业内部的维修，其质量、价格与专业化维修相差甚远（在某些国有企业中，保护性的内部大修费用往往高出维修市场价格10%~20%）；另一方面，市场的无序竞争又使得大批不合格的维修机构应运而生。

在21世纪，我国设备维修管理的发展趋势又将如何呢？研究这个问题，既不能脱离当前设备维修管理水平，又要充分估计科学技术的发展对维修行业的影响。当代设备技术正朝着集成化、大型化、高速化、精密化、自动化、流程化、综合化、计算机化、超小型化、技术密集化的方向发展。先进的设备与相对落后的维修能力的矛盾严重地困扰着企业，成为企业前进的障碍。一方面，要求企业增加设备的自诊断能力和可维修性，要求设备具有更高的可靠性，甚至引入无维修设计；另一方面，呼唤更良好的售后服务和社会化维修力量，减轻企业设备维修的负担。然而，这些目标的实现需要一个发展过程。据此分析预测，在21世纪初，我国机械维修发展的总趋势将是：

1）机械维修管理的指导思想，将在认真研究和消化吸收先进的设备管理与维修理论和模式的基础上，充分体现市场竞争、设备效益、全系统、全员参与、质量控制等新的思想观念。设备管理要贯穿于设备整个寿命周期的全过程（从规划、设计、制造到安装调试、运转使用、维修补偿、改造更新、甚至报废）。在设备整个寿命周期中，应充分体现和贯穿安全性、可靠性、维修性和经济性的管理。设备管理不仅仅是设备管理和维修部门的事情，而是从企业领导人到第一线工人都应全员参与的工作，应注重培养员工的参与精神和创新能力。设备不只是组织生产的重要手段，而是企业参与竞争的重要物质资源、重要资产和资本。不仅要追求设备的完好，而且要追求产品的优质。

2）维修体制的模式，将引入“无维修设计”，大多数企业将不设置自己的修理车间（厂），设备维修工作将委托原制造厂或专业化修理公司来承担。设备用户只根据维修指南或故障手册进行日常维护或故障排除。这样，企业将从“大而全”、“小而全”的传统观念中解脱出来，维修社会化逐步形成体系。此外，维修的服务范畴也早已超出了传统的“维修、检查、修理”，涉及许多专业化领域，如维修咨询、维修计划的制订与实施、旧设备的折旧与重新组装、设备薄弱环节分析及排除、设备的防灾及事故处理、设备的现代化改装等，基本上是通过以市场为导向的专业化维修加以实现的。

专业化维修的优势在于：可以更有效地使用、配置维修资源；按计划进行维修，避免额外的停机时间；提高生产效率，减少操作人员等候维修的现象；确保维修质量，减少相关的培训费用；可以按维修合同获得一定时间的保修期及其他售后服务。

在工业化国家中，专业化维修占据了主导地位。在德国，中小企业往往不设专门的维修机构或只雇用少数维修人员负责设备的维护与检查，设备的修理则委托专业化维修机构或制造厂家。在美国，各工矿区均设有各大设备制造公司的维修中心，例如著名的久益公司，在全美就设有10个维修中心，配备有直升飞机、工具修配车等，即使最偏僻的矿山也可以在24小时内提供专业化维修服务。20世纪90年代中期，我国在北京、上海等五城市实施维修市场的试点工作，推动了维修向专业化、市场化过渡。汽车维修业 1998 年实现产值 250 亿元，形成了大修、总成修理、维护、专项修理、特约维修等种类齐全、分工合理的市场结构体系。但是从整体上看，维修市场化的进程还相当缓慢。

3）机械维修制度将在广泛应用设备诊断技术的基础上，主要实行预知维修。

4）随着设备的技术进步，现今的维修人员遇到的多是集光电技术、气动技术、激光技术和计算机技术为一体的机电一体化复杂设备。当代的设备维修已经不是传统意义上的维修工所能胜任的工作。当前，我们面临的任务是大力抓好人才的培养，通过高等院校培养和对在职人员进行更新知识的继续教育，尽快造就一批具有现代维修管理知识和技术的维修专业人员。

思 考 题

1. 何为设备劣化？设备劣化可分为哪几种？
2. 设备劣化的补偿方法有哪几种？
3. 何谓设备维修体系的三大侧面？
4. 什么是预防维修？预防维修有何特点？
5. 什么是可靠性管理引入维修？有何特点？
6. 什么是预知维修？实行预知维修需要具备什么条件？

第 12 章　机械维修的理论基础

12.1　机 械 故 障

12.1.1　机械故障的概念

机械故障是指机械系统因偏离其设计状态而丧失规定的部分或全部功能的现象。机械故障在结构上表现为机械零部件的损坏及零部件间相互关系的破坏。

12.1.2　机械故障的类型

如表 12-1 所示，机械故障可以从不同的角度进行分类。

表 12-1　机械故障的类型

分类方式	种类	原因及表现
按发生原因分	自然故障	在使用过程中由正常磨损引发的机械故障
	人为故障	由于维护和调整不当及违反操作规程引发的机械故障
	先天故障	由于设计或制造不当引发的机械故障
按造成后果分	功能故障	由于个别零件损坏，使机械不能继续完成设定功能的故障
	参数故障	由于输出参数超出允许极限值，使机械工作能力降低的故障
按发生速度分	渐发性故障	由于机械参数的劣化而逐渐发展形成的故障
	突发性故障	由于各种不利因素和偶然外界影响共同作用引起的故障
	复合性故障	故障发生的时间随机不定，而零件的损伤过程是时间的函数
按发生范围分	部分性故障	设计功能部分丧失的一类故障
	完全性故障	设计功能完全丧失的一类故障

对机械故障进行分类的目的是，通过分析各种故障对设备功能、参数、零部件失效形式的影响，从而在设计、使用中采取改进措施，减少或杜绝故障发生，保证人员或机械的安全。

12.1.3　机械的故障规律

机械在运行中发生故障的可能性随时间变化的规律称为机械的故障规律。故障规律曲线如图 12-1 所示，描述的是机械故障失效率随时间变化的规律，也称为“浴盆曲线”。

曲线变化可以分三个阶段：

Ⅰ——早期故障期，即由于设计、制造、保管、运输、安装等原因造成的故障，故障率一般较高，经过运转、磨合、调整，故障率降逐渐下降。

Ⅱ——正常运转期，机器经磨合后处于稳定的阶段，故障率最低。这一阶段为机械的有效寿命期。

Ⅲ—耗损故障期，零件由于磨损、腐蚀、疲劳等原因造成的故障率上升。这时如加强维护保养，及时更换达到寿命的零部件，可延长使用期。

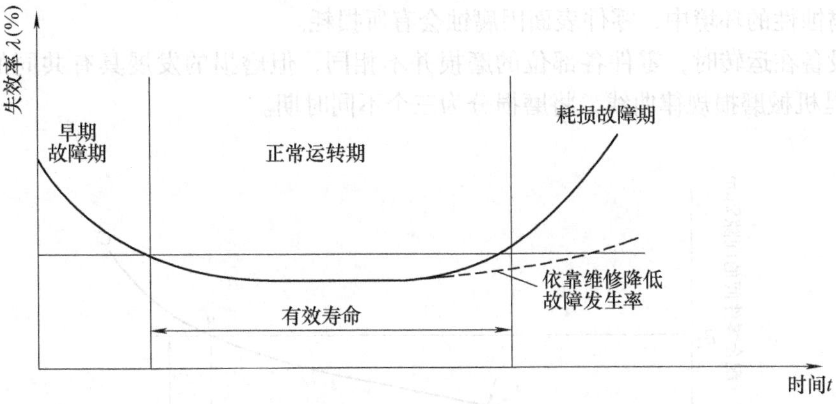

图 12-1　故障规律曲线

12.2　机械故障发生的原因

12.2.1　机械故障发生的原因

引起机械设备故障的原因有很多，一般有以下几点：

(1) 机械设备自身缺陷的影响（内因）零件材料有缺陷或内部残余应力、人为差错（设计、制造、检验、维修、安装和使用不当）等。

(2) 环境因素影响（外因）主要是指粉尘、温度、湿度、介质腐蚀、振动、应力状态等影响因素。

(3) 时间因素影响（设备劣化）各种故障一般是先引起零部件失效，继而影响其他零部件而发生机械故障。找出零件失效的原因，分析其规律，采取相应的措施，延迟零件失效的发生，对减少故障、延长机器寿命具有重要的意义。

12.2.2　机械零件的失效形式

1. 机械磨损

机械设备在运转时，由于机件间不断地摩擦或因介质的冲刷，其摩擦面逐渐产生磨损，因此引起机件几何形状改变，强度降低并破坏了机械的正常工作条件，使机器逐步丧失了原有的精度和功能，称为机械磨损。

(1) 机械磨损的分类

1) 自然磨损。自然磨损是机件在正常的工作条件下，其配合表面不断受到摩擦力的作用，有时由于受周围环境温度或介质的作用，机件的金属表面逐渐产生的磨损。机械磨损是不可避免的正常现象。

2) 事故磨损。事故磨损是由于机器设计和制造中的缺陷，以及不正确的使用、操作、维护、修理等人为的原因而造成过早的、有时甚至是突然发生的剧烈磨损。

（2）机械磨损的一般规律　一般磨损现象表现为：由于摩擦的机械作用致使机械零件表面受伤而有所损耗，同时摩擦面的温度因摩擦热而上升，由于摩擦热的作用，摩擦面上会出现小小的裂痕，受这个原因的影响有时表面发生部分剥落，如果温度过高，也会融化流走。在有腐蚀性的环境中，零件表面因腐蚀会有所损耗。

机械设备在运转时，零件各部位的磨损并不相同，但磨损的发展具有共同的规律。图12-2 所示是机械磨损规律曲线，将磨损分为三个不同时期。

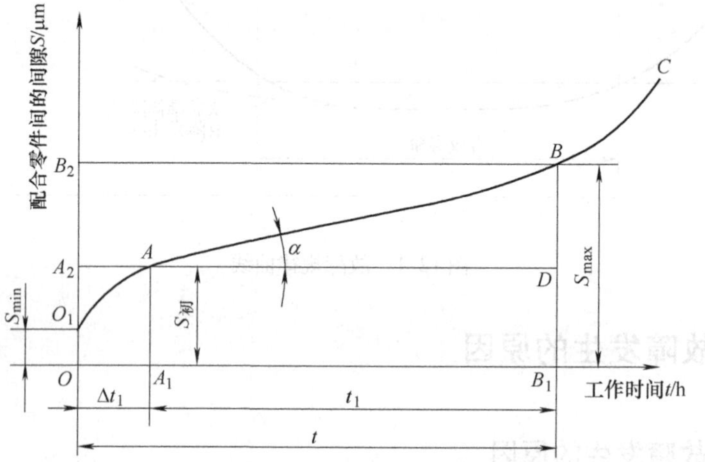

图 12-2　机械磨损规律曲线

1）初期磨损时期（曲线 O_1A 段），即新机件的试运转磨合时期，曲线急剧上升，表示零件在工作的初期具有较大的磨损。由于零件表面存在着加工后的平面度误差，故接触点上的接触应力较高，擦伤或磨平形成新的平面度误差，磨损量随时间很快增大，零件的配合间隙由 S_{min} 增大到 $S_{初}$。到达 A 点时，由于实际接触面积逐渐增大，磨损速度逐渐减慢，曲线开始变得平缓。

2）正常磨损时期（曲线 AB 段），即机件的稳定磨损时期，磨损曲线呈直线均匀上升，与水平线呈某一角度。此阶段机械经过磨合，微观几何形状得以改善，逐渐建立起弹性接触条件，磨损速度降低且趋于稳定。当机件工作 t 小时后，间隙由 $S_{初}$ 缓慢增大到 S_{max}。

3）事故磨损时期（曲线 BC 段），即机件的急剧磨损时期，当间隙超过 S_{max} 后，因配合间隙过大增加了零件间的冲击，润滑油膜被破坏，冲击载荷加大，磨损速度急剧增加，产生剧烈的振动，机件处于危险工作状态。如果机械继续工作，则可能发生意外的故障。

研究机械磨损发展规律的意义是了解机件工作的磨损阶段，一旦转入急剧磨损阶段，机件就必须修理或更换。若想延长机器的使用寿命，即提高正常工作时间 t_1，必须降低磨损强度。降低磨损强度的有效措施是实行良好的维护和润滑。

（3）机械磨损影响因素及防止措施

1）零件材料的影响。零件的耐磨性主要取决于硬度。硬度高表面抵抗变形能力大，耐磨性好；但硬度太高使脆性增加，容易使材料产生磨粒磨损。提高韧性可防止磨粒产生，有利于提高耐磨性。

2）工作载荷对磨损的影响。工作载荷大，单位压力大，机件的磨损加剧。

3）运动速度对磨损的影响。在干摩擦条件下，相对速度越高，磨损越快。在（动压）液体润滑的条件下，速度越高越稳定，容易形成油膜，可减少磨损。机器频繁地起动、制动、正反运转时，也会加剧磨损。

4）运动形式对磨损的影响。摩擦副的形式对磨损也有影响。滚动摩擦通常比滑动摩擦磨损量小。

5）温度、湿度及环境对磨损的影响。温度对润滑油粘度、吸附性和化学稳定性影响很大。机件的工作环境，如水温、水气、粉尘、煤气、杂屑、其他流体的化学腐蚀介质等都会加速机件的氧化和腐蚀磨损。

6）润滑对磨损的影响。良好的润滑可以减少金属间的直接接触摩擦，不仅可降低功率损耗，而且可减少磨损，延长机件的使用寿命。

7）表面加工质量对磨损的影响。它包括宏观几何形状、表面粗糙度和刀痕对磨损的影响。宏观几何形状指零件加工后的实际形状与理想形状的误差。误差越大，局部磨损越强。

8）装配、安装质量对磨损的影响。零件的装配质量和安装正确与否都对磨损产生影响。

2. 零件的变形

机械在工作过程中，由于受力的作用，机械零件的尺寸或形态改变的现象称为变形。零件的变形分为弹性变形和塑性变形。零件变形，破坏了组装机件的相互关系，因此其使用寿命也会缩短。

引起零件变形的主要原因有四方面：

（1）工作应力　当外载荷产生的应力超过材料的屈服强度时，就会使零件产生过应力而发生永久的变形。

（2）温度　温度升高，零件材料的原子热振动增大，临界切变抗力下降，容易产生滑移变形，使材料的屈服极限下降；或者由于零件受热不均匀，各处温差较大，产生热应力，引起零件的变形。

（3）残余内应力　零件在毛坯制造和切削加工过程中，由于残余内应力的存在，影响零件的静强度和尺寸稳定性；而且会使零件的弹性极限降低，还会产生减小内应力的塑性变形。

（4）材料内部缺陷　零件的变形有时也是几种因素的共同作用、多次变形累积的结果。因此要防止零件变形，必须从设计、制造工艺、使用、维护修理几个方面采取措施，避免和消除上述引起变形的因素，从而把零件的变形控制在最小范围。

3. 断裂失效

金属材料的完全破断称为断裂。当金属材料在不同的情况下，局部破断发展到临界裂缝尺寸时，剩余截面所承受的外载荷因超过其强度极限而完全破断的现象称为断裂失效。

零件断裂的原因通常有以下几种：

（1）过载断裂　当外力超过零件危险截面所能承受的极限应力时，零件将发生断裂。根据宏观形态不同，断裂可分为韧性断裂和脆性断裂。如果材料在断裂前有明显的塑性变形，断口呈杯锥状（见图 12-3），则为韧性断裂；如果零件在断裂前无塑性变形，断口平齐光亮，且与正应力垂直，则为脆性断裂。

（2）腐蚀断裂　零件在腐蚀介质的环境中承受应力作用，经过一定时间后产生的断裂称为腐蚀断裂。腐蚀断裂断口的宏观形态呈现脆性特征。

（3）低应力脆性断裂　零件制造工艺不正确或使用环境温度低，材料变脆，在低应力下将发生脆断的现象称为低应力脆性断裂。

（4）氢脆断裂　由于氢的作用，零件在低于材料屈服极限的应力作用下将导致断裂的现象称为氢脆断裂。氢脆断裂断口的宏观形态呈现平齐状态。

（5）蠕变断裂　金属零件在一定温度下，即使受到小于材料屈服极限应力的作用，也会随着时间的推移，发生缓慢的塑性变形，最后将导致零件断裂的现象称为蠕变断裂。

（6）疲劳断裂　零件在交变应力作用下，经过长时间工作而发生的断裂称为疲劳断裂。此时零件所受到的应力通常低于材料的屈服极限。机械设备中疲劳断裂所占比例最大。

疲劳断裂断口的宏观特征明显分为三个区域：疲劳源区、疲劳裂纹扩展区和瞬时破断区（见图 12-4）。

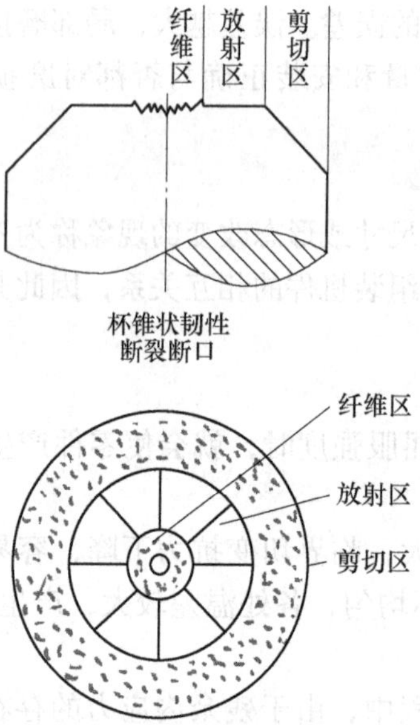

图 12-3　杯锥状韧性断裂断口

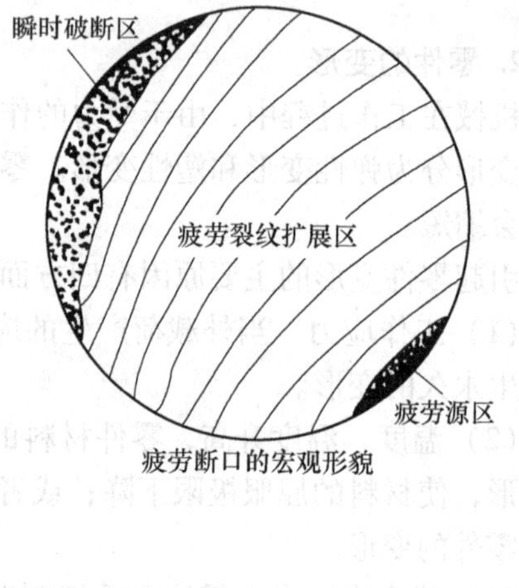

图 12-4　疲劳断裂断口的宏观特征

4. 腐蚀

金属受外部介质作用而引起损坏的现象称为腐蚀。金属的腐蚀损坏从表面开始，然后向里深入，并发生金属表面的外形变化。

（1）腐蚀的分类

1）化学腐蚀。金属表面和周围介质发生化学作用引起的损坏称为化学腐蚀。腐蚀的产物在金属表面形成表面膜。

2）电化学腐蚀。金属表面和周围介质发生电化学作用引起的腐蚀称为电化学腐蚀。其特点是引起腐蚀的介质是电介质，有导电性，腐蚀过程中有电流产生。

（2）腐蚀损坏的特点

1）损坏从金属表层开始，表面有外形变化。

2）被破坏的金属转变为化合物，形成的腐蚀产物附着在金属表面上。

（3）防腐蚀的方法

1）合理选材。根据环境介质情况，选择抗腐蚀材料。

2）合理设计结构。在结构设计时避免让电位差别大的材料相互接触，以免产生电偶腐蚀。

3）覆盖金属保护层。采取覆盖措施使金属表面形成耐蚀金属覆盖层。

4）覆盖非金属保护层。涂料、砖板衬里保护层具有良好的耐蚀性。

5）添加缓蚀剂。在腐蚀介质中加入少量金属缓蚀剂，能使金属腐蚀大大降低。

6）改善环境条件。减少环境中的腐蚀介质。

5. 蠕变损坏

零件在一定应力的连续作用下，随着温度的升高和作用时间的延长，将不断产生变形直到零件破坏，即蠕变损坏。金属产生蠕变的条件主要是温度、应力及作用时间的长短。温度越高，这种变形的速度越快，有时应力不但小于常温下的强度极限，甚至小于材料的比例极限即可发生破坏。

思 考 题

1. 什么是机械故障？机械故障表现在结构上的特征是什么？
2. 影响机械磨损的主要原因是什么？
3. 什么是腐蚀？其有何特点？
4. 什么是蠕变？

第13章 机械设备的安装技术

机械设备的安装是指按照一定的技术要求，将设备正确地安装并牢固地固定在基础上的操作。机械设备的安装质量，直接影响机械设备的使用性能和生产的进行。

机械设备安装的工艺过程为：基础的验收、安装前的物质和技术准备、设备吊装、设备安装位置的检测和校正、基础的二次灌浆及试运转等。

13.1 概述

13.1.1 机械设备安装前的准备

机械设备安装工程，除技术复杂、质量要求高、工作繁重外，还有工程任务不定型、现场分散、流动性大、高空作业多等特点，这就决定了充分做好施工前准备工作的重要性和必要性。准备工作充分，才能保证工程有计划、有秩序地如期完成。

（1）组织准备工作　根据工程的需要，结合现场施工具体情况，成立施工组织机构，集结施工队伍，落实施工项目、计划、进度及各项经济指标。

（2）技术准备工作　编制施工组织设计是技术准备的中心环节，它既是施工和管理的指导文件，也是对施工活动进行科学管理的重要手段。其具体内容有以下几点。

1）工程概况、工程项目、工程量。

2）施工进度。

3）现场平面布置图（包括设备进场道路，设备堆放场地，大型机械设备，施工用水、电等装置的设施以及临时施工措施等）。

4）施工方法、技术标准、技术措施以及质量保证措施。

5）配套设施（水、电、运输、仓库）、保证施工需要的措施。

6）根据工程需要合理分配人力和物力的措施。

7）安全技术措施和文明施工措施。

13.1.2 机械设备安装顺序框图

机械设备安装顺序框图如图13-1所示。

13.1.3 设置安装基准

为确定设备在基础上的平面位置及标高，应在基础上设置中心标板和基准点。

（1）设置中心标板　中心标板是确定设备在平面上位置的基准，即确定设备纵横中心线位置的基准。中心标板是牢固地埋设于基础表面设备安装中心线两端的一段150～200mm长的工字钢或槽钢，每条中心线埋设两处中心标板。待安装中心标板处的基础混凝土凝结牢固后，用经纬仪测量设备的安装中心线，并向标板投点，用钳工的样冲在标板上冲孔作为中

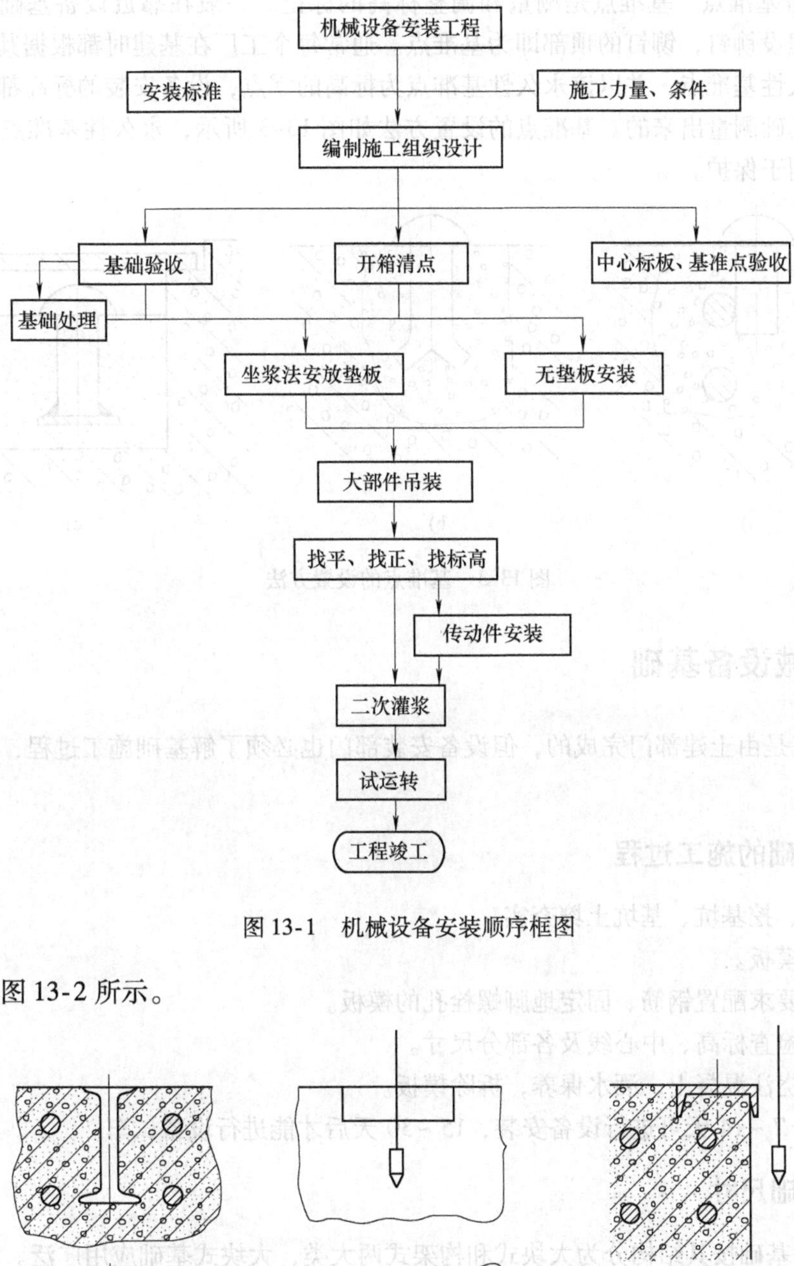

图 13-1　机械设备安装顺序框图

心标点，如图 13-2 所示。

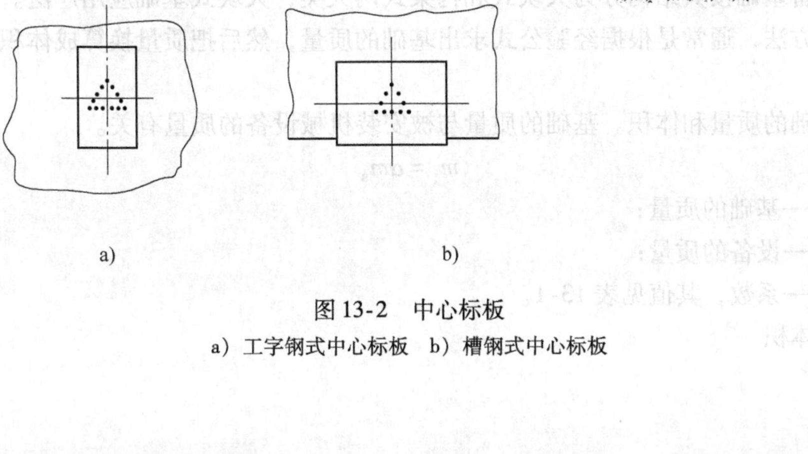

图 13-2　中心标板

a）工字钢式中心标板　b）槽钢式中心标板

（2）设置基准点　基准点是测量和调整标高的标记。一般在靠近设备基础边缘、便于观察的位置埋设铆钉，铆钉的顶部即为基准点。通常每个工厂在基建时都根据其地表的海拔高度设置永久性基准点，并以该永久性基准点为标高的零点，设备安装的标高都是以该永久性基准点为基础测量出来的。基准点的设置方法如图 13-3 所示，永久性基准点一般做成隐蔽式的，以利于保护。

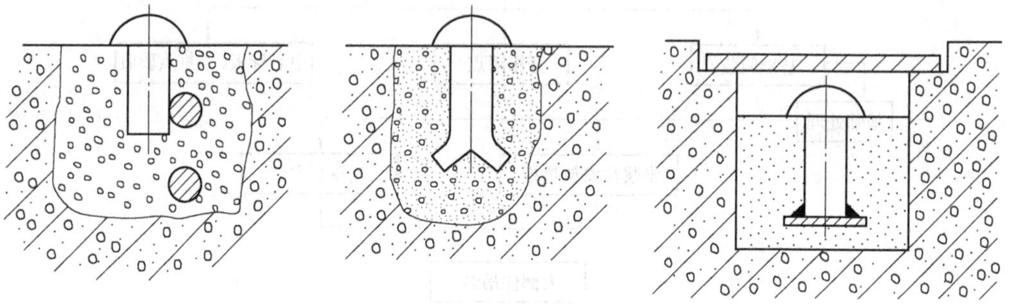

a)　　b)　　c)

图 13-3　基准点的设置方法

13.2　机械设备基础

基础施工是由土建部门完成的，但设备安装部门也必须了解基础施工过程，以便进行基础的验收。

13.2.1　基础的施工过程

1）放线、挖基坑、基坑土壤夯实。

2）装设模板。

3）根据要求配置钢筋、固定地脚螺栓孔的模板。

4）测量检查标高、中心线及各部分尺寸。

5）配置浇注混凝土，洒水保养，拆除模板。

基础保养 7 ~ 14 天可进行设备安装，15 ~ 30 天后才能进行设备试车。

13.2.2　基础尺寸

机械设备基础按其结构分为大块式和构架式两大类，大块式基础应用广泛。大块式基础尺寸的确定方法，通常是根据经验公式求出基础的质量，然后把质量换算成体积，从而拟定基础的尺寸。

计算基础的质量和体积。基础的质量与被安装机械设备的质量有关。

$$m_j = \alpha m_s \tag{13-1}$$

式中　m_j——基础的质量；

m_s——设备的质量；

α——系数，其值见表 13-1。

基础的体积

$$V=\frac{m_j}{\rho} \tag{13-2}$$

式中　ρ——基础的密度，一般混凝土的密度为$2t/m^3$。

13.2.3　基础验收

设备基础的验收，应根据设备安装图以及基础施工单位提交的资料，对基础进行全面检查及复测，并按照建筑与安装工程技术标准验收规范中的规定执行。表 13-2 列出了一般设备基础施工的允许偏差。

表 13-1　α 值的选取

设 备 种 类	α
卧式、对置式活塞压缩机 活塞速度：$u=4m/s$ $u=3m/s$ $u=2m/s$ $u=1m/s$	 4.5 3.5 2.5 2
立式活塞压缩机	2.9
汽轮发电机	5
回转式机械	10
不反转、不制动的电动机	10
反转、制动的电动机	20

表 13-2　一般设备基础施工的允许偏差

项　　目	允许偏差/mm	项　　目	允许偏差/mm
基础坐标位置（纵、横轴线）	±20	预埋地脚螺栓的标高（顶端）	+20 -0
基础各不同平面标高	+0 -20	预埋地脚螺栓的中心距	±2
基础上平面外形尺寸 基础下平面外形尺寸 凹穴尺寸	±20 -20 +20	预留地脚螺栓孔的中心位置 深度 孔壁的垂直度	±10 +20 -0 10
基础上平面不水平度（包括地上需安装设备部分） 每米 全长	 5 10	预埋活动地脚螺栓锚板的标高 中心位置 不平度 带槽的 带螺纹孔的	+20 -0 ±5 5 2
基础铅垂面的垂直度 每米 全长	 5 20		

注：见《钢筋混凝土结构工程施工质量验收规范》GB 50204。

13.2.4　基础的预压

在安装重型机械时，为防止安装后基础下沉或倾斜，要在安装前对基础进行预压。当基础养护期满后，在基础上放上相当于设备重量 2 倍的重物，进行预压。预压时间 70 ~ 120h，每天用水准仪观察，直到基础不再下沉为止。

13. 2. 5　基础地脚螺栓的类型和埋设方式

地脚螺栓分为固定式、锚定式和环氧砂浆粘结式三种。

（1）固定式地脚螺栓　固定式地脚螺栓的形式如图 13-4 所示，其在基础中的埋设方式如图 13-5 所示。其中，图 13-5a 所示为全部预埋式，优点是牢固性好，但较难安装准确，且校正困难；图 13-5b 所示为部分预埋式，在上部留出一定深度的校正孔，在安装时校正以后，再在孔内灌入混凝土，这种方式虽能校正地脚螺栓在浇灌时产生的偏差，但连接牢固程度差，且螺栓弯曲后产生的内应力会影响其强度；图 13-5c 所示为预留地脚螺栓孔式，即在基础施工时留出地脚螺栓孔，待设备在基础上找正以后，再浇灌混凝土固定，这种方式施工简单，但不如前两种方式牢固。

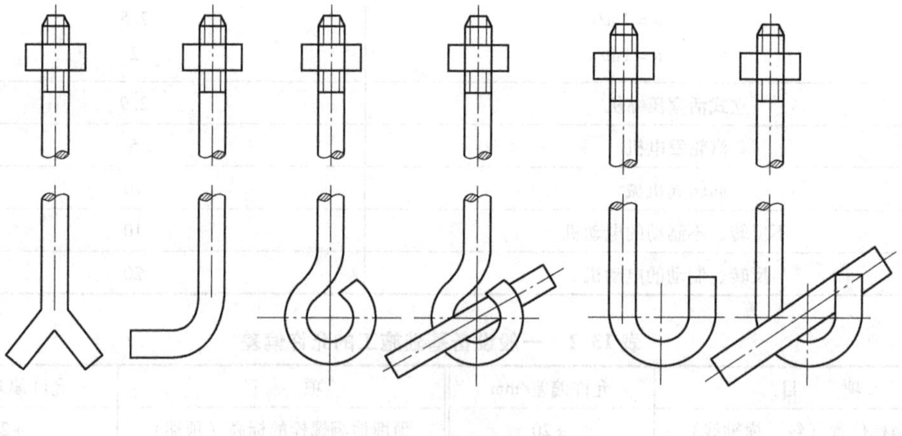

图 13-4　固定式地脚螺栓的形式

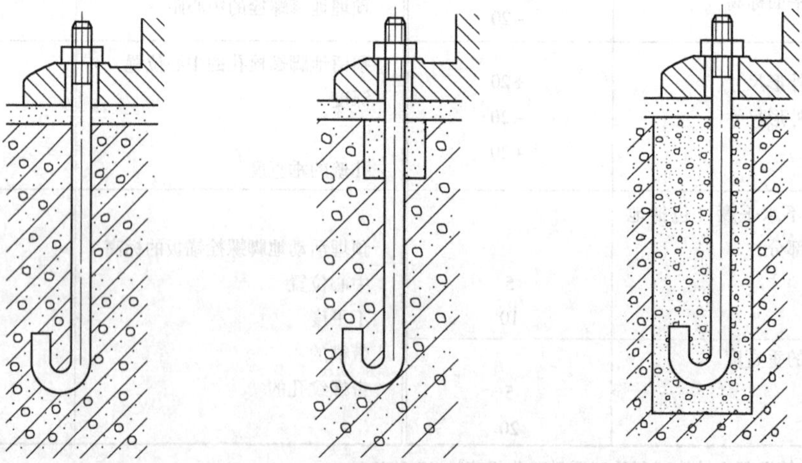

a)　　　　b)　　　　c)

图 13-5　固定式地脚螺栓在基础中的埋设方式
a）全部预埋式　b）部分预埋式　c）预留地脚螺栓孔式

（2）锚定式地脚螺栓　锚定式地脚螺栓如图 13-6 所示，分为锤头式和双头螺栓式，螺栓穿过基础的预留孔后由锚板固定。其优点是固定方法简单，安装时调整容易，断裂后便于更换。缺点是容易松动。这种形式常用来固定有剧烈振动和冲击的设备。

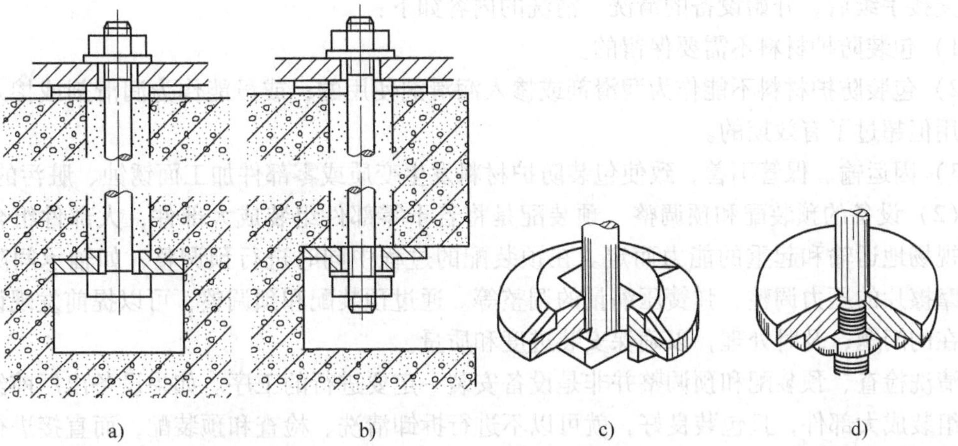

图 13-6　锚定式地脚螺栓

a）锤头式　b）双头螺栓式　c）锤头式　d）双头螺栓式

（3）环氧树脂砂浆粘结式地脚螺栓　环氧树脂砂浆粘结式地脚螺栓是一种新技术，在基础施工时，不埋设地脚螺栓，也不预留螺栓孔，只按图样上的尺寸和结构形式浇灌。当基础养护强度达到 10MPa 时，再在基础上划线，确定地脚螺栓中心位置，然后进行钻孔。

钻孔直径为：
$$D = d + (10 \sim 16) \tag{13-3}$$
钻孔深度为：
$$L = 10d \tag{13-4}$$
式中　D——钻孔直径（mm）；

d——地脚螺栓直径（mm）。

最后注入环氧树脂砂浆，插入地脚螺栓。待砂浆凝固后，即可安装设备。

有关环氧树脂砂浆的调配和具体施工工艺规程，可参阅有关资料。

地脚螺栓的长度，施工图上有规定，也可按下式确定
$$L = L_m + S - (5 \sim 10) \tag{13-5}$$
式中　L——地脚螺栓长度（mm）；

L_m——地脚螺栓的埋入深度（mm），一般取 L_m 为螺栓直径的 15 ~20 倍，最长不超过 1.5 ~2m；除轻型设备外，不短于 0.4m；

S——垫板高度及设备机座厚度、螺母厚度再加上预留量（3 ~5 个螺距）（mm）。

13.3　机械设备安装

机械设备安装的内容包括：设备开箱检查、清洗和预装；在机座下放置垫板；设备找正、找平、找标高；二次灌浆及预装等。

13.3.1　机械设备开箱检查、清洗和预装

（1）设备的开箱检查和清洗　设备出厂时，制造厂根据设备的结构形状、精密程度以

及运输条件，采用不同的包装方法。有整体部件甚至整台机器的整体装箱，有散件装箱、裸体包扎等。设备运送到安装现场后，应立即进行开箱检查，根据设备装箱单逐一核对零部件、备品配件、专用工具等是否齐全，运输途中是否造成变形、锈蚀或损坏，并作记录。在办完交接手续后，开始设备的清洗。清洗的内容如下：

1）包装防护材料不需要保留的。

2）包装防护材料不能作为润滑剂或掺入润滑剂使用的；或虽能作为润滑剂或掺入润滑剂使用但超过了有效期的。

3）因运输、保管不善，致使包装防护材料发生变质或零部件加工面锈蚀、脏污的。

（2）设备的预装配和预调整　预装配是将若干零部件组装成大部件，大部件组合的程度应视场地运输和起重的能力而定。在预装配的过程中同时进行预调整，如轴承间隙的调整、摩擦片的压力调整、弹簧压缩量的调整等。通过预装配和预调整，可以提前发现设备可能存在的问题，及时处理，以确保安装进度和质量。

清洗检查、预装配和预调整并非是设备安装一定要进行的工序。如果设备出厂前经调试并已组装成大部件，且包装良好，就可以不进行拆卸清洗、检查和预装配，而直接进行整体吊装。

13.3.2　在机座下放置垫板

设备安置在基础之前，在机座和基础表面之间放置垫板。

（1）垫板类型　垫板类型如图13-7所示，分为平垫板、斜垫板、可调垫板和开口垫板。垫板通常用钢或铸铁制成。平垫板、斜垫板的尺寸分别见表13-3和表13-4。

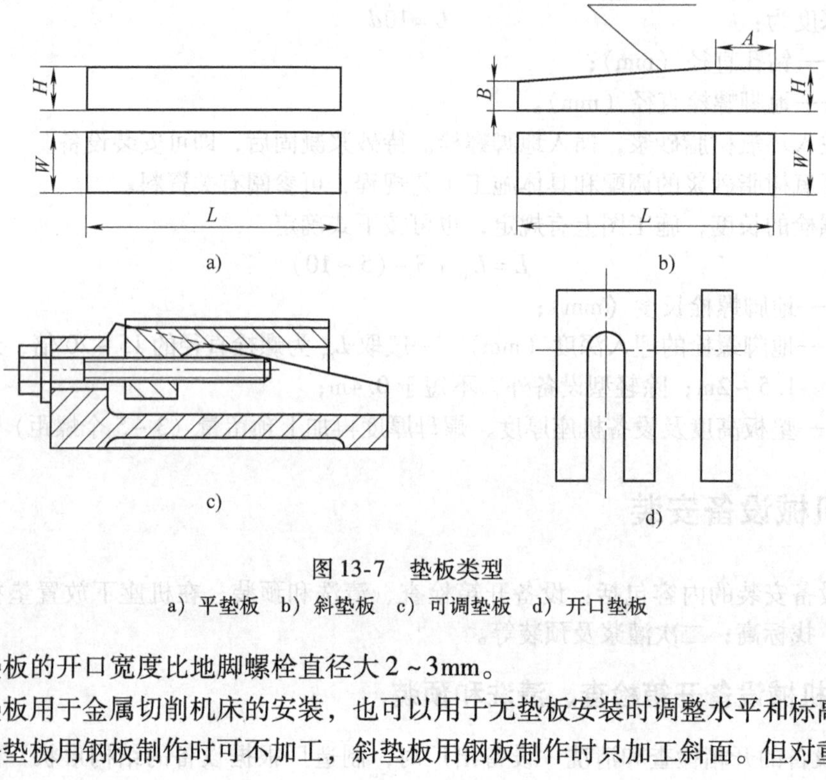

图13-7　垫板类型
a）平垫板　b）斜垫板　c）可调垫板　d）开口垫板

开口垫板的开口宽度比地脚螺栓直径大2~3mm。

可调垫板用于金属切削机床的安装，也可以用于无垫板安装时调整水平和标高。

一般平垫板用钢板制作时可不加工，斜垫板用钢板制作时只加工斜面。但对重要和精密

表 13-3　平垫板的规格　　(单位：mm)

编号	L	W	H	使用说明
1	110	20	3，6，9，12，25，40	5t 以下设备，地脚螺栓直径 20 ~ 35mm
2	135	80	3，6，9，12，25，40	5t 以下设备，地脚螺栓直径 35 ~ 50mm
3	150	100	3，6，9，12，25，40	5t 以下设备，地脚螺栓直径 35 ~ 50mm

表 13-4　斜垫板的规格　　(单位：mm)

编号	L	W	H	B	A	使用说明
1	100	60	13	5	5	5t 以下设备，地脚螺栓直径 20 ~ 35mm
2	120	75	15	6	10	5t 以下设备，地脚螺栓直径 35 ~ 50mm

的设备，其平面的表面粗糙度 R_a 要求为 50 ~ 12.5μm。对加工面中的配合面要进行刮削，斜垫板在刮削时要进行成对配研，使接触面积达到 75% 以上，还要将成对斜垫板放在平板上检查平行度。加工的平垫板也要检查上下两表面的平行度。

(2) 垫板面积的计算　设备安装所需垫板的总面积，是根据垫板单位面积所承受的载荷小于基础混凝土材料的抗压强度得到的，其计算公式为

$$S \geqslant \frac{C(G+F)}{f} \tag{13-6}$$

式中　S——各组垫板的总面积；

C——安全系数，一般取 $C=1.5 \sim 3$，对轻型机械取小值；反之取大值；

G——设备作用在基础上的重力；

F——地脚螺栓的预紧力，$F=nS_1[\sigma]$；

n——地脚螺栓的个数；

S_1——一个地脚的有效面积；

$[\sigma]$——螺栓的许用拉应力；

f——基础混凝土的抗压强度。

根据计算出的垫板总面积，选定垫板规格后，就可以确定出所需垫板的最少组数。

(3) 垫板的放置方法　放置垫板的位置要根据设备底座的形状和大小合理配置。图 13-8所示的各种形状底座的垫板放置方法可供参考。此外，设备底座下部有筋时，要把垫板放置在筋底下面。在放置垫板时还应注意：

1) 每个地脚螺栓近旁至少应有一组垫板，并尽量靠近地脚螺栓，相邻两组垫板的距离为 500 ~ 1000mm。

2) 每组垫板应放置整齐，平垫板在下，斜垫板在上。斜垫板应成对使用。每组垫板的数量为三块为宜。

3) 垫板伸入底座的长度应超过地脚螺栓中心线露在底座外的长度，平垫板为 25 ~ 30mm，斜垫板为 25 ~ 50mm。

4) 二次灌浆前应将每组垫板固定焊牢在一起，防止浇灌时错动。

(4) 放置垫板的施工方法

1) 研磨法：将基础上安装垫板的位置，除去表面浮浆层，先用砂轮打磨，后用磨石细

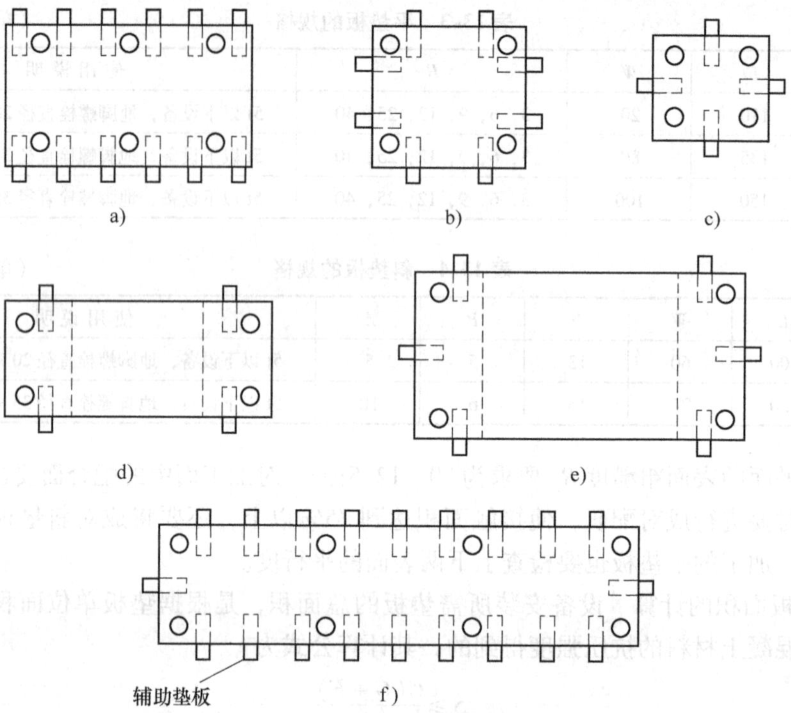

图 13-8　垫板的放置方法

a) 标准垫法　b) 井字垫法　c) 十字垫法　d) 单侧垫法　e) 三角垫法　f) 辅助垫法

研，使垫板与基础的接触面积达70%以上，水平精度为0.1～0.5mm/m。研磨法不仅劳动强度大，且费时费力。研磨法难以控制基础垫板部位的标高，因而，同一设备不同的部件，垫板组的厚度不同，致使垫板厚度规格繁多，备料复杂，耗费钢材量大。

2）坐浆法：坐浆法是直接用高强度微膨胀混凝土埋设垫板的方法。其坐浆坑示意图如图 13-9 所示，在基础表面放置垫板的地方凿一个锅底形的坑，用拌好的高强快硬微膨胀水泥浆做成一个馒头形的堆，在其上安放平垫板，用手锤把一边轻轻敲打，一边测量其标高和水平，至达到设计要求。养护 1～3 天后，就可在此垫板上再装一组斜垫板，用以调整设备

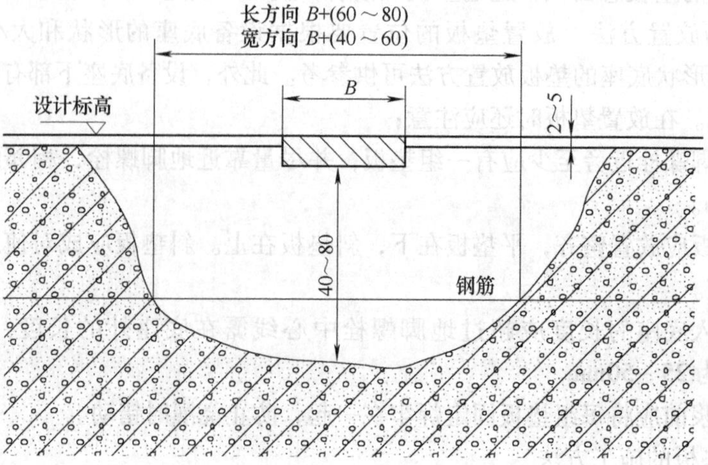

图 13-9　坐浆坑示意图

的标高和水平，从而进行后续的安装工作。

与研磨法相比，坐浆法的工效高，坐浆的强度高，坐浆后一天抗压强度可以超过20MPa；混凝土与垫板粘接牢固，接触面积达 90% 以上，稳定性好。此外，坐浆法节省钢材，比研磨法每组可节省一块垫板，整套机组节省垫板的数量就相当可观了。

13.3.3 机座或设备的吊装

将机座吊放在垫板上。若设备与设备的机座一体，将设备吊放在垫板上。吊装时，要选好吊具，并将设备捆绑牢固。

13.3.4 设备安装位置的检测与调整

设备吊装到基础上以后，其几何位置需调整才能达到要求。设备几何位置的调整，依据基准到设备位置的测量数据。设备调整是指设备找正、找平、找标高。

（1）设备找正　设备的找正是使设备的中心线与基础上设计的安装中心线重合的过程。找正是以中心标板上的中心点为基础，一般采用挂线法来检测设备中心线与基准中心线的误差，如图 13-10 所示，将细钢丝系在两挂线架上并张紧，从钢丝上向两中心标板悬挂线锤，调节线架上钢丝的位置，使线锤对正中心标板上的中心点，即得安装中心线。

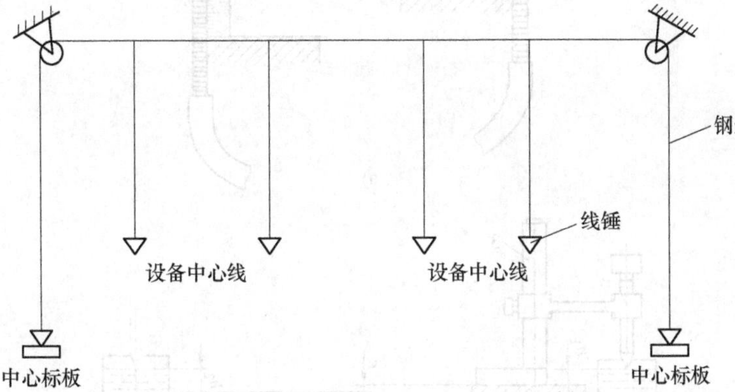

图 13-10　利用中心标板找正的方法

（2）设备找平　设备的找平是使设备在同一平面内达到水平的过程。绝大多数的水平转轴都要求安装水平，否则旋转时就会产生附加动载荷。垂直安装的轴则要求其轴承孔的轴线垂直，而轴承孔的垂直误差常常是通过测定孔精加工端面的水平度来间接检验的，另外，设备上的某些工作面或特定平面也可以作为测定设备水平的基准面，如减速箱体的剖分面、机床床身的导轨面等。近年来，有些工厂生产的供整体安装的设备如减速机、齿轮座、集中传动轨道等，为了便于找正，在这些设备上专门加工有供找平用的基准平面。

设备找平所使用的仪器通常为条形水平仪或框形水平仪。对于较大的平面，为了防止局部的误差或变形对测量的影响，还要借助平尺来检测水平，这时，水平仪是放在平尺上检测的。而形状狭小的平面或斜面，除了借助平尺外，还要使用专门的样板，如图 13-11a、b 所示。多体找平如图 13-11c 所示。

当两个被测面距离较远，平尺不够长，而用水平仪又困难时，采用连通管找平是既简单又方便的方法。最简单的连通管是由橡胶软管连接起来的两根玻璃管，如图 13-12a 所示，

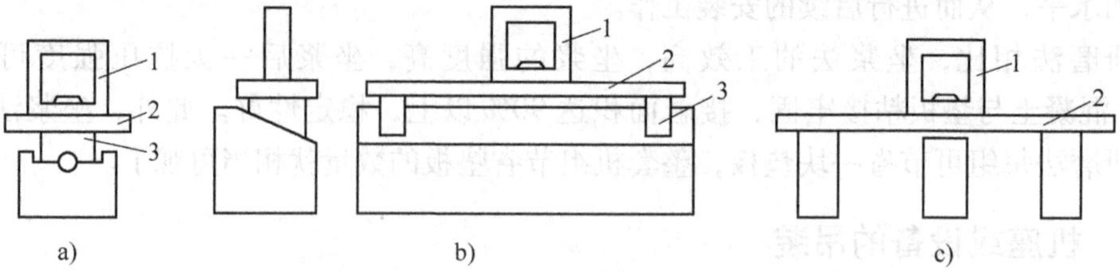

图 13-11　借助平尺和样板的找平方法

a）狭小平面的找平　b）斜面的找平　c）多体找平

1—框形水平仪　2—平尺　3—样板

两被测面的水平度误差可用钢直尺测量，此法测量精度较低。一般精确测量可用测微螺纹连通管，如图 13-12b 所示，当测量两平面的高差时，首先用支架 3 上的测微螺纹测量尖端与水面接触，并记录测微螺纹的刻度值 h_1，然后用同样的方法测出另一端的刻度值 h_2，二者的差值即为被测两平面的水平度误差值。

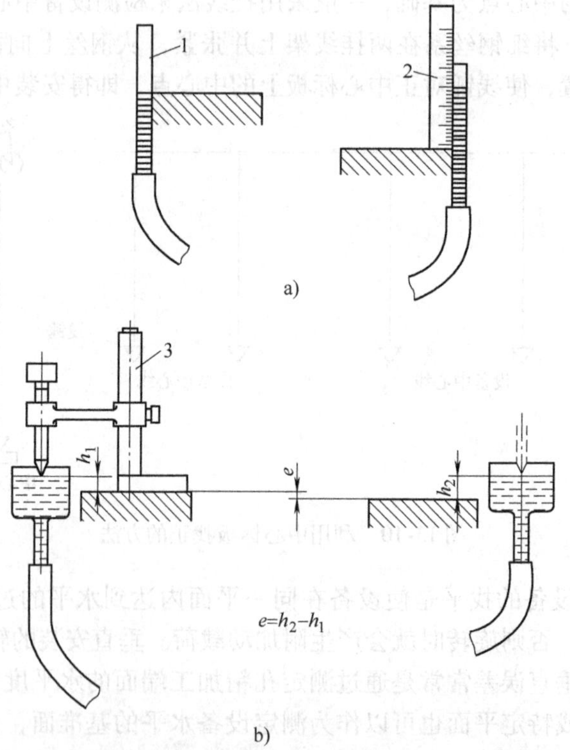

图 13-12　用水柱水平面检验两个平面的水平度

a）简单连通管找平法　b）精确连通管找平法

1—玻璃管　2—钢直尺　3—支架

图 13-13 所示为水准仪找平法。用水准仪找正滑道的水平度时，可将滑道分成若干段，逐段测量其标高值。根据相邻两点的高差，即可求出该段的水平度误差。

（3）设备找标高　设备找标高就是测量和调整设备的高度，使其达到规定数值的过程。通常以基础上预埋的基准点作为测量的基准，使用激光准直仪、水准仪或标高测杆等检测标

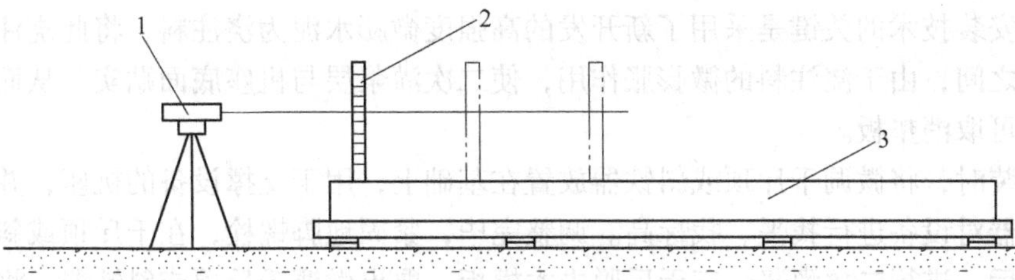

图 13-13　水准仪找平法

1—水准仪　2—标尺　3—被测面

高。为了减少测量的累积误差，应选设备附近的基准点作为标高基准。为了减少设备之间的标高相对误差，前一台设备的标高可作为后一台设备标高的基准。如安装九组辊道时，就可以选用已装好的前一组辊道辊子的标高作基准来找正后一组辊道的标高。设备的找标高也是通过调整垫板厚度来实现的。在找标高时，应使检测面的测量标高高出图样设计标高约1mm左右，这样在拧紧螺母后，设备的实际标高刚好达到设计的标高要求。对同一设备的各个地脚螺栓，应保持相同的松紧程度，以免造成设备底座变形。

设备的找正、找平和找标高往往需要多次反复交替进行，如调整水平和标高时可能使设备偏移而需重新找正，而调整标高时又可能影响了水平，调整水平时又变动了标高。三者都调好了，拧紧地脚螺栓时又会发生变化，这时，则需松开地脚螺栓，根据检测和计算值重调，直至拧紧地脚螺栓后再测得三者均在允许的误差范围内才算合格。

13.3.5　二次灌浆

设备检测调整合格后，应尽快进行二次灌浆。二次灌浆层主要起保护和固定垫板、防止其松动的作用，同时也可部分传递载荷。

二次灌浆的混凝土配比与基础一样，只不过石子的粒度应视二次灌浆层的厚度不同而适当选取。为了使二次灌浆层能充满底座下面高度不大的空间（一般为30~120mm），通常选用的石子块度都要比基础的小。

在二次灌浆时应注意以下事项：

1）若采用预留地脚螺栓孔，灌浆前应清洗干净孔内的残留物和积水。

2）要保证设备的地脚螺栓孔与地脚螺栓之间的间隙，以适应设备精调整和热膨胀的要求。

3）清除基础表面松动的碎屑及油污，用水冲洗洁净并润透。若在环境温度低于5℃时灌浆，应有防冻或保温措施。

4）设备底座与基础之间灌浆时应安设外模板。

5）灌浆必须连续进行，不得分次浇灌。要捣固密实，在捣固时不得使地脚螺栓歪斜，同时不得碰动垫板和设备。

6）灌浆层不得有裂纹、蜂窝、孔洞等缺陷。

13.3.6　无垫板安装技术

无垫板安装即是设备安装不用垫板。过去设备安装必用垫板，垫板耗量大。以1700热轧机为例，安装一台轧机需用6.4t垫板。

无垫板安装技术的关键是采用了新开发的高强度微膨水泥为浇注料，将此浇注料填充到机座与基础之间，由于浇注料的微膨胀作用，使二次灌浆层与机座底面贴实，从而起到承载作用，因此可取消垫板。

设备安装时，将微调千斤顶或斜铁器放置在基础上，用于支撑设备的机座，并用微调千斤顶或斜铁器对设备进行找平、找标高。调整完毕，紧固地脚螺栓，在千斤顶或斜铁器周围搭设木模板后，进行二次灌浆，三天后脱去木模板，取出微调千斤顶或斜铁器，将它们遗留的空穴以普通水泥填充。

13.4 设备试运行

在设备安装工程中，试运转是最后一道工序，也是保证设备正常投入生产的关键环节。试运转是将安装和调整好的设备进行运转，进一步发现设备中存在的缺陷，并进行调整、修配，使设备的运行特性符合设计和使用要求。所以，试运转是设备安装中一项很重要的工作，它不仅是对安装质量的综合检验，也是对设备设计和制造质量的全面考核。

13.4.1 试运转前的准备工作

设备试运转前必须充分做好以下准备工作：

1）认真研究和熟悉设备说明书及有关技术文件，了解设备的构造和性能，掌握操作程序、操作方法和安全操作规程。

2）编制试运转方案。试运转方案应包括人员、试车程序和要求；试车指挥和现场联络信号；检查和记录的项目、操作规程、安全措施以及万一发生事故时的应变方案等。

3）做好水、电及试车所需物资（工具、材料、安全保护用品和检测仪器、量具等）的准备。

4）根据设计要求对各润滑部位添加润滑材料。

5）设置安全警戒标志，谢绝非试车人员出入危险区及试运转区。

6）对机械设备进行全面检查，检查内容包括：安装设备的零部件是否齐全，各零部件有无损坏及其他缺陷；填料及各结合面的密封情况；对不可逆机械，如带式输送机、斗式提升机等，要确定电动机的旋转方向；检查极限开关安装状态，判断其安装位置是否正确；检查安全装置（如安全罩、安全平台等）是否安装可靠等。

13.4.2 试运转中设备的调整内容

在试运转过程中，要对设备做最后的调整和修正。调整试运转以电气调整为主，配合进行机械的调整。主要有以下内容：

1）电动机运转方向的确定。

2）制动器的调整。调整制动件与被制动件间的间隙以及制动力等。

3）对液压缸进行充油、排气；气缸充气。检查、调整行程位置和极限开关动作的可靠性，调整动作的速度。

4）调整机构的升降、开闭、摆幅、往复运动的行程以及各极限开关动作的可靠性及动作速度。

13.4.3 试运转的程序

试运转的步骤应符合先辅机，后主机；先单动，后联动；先空载，后负载的原则。开始试运转时，若设备安装不正确或操作失误，按下“运转”开关的一瞬间，就可能酿成事故。因此，为了保证试运转顺利进行，应严格遵守下列原则：先手动，后电动；先点动，后连续；先低速，后中、高速。具体步骤如下：

(1) 辅助系统试运转　辅助系统包括单机或机组的润滑系统、冷却系统（水冷、风冷）。只有在这些系统试运转正常的条件下才允许对主机或机组进行试运转。辅助系统试运转时也必须先空载试运转，后负载试运转。

(2) 动力设备空载试运转　单机或机组的电动机必须首先单独进行空载试运转。液压系统的空载试运转，必须先对管路系统试压合格后才能进行。

(3) 单机设备试运转　首先进行单机空载试运转，其目的是为了初步检查每台设备的设计、制造及安装质量有无问题和隐患，以便及时处理，同时使相对运动的配合表面得到磨合。

单机空载试运转前，首先要清理现场，检查地脚螺栓是否紧固，检查非压力循环润滑的润滑点、油池是否加足了规定牌号的润滑油脂，电气系统的仪表、过载保护装置及其他保护装置是否灵敏可靠。然后进行人工盘车（即用人力扳动机械的回转部分转动一至数周），当确定没有机械卡阻或异常响声后，先瞬时起动一下（点动），如有问题，立即停车检查，如无问题，就可进行空载试运转。对一般设备，单机试运转 2～4h 即可；对大型和复杂设备，通常规定空载试运转 8h。往复运动设备在全行程内往返 5～10 次。

单机空载试运转合格后，即可进行负荷试运转。负荷试运转的目的是全面考核设备的安装质量、生产能力和产品质量。负荷试运转的原则是逐步加载，开始由 1/4 负荷逐步加载到半负荷，再加载到全负荷。对于某些设备，为了检查其过载能力，还要进行超负荷试验。

负荷试运转通常要进行 3 天到一个星期的连续运转。

(4) 连续生产和复杂机械设备试运转　先对生产线上的每台单体设备进行空载试运转，合格后，就可进行机组或整条作业线的联动空载试运转。联动空载试运转通常要进行 8～24h，若生产线太长时，也可酌情分区、段进行。

在整条作业线的设备联动空载试运转合格后，可进行联动负荷试运转。

思 考 题

1. 固定式地脚螺栓的埋设方式有哪几种，各有何特点？
2. 简述环氧树脂砂浆粘结地脚螺栓的工艺要点。
3. 设备安装基准有几种？其作用是什么？如何设置？
4. 设备安装前要对设备基础进行哪些处理？如何处理？
5. 机座下放置垫板的作用是什么？垫板有哪几种？
6. 垫板的施工方法有哪两种？说明其施工工艺要点及优缺点。
7. 何谓无垫板安装？其有何优点？
8. 何谓设备的找平、找正、找标高？简要说明找平、找正、找标高所用工具、仪器及工艺要点。
9. 空载试运转的目的是什么？如何进行空载试运转？
10. 负荷试运转的目的是什么？如何进行负荷试运转？

第14章　机械设备的润滑

润滑就是在相对运动的摩擦接触面之间加入润滑剂，使两接触表面之间形成润滑膜，变干摩擦为润滑剂内部分子间的内摩擦，以达到减小摩擦、降低磨损、延长机械设备使用寿命的目的。

机械润滑的主要作用：

（1）减少摩擦和磨损　在机器或机构的摩擦表面之间加入润滑材料，使相对运动的机件摩擦表面不发生或尽量少直接接触，从而降低摩擦系数，减少磨损。

（2）冷却　机器在运转中，因摩擦而消耗的功会全部转化为热量，引起摩擦部件温度升高。当采用润滑油进行润滑时，润滑油不断从摩擦表面吸取热量加以散发，或供给一定的油量将热量带走，使摩擦表面的温度降低。

（3）防止锈蚀　摩擦表面的润滑油层可使金属表面和空气完全隔开，保护金属不发生锈蚀。

（4）冲洗　润滑油的流动油膜可将金属表面由于摩擦或氧化而形成的碎屑和其他杂质冲洗掉，以保证摩擦表面的清洁。

机械设备的润滑通常采用稀油润滑和干油润滑两种方式。稀油润滑采用矿物润滑油作为润滑材料，干油润滑采用矿物润滑脂作为润滑材料。

14.1　润滑状态与原理

14.1.1　润滑状态

（1）无润滑　具有相对运动的两表面完全没有任何润滑介质存在，处于干摩擦状态下，称为无润滑。这种状态除摩擦传动或机械制动以外，一般应尽量避免，因为接触面会产生剧烈的摩擦和磨损。

（2）流体润滑　流体状态的润滑剂，在相对运动的两摩擦表面之间形成一层润滑膜，把摩擦表面完全隔开，称为流体润滑。由于摩擦表面不直接接触，摩擦副内存在流体膜分子之间的内摩擦，所以摩擦系数很低。

（3）边界润滑　边界润滑是处于有润滑和无润滑之间的一种临界状态的润滑形式，它由润滑剂中牢固地吸附在金属表面的极性分子或润滑剂中的活性元素与金属表面生成的反应膜而形成一层极薄的润滑膜。

（4）半液体润滑　在摩擦副中出现的润滑状态并不都处于单一的润滑状态。由于摩擦表面的粗糙程度不同，载荷、速度的变化等因素的影响，有时可能有两种甚至三种润滑状态同时或先后出现在一个摩擦副内，使摩擦系数在很大的范围内变动，呈现不稳定状态。此时，若流体膜遭受破坏的比例较小，则属于流体润滑与边界润滑之间的一种状态，称为半液体润滑。

14.1.2 液体动压润滑原理

（1）动压形成原理　在工程上，液体动压可以在曲面及平面摩擦副中形成。在曲面接触的摩擦副中，动压的形成是在一定的压力和速度下，使曲面间形成油楔，油楔作用在轴上的总压力与轴上的负载相平衡，轴与轴承表面之间完全被油膜隔开，实现了液体润滑。图 14-1 所示为滑动轴承动压润滑油膜的建立过程。

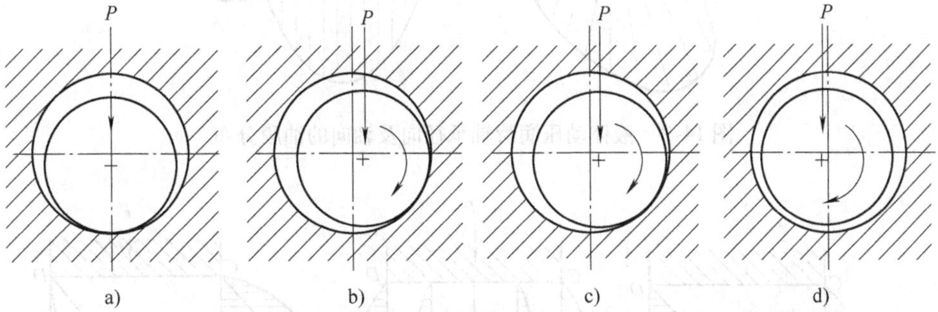

图 14-1　滑动轴承动压润滑油膜的建立过程

a）静止状态　b）开始旋转　c）形成油楔　d）动压润滑（浮起状态）

液体动压润滑轴承径向及轴向的油膜分布如图 14-2 所示，在楔形间隙出口处油膜厚度最小。根据雷诺方程，导出液体动压润滑轴承径向的最小油膜厚度公式为

$$h_{\min}=\frac{d^2 n\eta}{18.36qsc} \tag{14-1}$$

式中　η——润滑油的动力粘度（Pa · s）；

n——轴的转速（r/min）；

d——轴承名义直径（mm）；

q——轴承在与载荷垂直的投影面上的单位载荷（Pa）；

s——轴承的顶间隙（mm）；

c——考虑轴颈长度对漏油的影响系数，$c=\frac{d+l}{l}$；

l——轴颈有效长度（mm）。

实现动压润滑的条件是动压油膜必须将两摩擦表面可靠地隔开，

$$h_{\min}>\delta_1+\delta_2 \tag{14-2}$$

式中　δ_1、δ_2——轴颈与轴承表面的最大粗糙度（mm）。

在平面接触的摩擦副中，若两摩擦表面平行，如图 14-3a 所示，在载荷和相对运动的联合作用下，单位时间内流入两平面的流量小于流出的流量，不可能产生油楔效应，也就不可能实现流体动压润滑。如果平面 *CD* 相对于平面 *AB* 倾斜一个角度，如图 14-3b 所示，这时入口截面的流量将大于出口截面的流量，类似于曲面接触的情况，即可以产生油楔效应，因此可以实现液体动压润滑。

（2）液体动压润滑形成条件及影响因素　实现液体动压润滑必须具备以下条件：

1）两相对运动的摩擦表面必须沿运动的方向形成收敛的楔形间隙。

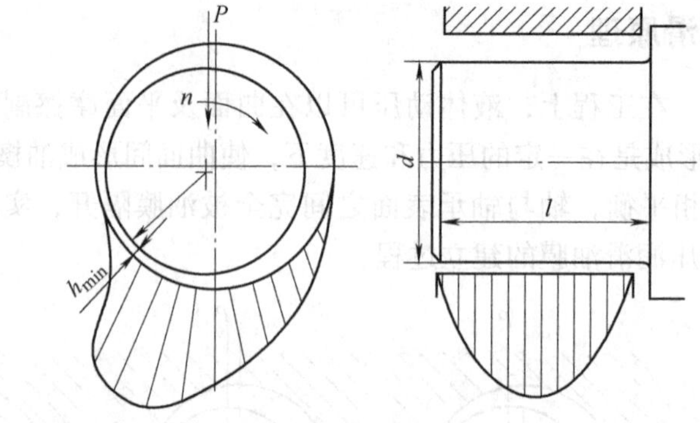

图 14-2　液体动压润滑轴承径向及轴向的油膜分布

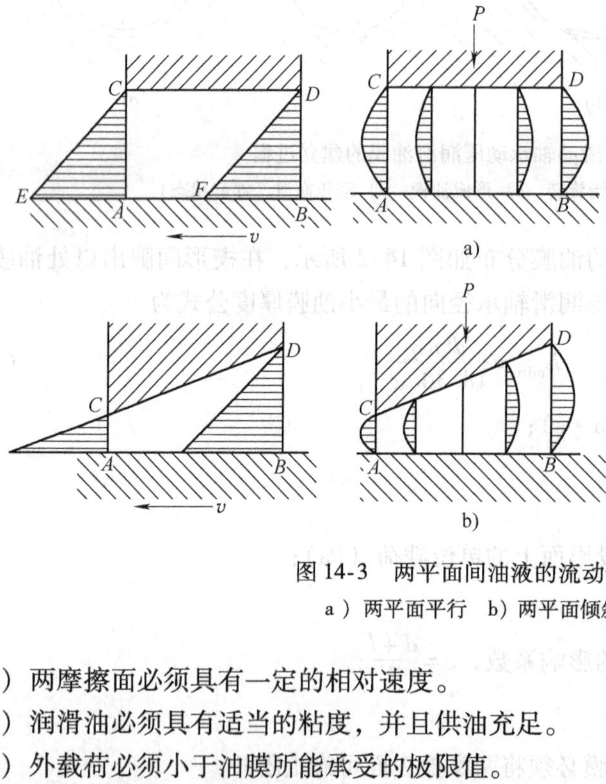

图 14-3　两平面间油液的流动情况

a）两平面平行　b）两平面倾斜

2）两摩擦面必须具有一定的相对速度。

3）润滑油必须具有适当的粘度，并且供油充足。

4）外载荷必须小于油膜所能承受的极限值。

5）摩擦表面的加工精度应较高，使表面具有较小的表面粗糙度值，可以在较小的油膜厚度下实现流体动压润滑。

14.1.3　液体静压润滑原理

1. 液体静压润滑原理

从外部将高压流体经节流阻尼器送入运动副的间隙中，使两摩擦表面在没开始运动之前就被流体的静压力强行隔开，由此形成的液体润滑膜使运动副能承受一定的工作载荷而处于液体润滑状态，称为液体静压润滑。

图 14-4 所示为具有四个对称油腔的液体静压轴承。轴承具有四个对称的油腔 9、周向

封油面 11 和回油槽 10，在油腔的轴向两端也有封油面。从供油系统送来的压力油，经四个节流阻尼器（R_1、R_2、R_3、R_4）后分别供给相应的油腔。从各封油面与轴颈间的泄油间隙流出的油液经回油槽返回油箱。

轴未受载时，由于各油腔的静压力相等，轴浮在轴承中央，此时各泄油间隙相等。轴颈受外载荷 P 作用后，沿 P 力作用方向产生一个位移，下部泄油间隙减小，上部泄油间隙增大，使下部泄油阻力增大而上部泄油阻力减小，导致下部泄油量减小，上部泄油量增大。由于节流阻尼器的作用，使上部油腔压力 p_{b1} 减小而下部油腔压力 p_{b3} 增大，在轴颈上下两面出现了压力差 $p_{b3}-p_{b1}$，正是这个压力差与外载荷 P 产生的压强相平衡而使轴承保持液体润滑状态。

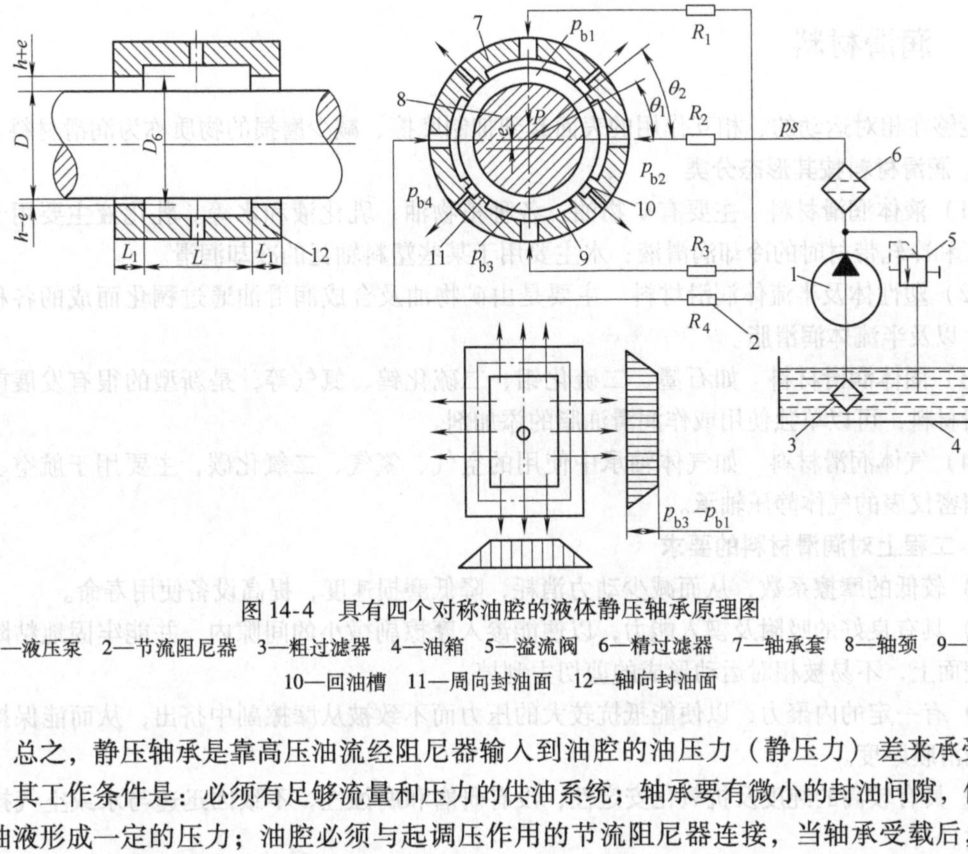

图 14-4　具有四个对称油腔的液体静压轴承原理图

1—液压泵　2—节流阻尼器　3—粗过滤器　4—油箱　5—溢流阀　6—精过滤器　7—轴承套　8—轴颈　9—油腔　10—回油槽　11—周向封油面　12—轴向封油面

总之，静压轴承是靠高压油流经阻尼器输入到油腔的油压力（静压力）差来承受载荷的，其工作条件是：必须有足够流量和压力的供油系统；轴承要有微小的封油间隙，使油腔内油液形成一定的压力；油腔必须与起调压作用的节流阻尼器连接，当轴承受载后，载荷上、下方向出现压力差来抵抗所受载荷，使轴颈能悬浮在油液中保持平衡，从而形成液体静压润滑。

2. 液体静压轴承的特点

（1）优点

1）应用范围广，承载能力强。

2）摩擦系数低并且稳定。

3）无磨损，寿命长。

4）对轴承材料要求不高，比轴颈稍软即可。

（2）缺点

1）供油系统昂贵，液压泵长期工作增加动力消耗。

2）如果一旦断油将导致重大事故。

14.1.4 液体动、静压润滑原理

液体动、静压润滑轴承充分发挥了液体动压润滑和液体静压润滑的优点，克服了二者的不足。它的主要工作原理是：轴承副在起动和制动过程中，采用液体静压润滑的方式，将高压油压入轴承承载区，把轴颈扶起，保证液体润滑条件，从而避免在起动和制动过程中因速度变化不能形成动压油膜而使金属表面直接接触。当轴承副进入稳定运转时，可以把静压供油系统停止，而靠动压润滑形成动压润滑膜，仍能保持轴颈在轴承中的液体润滑状态。

14.2 润滑材料

能够在相对运动的、相互作用的表面起到抑制摩擦、减少磨损的物质称为润滑材料。

1. 润滑材料按其形态分类

（1）液体润滑材料　主要有矿物油、各种植物油、乳化液和水等。乳化液主要用于机械加工和冷轧带材时的冷却润滑液；水主要用于某些塑料轴瓦的冷却润滑。

（2）塑性体及半流体润滑材料　主要是由矿物油及合成润滑油通过稠化而成的各种润滑脂，以及半流体润滑脂。

（3）固体润滑材料　如石墨、二硫化钼、二硫化钨、氮气等，是新型的很有发展前途的润滑材料，可以单独使用或作润滑油脂的添加剂。

（4）气体润滑材料　如气体轴承中使用的空气、氮气、二氧化碳，主要用于航空、航天及精密仪表的气体静压轴承。

2. 工程上对润滑材料的要求

1）较低的摩擦系数，从而减少动力消耗，降低磨损速度，提高设备使用寿命。

2）具有良好的吸附及楔入能力，以便能渗入摩擦副微小的间隙内，并能牢固地粘附在摩擦表面上，不易被相对运动形成的剪切力刮掉。

3）有一定的内聚力，以便能抵抗较大的压力而不致被从摩擦副中挤出，从而能保持足够的润滑膜厚度。

4）具有较高的纯度及抗氧化安定性，没有研磨和腐蚀性，不致因迅速与水或空气接触而变质。

14.2.1 润滑油

1. 润滑油

润滑油是最重要的润滑材料之一，占润滑剂的90%以上。它主要是由石油提炼过程中蒸馏出的高沸点物质再经过精制而成的产品。原油经过初馏和常压蒸馏提取汽油、煤油和柴油以后，剩下常压渣油，再经过减压蒸馏，按照沸点范围不同分馏，经精制而获得粘度较低的润滑油。

通常以矿物油、软蜡、石蜡等为原料用人工方法生产合成润滑油；用植物油和蓖麻子油制取某些用途的高级润滑油。

2. 润滑油的物理指标和技术性能

（1）外观　评价润滑油质量是否优良一般从颜色、透明度、气味三方面来考察。通常，油品的精制程度越高，颜色越浅；粘度低的润滑油，颜色也较浅。质量良好的油品具有好的透明度。优良的油品在使用过程中应当没有刺激性气味。

（2）粘度　粘度反映了润滑油的稀稠程度。它的大小也表示了润滑油的内摩擦阻力的大小。粘度越高，润滑油的流动性越差，越不易渗入到间隙小的摩擦副中去，但也不易被挤出摩擦副，因此润滑油膜的承载能力高。在选择润滑油时，通常以粘度为主要依据。

1）绝对粘度：绝对粘度有动力粘度和运动粘度两种表示方法。

① 动力粘度：动力粘度实质反映流体内摩擦力的大小。如图 14-5 所示，在两平行平板间充满粘性流体，当一块板以速度 u 相对于另一块平板做相对移动时，粘附在上下两表面的流体具有与该表面相同的速度。在层流状态时，中间各相邻层的速度近似呈线性递减。若距离为 dz 的相邻两层流体的切应力为 τ，根据牛顿粘性定律得出

$$\eta = \frac{\tau}{\frac{du}{dz}} \tag{14-3}$$

式中　η——动力粘度；

$\frac{du}{dz}$——相邻两层流体的速度梯度。

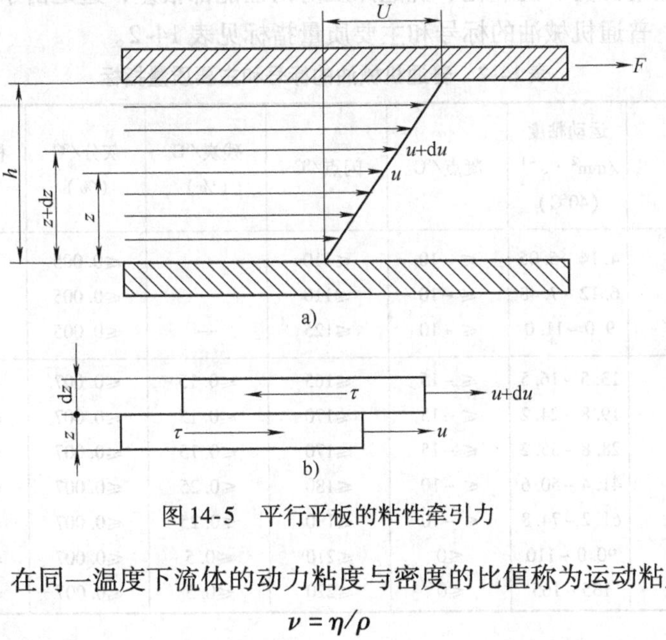

图 14-5　平行平板的粘性牵引力

② 运动粘度：在同一温度下流体的动力粘度与密度的比值称为运动粘度。

即

$$\nu = \eta/\rho \tag{14-4}$$

式中　ν——运动粘度；

ρ——液体的密度；

2）相对粘度：相对粘度也称为条件粘度。在规定的温度下，体积为 200mL 的油液从恩氏粘度计流出所需的时间与同体积蒸馏水在 20℃ 时从恩氏粘度计流出的时间比值即为恩氏粘度。

各种粘度的符号、单位、换算公式及使用的国家见表 14-1。

表 14-1 各种粘度的符号、单位、换算公式及使用的国家

粘度名称		符号	单位	采用国家	与运动粘度的换算公式
绝对粘度	动力粘度	η	Pa · s	俄	$\eta=\nu\rho$
	运动粘度	ν	mm^2/s	中、俄、美、英、日	$\nu=\eta/\rho$
相对粘度	恩氏粘度	$°E$		中、德、俄	$\nu=7.31°E-\frac{6.31}{°E}$
	赛氏粘度	SSU	s	美、日	$\nu=0.22(SSU)-\frac{180}{SSU}$
	雷氏粘度	R	s	英	$\nu=0.26R-\frac{172}{R}$
	巴氏粘度	$°B$	°	法	$\nu=\frac{4580}{°B}$

3. 常用的润滑油及其用途

现在采用 ISO 标准一律按 40℃时的运动粘度划分油的标号，标号的数值就是润滑油在 40℃时的运动粘度的中心值。例如，标号 N32 的运动粘度中心值就是 $32mm^2/s$ 或 $32\times10^{-6}m^2/s$，其误差范围为 ±10%，即为 $28.8\sim35.2mm^2/s$。

（1）普通机械油　普通机械油是没有添加油性或极压添加剂的润滑油，它仅用于载荷、转速和温度都不高的一般无特殊要求的轴承、纺织锭子、齿轮及其他工作条件类似的机械润滑。普通机械油润滑性能、抗氧化、抗泡沫及防锈性能都很差，这是由于没有添加改善性能的添加剂的原因。普通机械油的标号和主要质量指标见表 14-2。

表 14-2 普通机械油的标号和主要质量指标

名称	标号	运动粘度 /$mm^2\cdot s^{-1}$ (40℃)	凝点/℃	闪点/℃	残炭/℃ (%)	灰分/℃ (%)	机械杂质 (%)	酸值 mg KOH · g^{-1}
高速机械油	N5	4.14～5.06	≤ -10	≤110	—	≤0.005	无	<0.04
	N7	6.12～7.48	≤ -10	≤110	—	≤0.005	无	<0.04
	N10	9.0～11.0	≤ -10	≤125	—	≤0.005	无	<0.04
机械油	N15	13.5～16.5	≤ -15	≤165	≤0.15	≤0.007	≤0.005	<0.14
	N22	19.8～24.2	≤ -15	≤170	≤0.15	≤0.007	≤0.005	<0.14
	N32	28.8～35.2	≤ -15	≤170	≤0.15	≤0.007	≤0.005	<0.16
	N46	41.4～50.6	≤ -10	≤180	≤0.25	≤0.007	≤0.007	<0.2
	N68	61.2～74.8	≤ -10	≤190	≤0.25	≤0.007	≤0.007	<0.35
	N100	90.0～110	≤0	≤210	≤0.5	≤0.007	≤0.007	<0.35
	N150	135～165	≤0	≤220	≤0.5	≤0.007	≤0.007	<0.35

（2）通用机床工业用润滑油　此类润滑油由于加入一定量的油性及抗氧防锈等添加剂，在使用过程中机械的磨损小、油的温升低，说明抗磨及减摩性能都优于普通机械油，可防止设备锈蚀及延长机床的加工精度保持性，而且润滑油的使用寿命也比普通机械油提高一倍。适用于一般的机床主轴箱、液压箱和齿轮箱等，或工作条件类似的其他机械设备的油浴、溅油和循环润滑。

通用机床工业用润滑油的标号和主要质量指标见表 14-3。

表 14-3 通用机床工业用润滑油的标号和主要质量指标

标号	运动粘度中心值 /$mm^2 \cdot s^{-1}$ (40℃)	粘度指数	运动粘度到 1500mm^2/s 时温度/℃	凝点	闪点(开口)/℃	灰分	机械杂质	氧化安定性酸值到 2mg $KOH \cdot g^{-1}$
N15	15±10%	>90	<0	<-9	>160	<0.005	>0.005	1000
N22	22±10%	>90	<0	<-9	>160	<0.005	>0.005	1000
N32	32±10%	>90	<0	<-6	>180	<0.005	>0.005	1000
N46	46±10%	>90	<0	<-6	>180	<0.005	>0.005	1000
N68	68±10%	>90	<0	<-6	>200	<0.005	>0.005	1000
N100	100±10%	>90	<5	<-6	>200	<0.005	>0.005	1000

（3）工业齿轮油　工业齿轮油分普通工业齿轮油和极压工业齿轮油两种。普通工业齿轮油是在机械油中加入防锈抗氧添加剂制成的。极压工业齿轮油分铅型和硫磷型，极压工业齿轮油是常见的齿轮润滑油。

硫磷型极压工业齿轮油加有抗氧、减摩、防锈抗泡沫等多种添加剂，具有良好的极压抗磨性和热氧化安定性，抗乳化泡沫性也很好。适用于齿面应力在600MPa以上或低速、重载并有冲击振动及工作温度较高的齿轮润滑，或处于类似极压状态工作条件的其他机械设备的润滑。此外，还有新研制的用于汽车发动机和车辆齿轮的多级 QB 汽油机油、30 号 CC—1 柴油机油以及多级普通车辆齿轮油等。

14.2.2 润滑脂

润滑脂是用基础油加入稠化剂进行稠化，再加入各种添加剂制成的。基础油一般为各种粘度的机械油。用于一般工作温度及载荷的润滑脂用较低粘度的油作基础油；用于高温、高负荷的润滑脂用较高粘度的油作基础油。稠化剂为各金属的脂肪酸皂、地蜡、膨润土、硅胶和某新型合成材料。

1. 润滑脂的主要物理化学性能

（1）锥入度　锥入度表示润滑脂的软硬程度。锥入度越大润滑脂越软，泵送性能也越好，但在高的负荷下容易从摩擦面中挤出。锥入度越小，表示润滑脂越硬，泵送性能越不好。锥入度是选择润滑脂的一项重要指标。

（2）滴点　润滑脂装在试管中按规定的方法加热，开始熔化滴下第一滴油时的温度称作滴点。滴点反映了润滑脂的耐热性能。选用润滑脂时应使滴点高于工作温度 20～30℃。

（3）稠化剂　稠化剂对润滑脂的性能影响极大。例如，钙皂稠化出的钙基脂不耐高温。稠化剂还是润滑脂命名的依据，例如，钙钠基脂是用钙钠两种皂稠化的。稠化剂的含量与润滑脂的软硬程度有一定的关系，稠化剂的加入量越多，一般润滑脂的锥入度越小。

润滑脂的其他物理化学指标还有水分、机械杂质、抗水性、安定性和抗磨性等。

2. 润滑脂的种类及用途

目前常用的润滑脂是锂基脂，它的性能比较好，滴点较高，抗水性好，对各种添加剂的感受性也比较好，尤其是机械安定性优异，而且对金属表面的粘附力强。由于其锥入度适中，因而泵送性能好。

14.2.3 高性能的合成润滑油脂

1. 合成润滑油

合成润滑油是类似油的中性润滑材料，它并不是直接由矿物油处理得来的，而是用有机物合成的方法制得。由于它具有特定的分子结构，所以比矿物油具有更好的润滑性能。合成润滑油的化合物或聚合物有一个特点，就是可以根据使用的需要而调整其有关的性能。例如，在某种化合物或聚合物的基本结构式中采用不同的取代基或改变其分子量，就会在其中个别环节引起相当大的变化，合成热氧化安定性好、沸点高、凝点低及粘温性能好的合成润滑油。

部分国产合成润滑油的牌号和性能见表 14-4。

表 14-4 部分国产合成润滑油的牌号和性能

牌号名称	闪点（开口）/℃	工作温度/℃	生产单位
SL—301 合成高温润滑油	>290	<280	上海某化工厂
SL—303 合成高温润滑油	>290	<280	上海某化工厂
特种高温润滑油		500 左右	北京某研究所

2. 合成润滑脂

合成润滑脂是利用具有优异性能的合成润滑油稠化而成的。表 14-5 列出了部分国产的以合成润滑油为基础油的合成润滑脂的牌号及性能。

（1）通用润滑脂　通用润滑脂是以酯类合成油为基础油稠化而成的。适用于各种微型电动机、齿轮操纵机构、高速电动机、仪器仪表的润滑。其中，7007 为通用型，7011 为极压通用型。

（2）高低温润滑脂　高低温润滑脂是以对苯二酸酰胺的钠盐或者两者的混合物为稠化剂，基础油为硅酮与酯类油的混合油，具有良好的高低温性能、抗水性和机械安定性。7014 适用于各种高温、高负荷下工作的滚动轴承和齿轮的润滑。7015、7016、7017 适用于各种高温、轻负荷滚动轴承的润滑，但不适用于低速、重负荷的滑动轴承或齿轮的润滑。

（3）高转速润滑脂　高转速润滑脂是用有机合成复合稠化剂稠化优质矿物油，并加入抗氧、防锈、防腐添加剂配制而成的，适用于 $3\times10^4\sim18\times10^4$r/min 的各种超高速轴承的润滑，如磨床上的磨头轴承及航天工业上的应用。

（4）高温润滑脂　高温润滑脂是由新型合成复合稠化剂稠化优质矿物油，并加入抗氧、防锈、防腐添加剂配制而成的，其中 7019—1 加入了极压添加剂，适用于工作温度在 $-20\sim150$℃之间的滚动轴承和齿轮的润滑。7020 窑车轴承润滑脂是用稠化硅油加入添加剂制成的，具有高滴点、低挥发性、良好的热稳定性、良好的极压润滑性和防护性，经实际使用证明在 300℃以下的高温摩擦副中具有良好的润滑性能。

（5）高温极压轧钢机润滑脂　采用蒙脱石经脂肪酸氨基酰胺表面活性剂处理后，用于稠化合成气缸油制得。它具有良好的机械安定性，适用于轧辊及轧机前后辊道滚动轴承的润滑。

（6）齿轮润滑脂　齿轮润滑脂是由复合稠化高粘度油，并加有抗氧、极压等添加剂制成。这种润滑脂在 5～125t 吊车减速器、专用铣床齿轮箱的齿轮上试用，取得了满意的效果，在齿面薄薄涂一层7407齿轮润滑脂，可以使用半年以上，有的甚至两年未换过润滑脂。

(7) BLN半流体脂 BLN半流体脂由有机稠化合成油并加入多种添加剂制成，具有良好的高低温性能、热稳定性，同时还具有优良的润滑性能和极压性。由于半流体脂介于润滑油和润滑脂的中间状态，具有一定的流动性能，而且润滑效果又好，所以可代替润滑油用于各种闭式蜗杆减速器的润滑，而且解决了闭式减速器漏油的难题。

表14-5 部分国产合成润滑脂的牌号及性能

牌号名称	滴点/℃	锥入度(25℃ 1/10mm)	工作温度/℃		生产厂
			长期	短期	
7007通用润滑脂	>160	55~76	60~120		
7008通用润滑脂	>160	55~76	60~120		
7014高低温润滑脂	>230	55~75	60~200	>200	
7015高低温润滑脂	>200	60~80	70~180	>200	重庆某化工厂
7018高转速润滑脂	>250	71	50~150		
7019高温润滑脂	>330	68	20~150		
7020窑车轴承润滑脂	>340	69	300		
高温极压轧钢机润滑脂	>250	245	20~200		北京某科学研究所
7407齿轮润滑脂	>160	80			重庆某化工厂
BLN半流体脂	>250	400~430	40~150		重庆某化工厂

14.2.4 固体润滑材料

两个具有负荷作用的相互滑动的表面间，常采用粉末状或薄膜状固体材料作为润滑剂，以降低摩擦和磨损，这种润滑材料称为固体润滑材料。

固体润滑材料的优点是：可以在高负荷和低速度下工作；使用温度范围较广，能够用于低温和高温下的润滑；可以在无封闭有尘土的环境中使用；可以简化润滑系统和润滑设备，使维护工作简单；和环境介质不起反应。缺点是：摩擦系数稍高，不易散热，在防锈、排除磨屑等性能方面也较差。

固体润滑材料的种类较多，我国常用的有：无机物质（石墨）、金属硫化物（二硫化钼、二硫化钨）、有机物质（塑料抗磨材料：酚醛、尼龙、聚四氟乙烯）等。

1）石墨为呈黑色鳞片状晶体物质，干燥的情况下摩擦系数较大，但当吸附空气特别是受潮后，摩擦系数大大下降，其值为0.05~0.19。石墨具有良好的导热性和热稳定性，速度对摩擦性能影响不大，但随着负荷的增加，摩擦系数会变大，故适于低负荷、高速度的工作条件。石墨具有良好的耐温性能，在426℃下可以长期工作。石墨抗辐射的性能特别好，在强辐射下，其摩擦系数可降低一个数量级。

氟化石墨是氟和碳的无机化合物，呈白色粉末状。它改善了石墨在没有水汽存在时的润滑性能，摩擦系数比石墨低，耐磨性也更好。适于在高负荷、高速度及高温条件下工作，在某些情况下可取代石墨和二硫化钼。

2）氮化硼是近年发展起来的一种新型润滑材料，呈白色，具有近似石墨的结晶和性能，尤其是在900℃的高温下仍具有良好的润滑性能。

3）二硫化钼是从辉钼矿经化学提纯、多级粉碎获得的黑灰色固体粉末，具有良好的粘附性、抗压性和减摩性。摩擦系数为 0.03～0.15，能在高温（350℃）或低温（-180℃或更低）下使用，对酸、碱、石油和水等不溶解；与金属表面不发生化学反应，也不侵蚀橡胶材料，是一种良好的固体润滑材料。

二硫化钨粉末具有抗压、抗氧化、耐高温性能，摩擦系数为 0.11～0.13，也是一种良好的固体润滑材料。

4）聚四氟乙烯是一种热塑性自润滑材料，由于它软而韧，因此用它制成的轴承即使嵌入硬粒也不会研伤轴颈，而且在深冷温度下仍能保持其韧性。其抗热、抗化学腐蚀性特强，应用温度为 -270～260℃，间断高温可达 315℃。它的摩擦系数特低，对钢为 0.04。在高负荷下，其摩擦系数反而更低，可低达 0.016。它的缺点是热膨胀率高，导热性差，在常温下受负荷作用就会发生蠕变（称为“冷流”），故一般都不单独使用，而是与其他材料组成自润滑复合材料或作表面涂层。

14.2.5 润滑油脂的选择和使用

在工矿企业的设备事故中，润滑事故占很大的比重，而润滑材料选用不当又是引起这些事故的一个重要因素。对机械设备的各种摩擦副来说，由于工作条件（如负荷的大小和是否有冲击振动、工作温度的高低及相对运动速度的大小、工作环境等）千差万别，应根据具体情况具体分析。

1. 润滑材料种类的选择

1）在各种润滑材料中，润滑油的内摩擦较小，形成油膜比较均匀，特别是对摩擦副具有冷却和冲洗作用，清洗换油和补充加油又比较方便，废油还能再生利用，所以对多数摩擦副应优先选用润滑油。

2）长期工作，不易经常换油、加油的部位或不易密封的部位，应尽可能选用润滑脂；摩擦面处于垂直或非水平方向要选用高粘度润滑油或润滑脂；摩擦表面粗糙的，特别是冶金、矿山的开式齿轮传动应优先选用润滑脂。

3）对不适于采用润滑油脂的地方，如负荷过重或有剧烈的冲击、振动，工作温度范围较宽或较高、极低，相对运动速度低而又需要减少爬行现象，真空或有强烈辐射等条件下，最适合采用固体润滑材料。近年来的经验证明，在许多设备上都可以采用固体润滑材料来代替润滑油脂而取得更好的润滑效果。

2. 润滑油脂牌号的选择原则

（1）润滑材料的性能　在选择润滑油脂时，首先要了解其性能和应用范围。有专用名称的润滑油脂，一般都适用于该种机械或摩擦副的润滑，也可用于其他工作条件类似的摩擦副的润滑。

（2）负荷大小及负荷特性　一般来说，润滑油的粘度越大，润滑脂的锥入度越小，则承载能力越强。但在重负荷、有振动冲击的情况下，还要求润滑油脂的油性和极压性能要好。

（3）运动速度　速度高易形成动压油膜，选低粘度的润滑油可以减少摩擦损耗。而速度低常与重载相联系，所以应选高粘度的润滑油。高速转动的滚动轴承，因离心力作用易将油甩出而不能保证良好的润滑，应适当提高润滑油的粘度。如用润滑脂，则速度越高，要求润滑脂的锥入度越大；速度低，锥入度应小。

(4) 工作温度　高温下工作的摩擦副应选用粘度高、闪点高的润滑油（其闪点应高于工作温度20~30℃），或锥入度较小、滴点高的润滑脂，同时还应考虑润滑油脂的极压性、抗氧化及热氧化安定性。对在低温下工作的润滑油，要使凝点低于工作温度10℃左右。

(5) 周围环境　在有水温的条件下，应考虑润滑油的抗乳化性和选用抗水性好的润滑脂，有腐蚀介质存在的环境还要求润滑油脂具有良好的抗腐蚀性能。

(6) 摩擦副的结构特点及润滑方式　摩擦副间隙小，要求润滑油的粘度小和润滑脂的锥入度大，以利进入间隙小的摩擦副；摩擦副表面越粗糙，要求的润滑油膜越厚，选用润滑油的粘度就越高，润滑脂的锥入度也越小；对于衡油循环润滑系统，要求采用经精制的、杂质少的和抗氧化安定性好的润滑油；对飞溅和油雾润滑，润滑油接触空气的机会多，要求润滑油的抗氧化性能要好。对干油集中循环润滑系统，则要求润滑脂具有良好的可泵送性，故应选锥入度较大的润滑脂。一台机械设备，采用集中润滑或集中循环润滑时，应根据设备的主要机构的需要来选择润滑材料。

3. 润滑油脂的代用

由于某种油品供应偶尔短缺，而又必须保证生产进行，不得已的情况下可临时采用代用润滑油脂，同时应尽快恢复原来的用油。

(1) 润滑油的代用原则

1) 代用润滑油应与原用润滑油的粘度相等或稍高。

2) 代用润滑油的性能应与原用润滑油的性能相近，特别是高温代用润滑油要求有足够高的闪点、良好的氧化安定性与油性。低温代用润滑油应有足够低的凝点；宽的温度范围代用润滑油应有良好的粘温性能；含有动植物油的复合润滑油不允许用在循环系统或有显著氧化倾向的地方；对极压润滑的摩擦副，代用润滑油应具有相同或更高的极压性能。

(2) 润滑脂的代用原则　主要考虑锥入度和滴点。应使代用润滑脂的锥入度、滴点与原用润滑脂相等或锥入度稍小，滴点高于摩擦副工作温度20~30℃。对有水湿的环境，代用润滑油应具有耐水性。

代用润滑脂最好是性能更好的润滑脂。如用锂基脂代替钙基或钠基脂，用加入了极压添加剂的润滑脂代替没有极压添加剂的润滑脂，而不宜反过来代用。如果原来用的润滑脂具有抗极压性而又暂时找不到这样的润滑脂，可考虑在低性能的润滑脂中加入极压添加剂（如加入5%的二硫化钼粉）。

4. 润滑油脂添加剂

为了改善润滑油脂的某些性能，以满足不同工作条件下机械对润滑性能的要求，常常加入各种添加剂。

(1) 油性添加剂　油性添加剂的品种有猪油、鲸鱼油、油酸、三甲酚磷酸酯、硬脂酸等。

(2) 极压及抗磨添加剂　含硫、氯等活泼元素的化合物在较高温度的条件下，可以在金属表面生成化学反应膜，起到润滑作用。但是，这种反应是不可逆的，所以对金属有腐蚀作用，同时随着使用时间增长，油中的极压添加剂含量减少，润滑性能下降，有时需要在现场定期补加。

极压抗磨添加剂主要有硫化油、二甲基苯磷酸酯、氯化石蜡、二烷基二硫代磷酸锌等。

(3) 抗泡沫添加剂　在循环系统中的润滑油，由于泡沫会使油路出现断油现象，通常可加入二甲基硅油或苯甲基硅油消泡，一般加入量为0.0001%～0.001%，加入时，先用煤油稀释后再加入搅匀。

其他的添加剂主要还有粘度指数添加剂、抗氧添加剂、防锈添加剂、抗乳化剂、降凝剂（起降低油凝点的作用）和清静分散剂（抑制漆膜生成和防止金属表面积垢）等。

5. 油脂的添加更换周期

对于换油周期问题，目前确定的方法主要有：

1）根据经验换油。

2）固定周期换油，按不同类型设备规定换油期和按修理周期换油。

目前有的企业采用“定检、采样分析”的方法，这是一种科学的从实际出发的好方法，它的具体做法是，对各润滑部位的润滑状况定期巡回检查，并对各台设备或润滑系统的润滑剂采样化验分析，以检查和分析的结果作为是否添加和更换润滑剂的依据。这种方法和目前维修方法上推广的点检、定修制度结合起来，再加上先进的故障诊断在线（即24h连续的、动态的）检测技术，将使我国传统的维修与润滑管理呈现出崭新的面貌。

6. 固体润滑材料的使用方法

（1）固体粉末润滑剂　采用固体粉末润滑的方法是固体润滑材料简单的直接应用，可以将粉末用涂擦或机械加压等方法固定在摩擦表面上，或将粉末和挥发性溶剂混合后，喷在摩擦表面上；也可以在机器运转中将粉末随气输送到摩擦表面上进行润滑。如果将粉剂和润滑油配成油剂，例如，石墨油剂、二硫化钼油剂；将粉剂和润滑脂配成脂剂，如二硫化钼润滑脂、二硫化钼油膏等，都可用于机械设备的稀油和干油润滑。

（2）粘结固体润滑膜　由于无粘结剂的固体粉末润滑膜的耐磨寿命不能完全满足润滑的要求，因此发展了有粘结剂的固体润滑膜。常用的粘结剂有：环氧树脂、酚醛树脂、硅酸钠等。粘结固体润滑膜的成膜配方工艺很多，主要根据具体条件和试验的总结选择确定。其中以环氧－酚醛树脂和淡金水膜在使用中比较耐高温、耐高负荷以及高速下有较好的润滑性能。涂膜工艺主要包括：零件处理、成膜喷涂、保膜等，详细的涂膜工艺步骤和操作方法，需要参阅有关资料。

（3）自润滑复合材料　由两种或多种物质形成的复合材料所制成的具有自润滑作用的机件，在没有外部润滑剂供给下，具有低的摩擦和磨损性能。这种自润滑复合材料有金属基、石墨基和塑料基三类，例如由粉末冶金制成的铁－铜－石墨复合材料轴承，有较高的抗磨性能。塑料具有优异的自润滑性能，有一定的承载能力，应用较早作为自润滑材料的是尼龙、聚四氟乙烯和热固性的酚醛树脂。聚四氟乙烯是已应用的塑料自润滑材料中摩擦性能最好的一种，只是它的机械性能较差，限制了它的应用，近年来人们采用在其中加入适量填充剂（石墨、二硫化钼、石英砂、青铜粉等）的办法，来改善其性能。

14.3　润滑油润滑（稀油润滑）及其装置

习惯上称润滑脂润滑为干油润滑，称润滑油润滑为稀油润滑。根据润滑剂供往摩擦副的方式，可划分为分散润滑和集中润滑、间歇润滑和循环润滑。流出式润滑的润滑剂只利用一次，流过摩擦副以后就流失了，而循环式润滑的润滑剂可反复循环使用。

除了干油、稀油两种传统的润滑方式外，还有油雾润滑、油气润滑和干油喷溅润滑等方式。

14.3.1 常用稀油润滑装置

1. 流出润滑

流出润滑有旋套注油杯润滑、球阀注油杯润滑、油芯润滑（油芯油杯和填料油杯）、滴油润滑（针阀油杯）等。旋套和球阀油杯属于单独式间歇无压润滑，油芯润滑和滴油润滑为单独式无压连续润滑，主要应用于不重要的摩擦部件。

2. 循环润滑

包括油环润滑、油池润滑（浴油润滑和飞溅润滑）和压力循环润滑。油环润滑是一种简单的循环润滑，主要用于润滑滑动轴承。油池润滑是将装置在密闭箱体中的机械零件（齿轮传动、轴承等）浸入油池中进行润滑，属于单独式循环润滑。关于流出润滑、油环润滑和油池润滑的装置已在有关课程中详细叙述，下面主要叙述压力循环润滑。

压力循环润滑是一种比较完善和可靠的润滑，它可以润滑具有多摩擦部件的复杂机械，或集中润滑具有大量润滑点的多台机器和机组。润滑系统是一个闭合的回路，润滑油沿着回路输送至各摩擦部件进行润滑，并且进行冲洗和冷却。在不断循环的过程中，润滑油经过沉淀、过滤和冷却，使润滑油在很大程度上恢复原来的润滑性能。

压力循环润滑分为下列三种类型：

第一种是导入式循环润滑系统，润滑油由油箱和摩擦部件位置差所产生的压力引入机构的摩擦部件，润滑油由油箱直接导入润滑点，然后流回机构底部的储油槽中，经过沉淀，再用油泵将润滑油压送到高置的油箱中，循环进行润滑（见图14-6）。

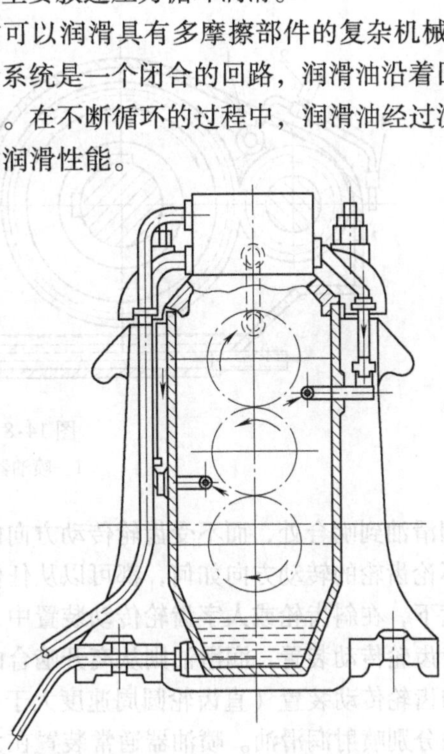

图 14-6 导入式循环润滑系统

第二种是流油式循环润滑系统，如图 14-7 所示，摩擦部件的润滑采用油池润滑，压油管（进油管）1 和压力循环润滑系统相连接，使油池中的润滑油不断得到更新和排散热量。为保证油池润滑，回油管（排油管）2 的位置必须保持一定的油位，或采用绕行回油管 3，排污油管 5 排污时将截止阀 4 打开。一些由于环境温度较高的齿轮传动，可以采用流油式循环润滑，在冶金行业中通常用于单独传动或组传动辊道的齿轮传动装置，这种方式也适用于油环润滑的主传动电动机或其他电动机轴承。

第三种是喷油式循环润滑系统（又称强制式），这种喷油润滑是利用油泵产生的压力，保证不断地将所需的、净化过的润滑油输运到摩擦表面上；向润滑点供油采用强制喷油的方法，并不断地将由于摩擦损失发生的热量随同润滑油一起排走。圆周速度超过 12m/s 的密闭齿轮和蜗杆传动，应该采用具有压力的喷油润滑。传动功率大，不易散热的装置，虽然速度不超过这一值，但也常采用喷油润滑。如图 14-8 所示，压油管引入传动装置的壳体中与喷油器 1 相连接，引入处装有压力表 2 和截止阀 3，喷油器用管子制成，上面有一排小孔，要求润滑时，可以采用喷嘴，喷嘴的构造形状是出口压扁的无缝钢管。

当齿轮圆周速度小于 12m/s 的水平齿轮传动装置采用喷油润滑时，经常是从上方引入

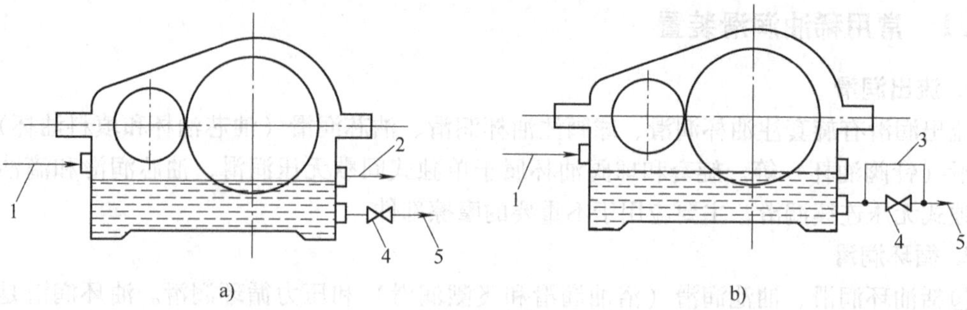

图 14-7 流油式循环润滑系统

1—压油管 2—回油管 3—绕行回油管 4—截止阀 5—排污油管

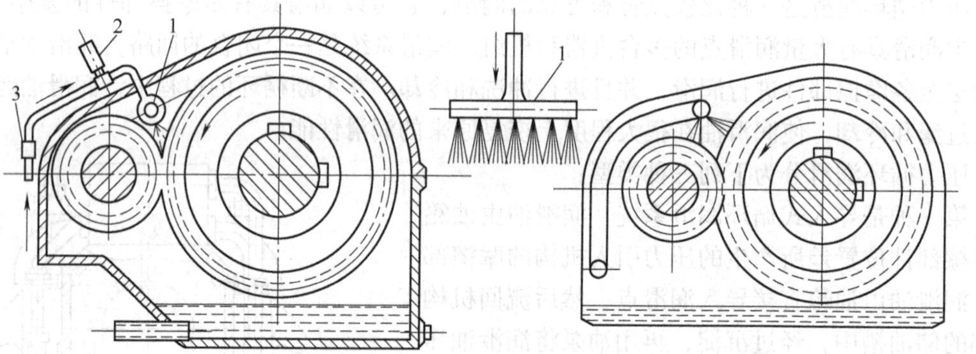

图 14-8 喷油式循环润滑系统

1—喷油器 2—压力表 3—截止阀

润滑油到啮合处，而不受齿轮传动方向的限制。圆周速度小于 12m/s 的垂直齿轮传动装置，不论齿轮的转动方向如何，都可以从任何一面将润滑油引到齿轮的啮合处。在更大的圆周速度下，在斜齿轮或人字齿轮传动装置中，润滑油从轮齿开始啮合的一侧引到啮合处；而对直齿齿轮传动装置，润滑油则从离开啮合的一侧引到啮合处，以避免产生点蚀现象。高速传动的齿轮传动装置（直齿轮圆周速度大于 20m/s、斜齿轮圆周速度大于 20m/s）对两个齿轮传动分别喷射润滑油。喷油器通常装置在大小两个齿轮顶圆交点切线形成的平分角中线上，将润滑油引向啮合处，速度越大，喷油器离啮合处越远些。如果齿轮是可逆转动的，应该在齿轮的两侧装置喷油器。对宽齿轮喷油时，可以装置几个喷嘴（见图 14-9）。蜗杆传动在喷油润滑时，润滑油应该从蜗杆螺纹开始和蜗轮啮合的一侧喷入。

使用循环润滑系统时，润滑油通过给油指示器以微小的油流进入齿轮传动装置的滚动轴承内，以（0.3~1）$\times10^5$Pa 的压力对滑动轴承供以足够排散热量的润滑油。

喷油压力润滑的优点是简单可靠，润滑油的使用期较长。缺点是在喷油中可能使润滑油气化和产生凝结水。当采用油池润滑，而传动装置传动速度过大时，由于离心力的作用，润滑油就要从轮齿的表面甩出，不能保证轮齿表面形成油膜，所以必须以喷油润滑代替油池润滑。循环润滑系统有小型、中型和大型的，也有非标准的和标准的各种类型。

小型循环润滑系统用于润滑一个机构或一台机器，一般是将润滑系统的装置附属于机器

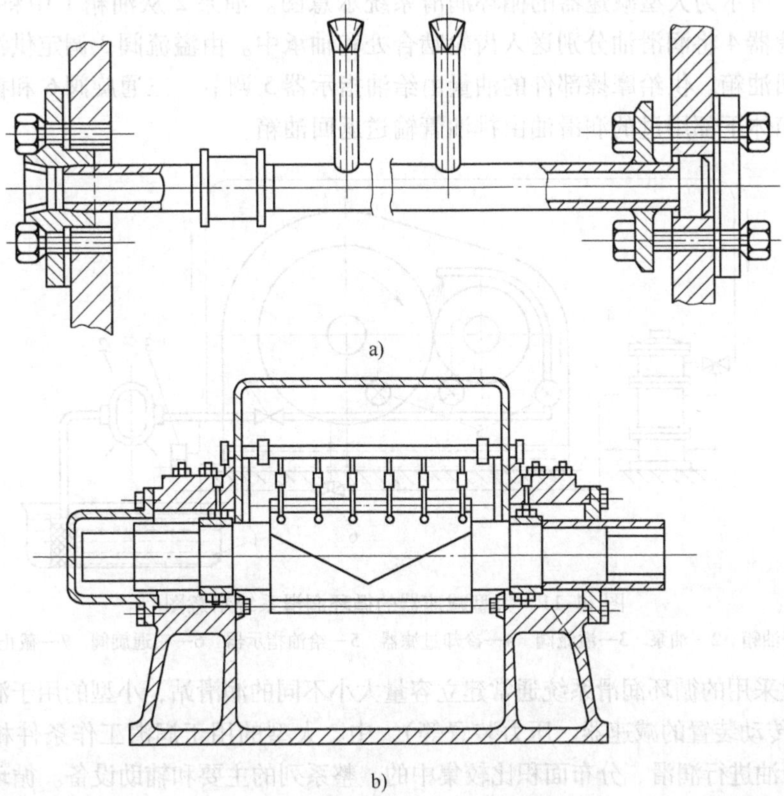

图 14-9　宽齿轮的喷油润滑

之中，也可以单独设立一个润滑站。

图 14-10 所示为循环润滑系统示意图。齿轮泵 4 从油箱 1 将润滑油吸出，经过滤器 3 过滤后，送入机构中，由喷油器 2 喷油润滑摩擦部件。溢流阀 5 用以调定供油压力，多余的润滑油流回油箱，润滑后用过的润滑油可通过排出管 6 返回油箱。

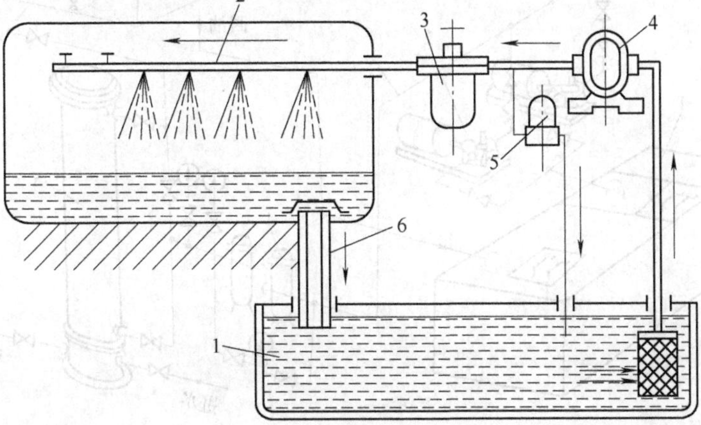

图 14-10　循环润滑系统示意图

1—油箱　2—喷油器　3—过滤器　4—齿轮泵　5—溢流阀　6—排出管

图 14-11 所示为大型减速器的循环润滑系统示意图。油泵 2 从油箱 1 中将润滑油吸出，通过冷却过滤器 4 将润滑油分别送入齿轮啮合处和轴承中。由溢流阀 3 调定供油压力，多余的润滑油流回油箱。供给摩擦部件的油量由给油指示器 5 调节，三通旋阀 6 和截止阀 7 用来控制油路，箱体下部用过的润滑油由排油管输送返回油箱。

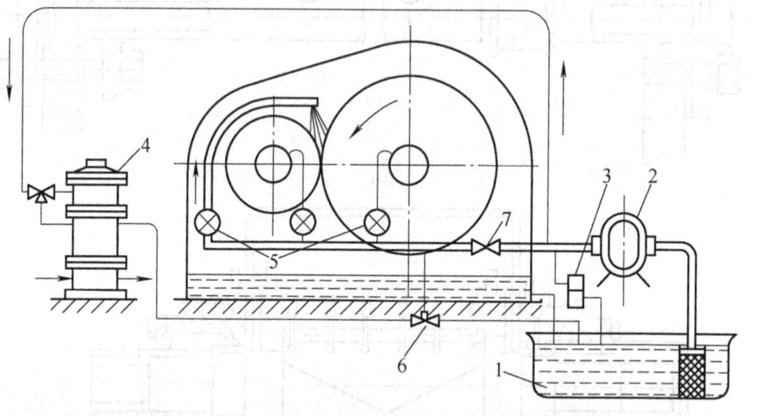

图 14-11　大型减速器的循环润滑系统示意图

1—油箱　2—油泵　3—溢流阀　4—冷却过滤器　5—给油指示器　6—三通旋阀　7—截止阀

冶金行业采用的循环润滑系统通常建立容量大小不同的润滑站，小型的用于润滑一台机器（齿轮座、主传动装置的减速器、压力装置等），中、大型的用于润滑工作条件相近需要用同一品种的润滑油进行润滑、分布面积比较集中的、整系列的主要和辅助设备。循环润滑系统的润滑站一般安装在离被润滑的机器较近的浅坑内，或安装在低于厂房地平面的油库中。润滑站内的主要设备应该包括：油箱、油泵装置、过滤器、冷却器、各种阀、控制测量仪表以及输油管路和其他配件等。图 14-12 所示为冶金行业采用的循环润滑系统的润滑站示意图。

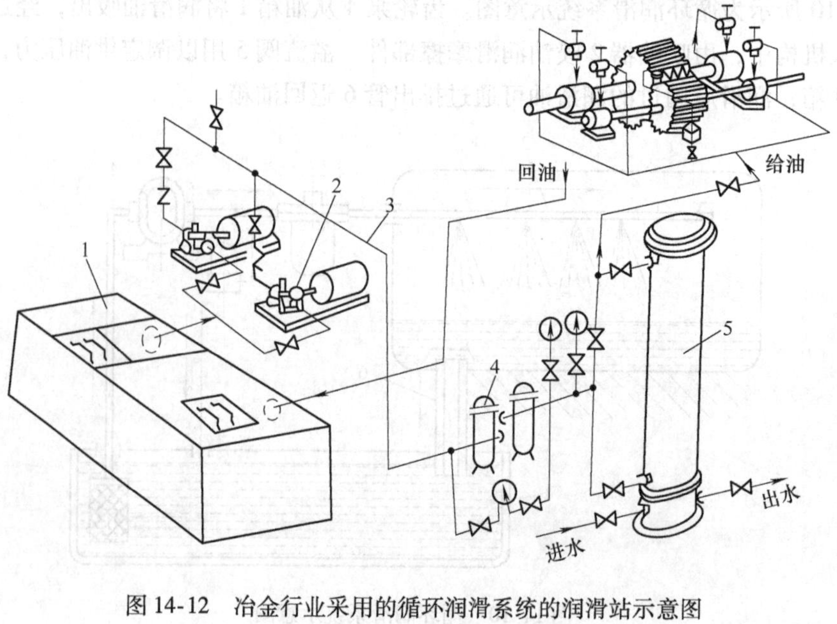

图 14-12　冶金行业采用的循环润滑系统的润滑站示意图

1—油箱　2—油泵　3—给油主管　4—过滤器　5—冷却器

润滑站工作时，油泵 2 由吸油管将润滑油从油箱 1 内吸出，沿给油主管 3 送入清除油中机械杂质用的过滤器 4 内，并通过冷却器 5 冷却后，送向被润滑的机械。润滑油润滑所有摩擦表面之后，沿着回油主管流回油箱。一般只有在环境温度较高时，润滑油才需要进行冷却，在正常的温度（20 ~ 25℃）下，润滑油可以由绕行管而不通过冷却器直接输向润滑点。

为了在寒冷的季节里加热润滑油，可在油箱内安装蒸汽加热器（蛇形管）或电加热器。

在润滑重要机器的稀油循环润滑系统中，为了保证可靠地工作，通常使用两台油泵，其中一台工作，另一台备用。润滑站在正常工作情况下，油泵输出润滑油的压力为 $(3\sim6)\times10^5$Pa（压力大小决定于输油管路和润滑压力损失）。为了控制压力，系统中设有溢油阀（安全阀）或选用带溢油阀的油泵。当输油压力超过调定压力时，溢油阀自动打开，多余的润滑油溢回油箱，直至压力恢复到调定压力。

润滑系统中由压力表指示输油压力，并设有两个电接触压力表（或压力继电器），控制油泵的电动机，保证正常输油和安全，设在过滤器处的差示压力表，指示过滤器工作的压力差。

为了观察油箱中的油温和液面，润滑系统中安装有普通的或电控式的温度计和液面计。

润滑液体摩擦轴承时，还应该装置压力箱。为了定期清除润滑油中的水分和微小的机械杂质，润滑系统中还可以装置离心分油器（净油机）。

14.3.2 稀油集中循环润滑系统

稀油集中循环润滑系统，就是用压力油泵将润滑油送到各润滑点进行连续的强制润滑的系统。系统中设置有油箱、油泵、冷却器、过滤器、安全阀和各种控制仪表。

图 14-13 所示为典型的稀油润滑站系统图。安全阀 5 的作用是限制系统的最高压力，电接点温度计 10 的作用是在润滑油温度超过允许值（调定值）时自动报警；系统失压不能确保各摩擦副的润滑并有立即引起设备事故的可能，电接点压力计可以在失压时自动报警或自动停止主机；压差式压力计 12 的读数可以反映过滤器 6 中滤网脏堵的程度。润滑油输送至多处润滑点并经给油指示器后到达摩擦副，再经加油管流回油箱 7。我国北方地区冬季气温低，所以油箱中设有加热器，以便在起动主机前降低润滑油的粘度和防止润滑油冻结。

稀油集中循环润滑的优点很突出，它不但能连续供给经过过滤和冷却的干净的润滑油，对数量众多的润滑点进行可靠的润滑，而且能对摩擦副起到冲洗和冷却的作用。系统中设置的各种仪表可保证润滑系统的安全可靠和实现自动控制。

（1）油泵　用于润滑系统的油泵有齿轮泵、叶片泵、离心泵、螺杆泵等多种，目前常用的是齿轮泵。

（2）过滤器　其作用是滤掉润滑油中的机械杂质，以保持油品良好的润滑性能。常用的过滤器有网式过滤器、双筒网式过滤器和磁过滤器。

1）双筒网式过滤器及网式过滤器。网式过滤器是用金属丝网挡住润滑油中的杂质。过滤精度是以能通过过滤器的杂质的最大颗粒度为指标的，它由金属丝网的孔宽决定。一般润滑系统选用的过滤精度有 0.18mm、0.12mm、0.08mm 三种。国产的 SLQ 型双筒网式过滤器有 0.12mm、0.18mm 两种过滤精度，分别采用每 25.4mm 长度上有 120 个孔和 180 个孔（120 目、180 目）的铜丝网。

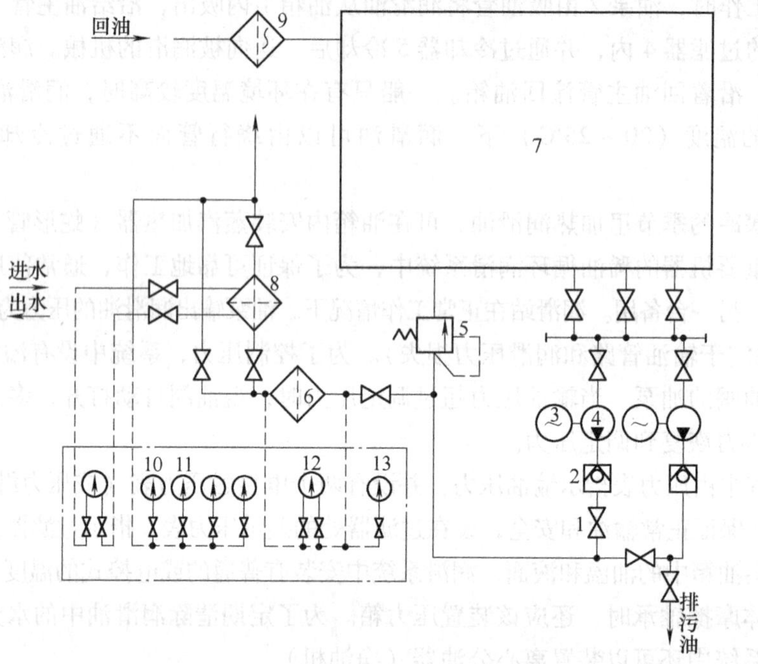

图 14-13　典型的稀油润滑站系统图

1—截止阀　2—单向阀　3—电动机　4—油泵　5—安全阀　6—过滤器　7—油箱
8—冷却器　9—磁过滤器　10—电接点温度计　11—电接点压力计　12—压差式压力计　13—压力计

SLQ 型双筒网式过滤器分整体式（公称通径小于 40mm）和组合式（公称通径大于 40mm）两种，图 14-14 所示为 SLQ 型双筒网式过滤器的外形图。整体式双筒网式过滤器两组过滤装置 1 同六通换向阀 2 做成一个整体（见图 14-14a）。组合式双筒网式过滤器由于过滤装置的尺寸大，所以六通换向阀和两个过滤筒都做成独立的部件，然后组装在一起（见图 14-14b），工作时，一组过滤装置投入运行，另一组备用。过滤器的网孔在使用中逐渐被杂质堵塞，其进出口的压差也逐渐增大，当压差超过一定数值时应进行换向，将备用的一组投入运行，并清洗脏堵的一组过滤装置，若过分脏堵仍不换向，这时过滤器丝网两边的压差继续增大，会导致滤网被压破。双筒网式过滤器与单筒网式过滤器相比，最大的优点就是清洗过滤装置时，不需要关停主机，因而不影响生产。SLQ 型双筒网式过滤器的技术性能可查阅有关技术手册。

双筒网式过滤器的滤芯结构如图 14-15 所示，在上下法兰盘之间从里往外套装了 5 层滤筒。油从法兰盘中心进入滤芯，经 5 层滤筒和滤网过滤后流向出油口。滤筒是钻了许多孔的钢质薄壁圆筒，分内筒和外筒，过滤网夹在中间。由于滤网的铜丝很细，承受不住油的压力，所以在滤网外面加了一层粗铜丝网作支承网，如图 14-15 中放大图 *A* 所示。

网式过滤器也称过滤网。一般装在油箱中油泵的吸油管路入口处，以避免过大的杂质进入油泵。由于不希望油泵的吸油阻力过大，所以过滤面积大，铜丝网的孔宽也较大（6 目）。

2）磁过滤器。用以过滤回油管路上油液中的铁磁性杂质，常装在回油管路末端。

（3）冷却器　稀油循环润滑系统中，过去多采用管式冷却器，因其体积庞大、占地面

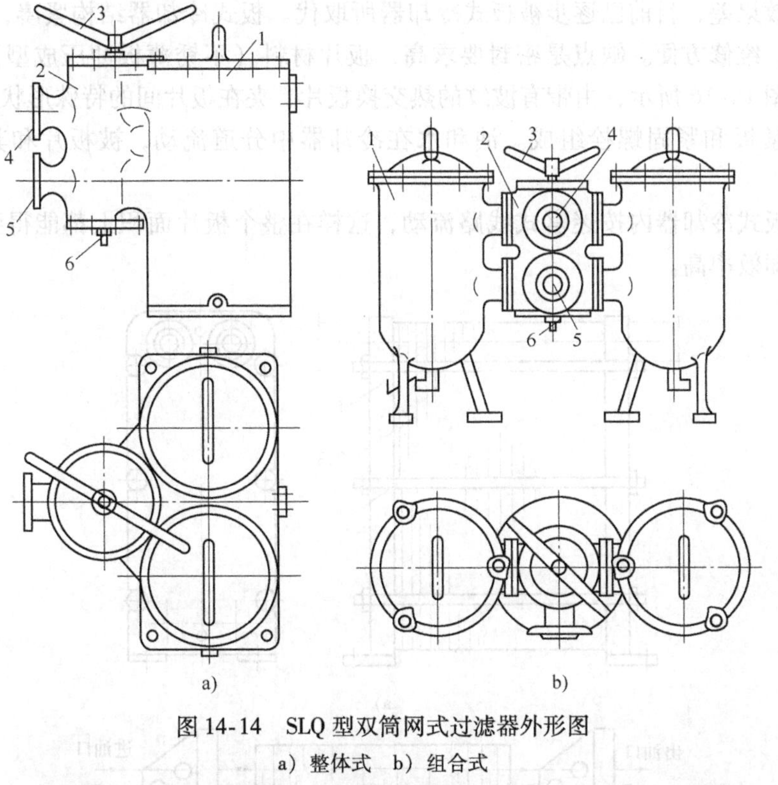

图 14-14　SLQ 型双筒网式过滤器外形图

a）整体式　b）组合式

1—过滤装置　2—六通换向阀　3—换向手柄　4—出油口　5—进油口　6—调节套

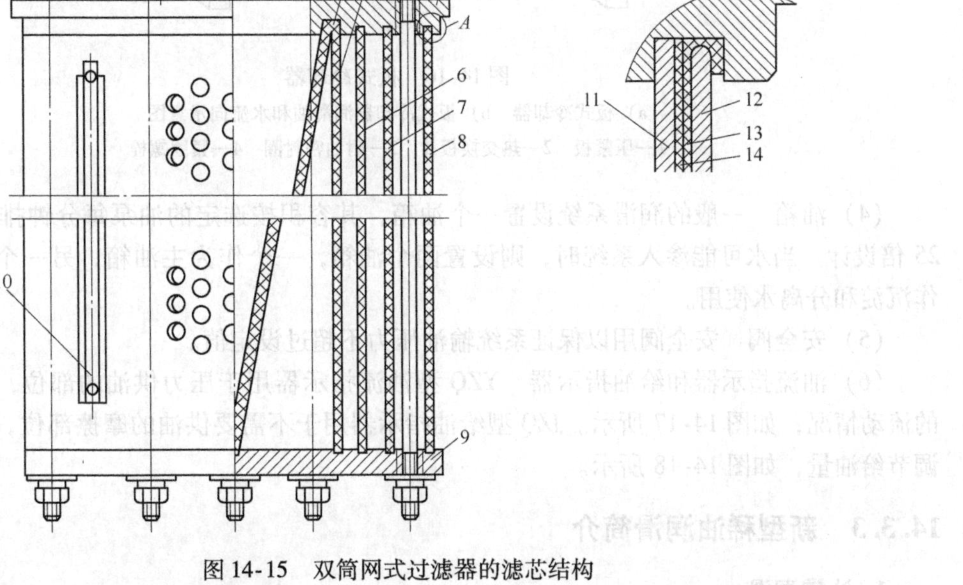

图 14-15　双筒网式过滤器的滤芯结构

1—吊环　2—双头螺栓　3、4—滤筒　5—上法兰盘　6、7、8—滤筒

9—下法兰盘　10—紧固钩　11—内骨架　12—外骨架　13—过滤网　14—支承网

积大而冷却效果差，目前已逐步被板式冷却器所取代。板式冷却器结构紧凑，换热面积大，传热效率高，维修方便。缺点是密封要求高，板片材料（不锈薄板冲压成型）成本高。板式冷却器如图 14-16 所示，由带有波纹的热交换板片、夹在板片间的特殊形状的耐油橡胶密封圈以及压紧板和紧固螺栓组成。油和水在冷却器中分道流动，被板片和其间的密封圈隔开。

油液在板式冷却器内按迷宫式线路流动，这样在整个板片面积上都能得到充分的热交换，所以冷却效率高。

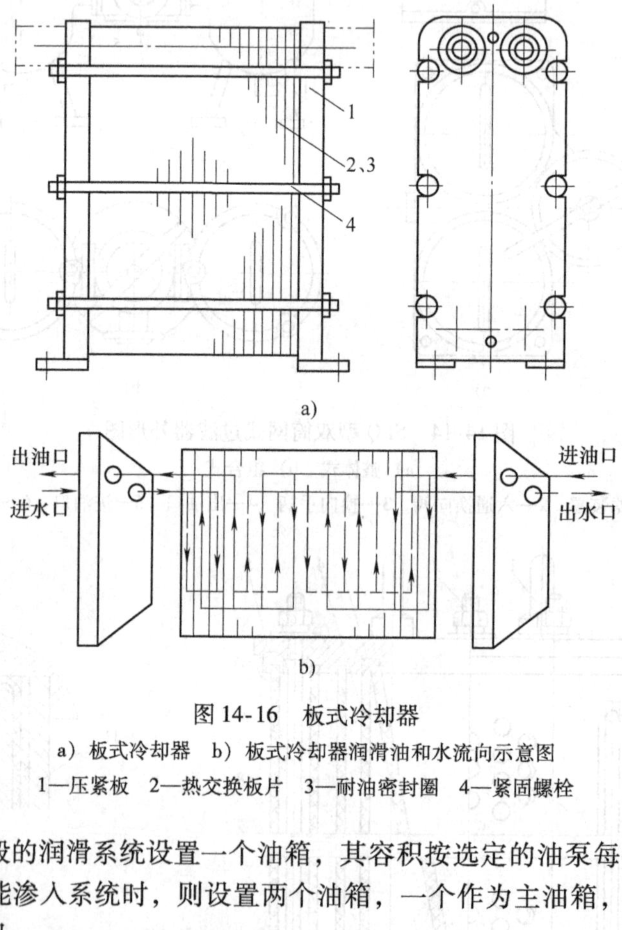

图 14-16　板式冷却器

a）板式冷却器　b）板式冷却器润滑油和水流向示意图

1—压紧板　2—热交换板片　3—耐油密封圈　4—紧固螺栓

（4）油箱　一般的润滑系统设置一个油箱，其容积按选定的油泵每分钟排油量的 20 ~ 25 倍设计。当水可能渗入系统时，则设置两个油箱，一个作为主油箱，另一个油箱接回油作沉淀和分离水使用。

（5）安全阀　安全阀用以保证系统输油压力不超过设定值。

（6）油流指示器和给油指示器　YZQ 型油流指示器用于压力供油的部位，便于观察油的流动情况，如图 14-17 所示。JZQ 型给油指示器用于不需要供油的摩擦部位，可以观察和调节给油量，如图 14-18 所示。

14.3.3　新型稀油润滑简介

1. 油雾润滑

油雾润滑是近年来才开始应用的一种高效的润滑方式，适用于封闭的齿轮、蜗杆、链条、导轨以及各种轴承的润滑，多用于大型、高速的滚动轴承润滑。

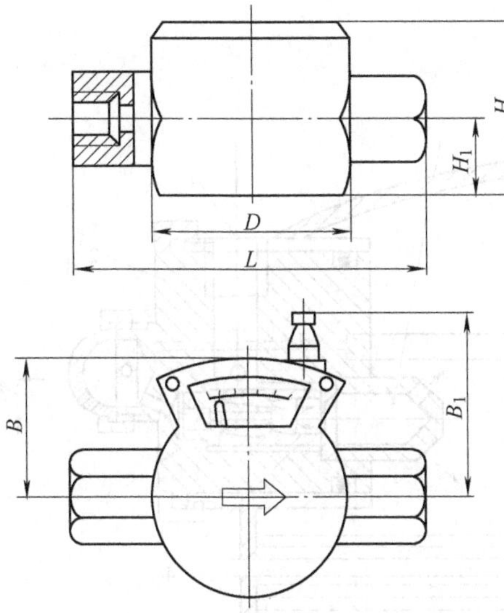

图 14-17　YZQ 型油流指示器

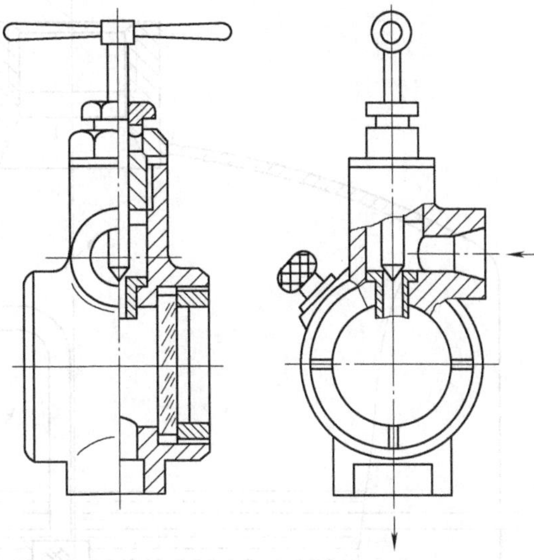

图 14-18　JZQ 型给油指示器

（1）润滑原理　油雾润滑包括雾化和凝结两个过程。首先，润滑油在雾化器中被清洁、干燥的压缩空气粉碎成粒度 2μm 以下的油雾，并送往摩擦副。而这种油雾还不能在摩擦副表面生成油膜，还需经过凝缩嘴使油雾凝聚成较大的油滴，喷到摩擦副上进行润滑，废气经专设的排气孔排至大气。

（2）特点　油雾润滑与其他润滑方式比较，具有许多独特的优点：

1）润滑效果好。油雾能随压缩空气弥散到整个摩擦副（即使间隙最小的部位），因而可获得良好的润滑效果。

2）散热效果好。压缩空气比热容小，流速高，能很好地带走摩擦副表面的热量，特别对高速滚动轴承，可以提高极限转速和延长寿命。

3）大幅度降低润滑油的消耗。

4）密封性好。由于油雾具有一定压力，可以防止外界的杂质和水分侵入摩擦副。

油雾润滑的主要缺点是排出的废气中含有一定量的油雾，影响空气质量和工人健康，因此系统必须加装抽气装置。图 14-19 所示为油雾发生器的结构及工作原理图。

2. 油气润滑

油气润滑是近期才发展起来的一种用于滚动轴承的新型润滑方式。

油气润滑系统分为以下三个部分：

（1）供油部分　由油箱、油泵、步进式给油器、电子监测装置组成。

（2）供气部分　包括压缩空气、气水分离器、空气过滤器、电磁阀等。

（3）油气混合部分　主要包括油气混合器和油路分配器。

油气润滑的工作原理：首先，压缩空气经气水分离器和空气过滤器后，由减压阀供出 $(3\sim4)\times10^5$Pa 恒定压力的清洁、干燥的空气；同时，由油泵和步进式给油器间歇地供油，油和气均送往油气混合器；在油气混合器里，压缩空气把油粉碎成油滴，并使其附着于管壁上形成油膜；油膜随着压缩空气向前流动，厚度逐渐减薄，如图 14-20 所示。

油气润滑的优点是：

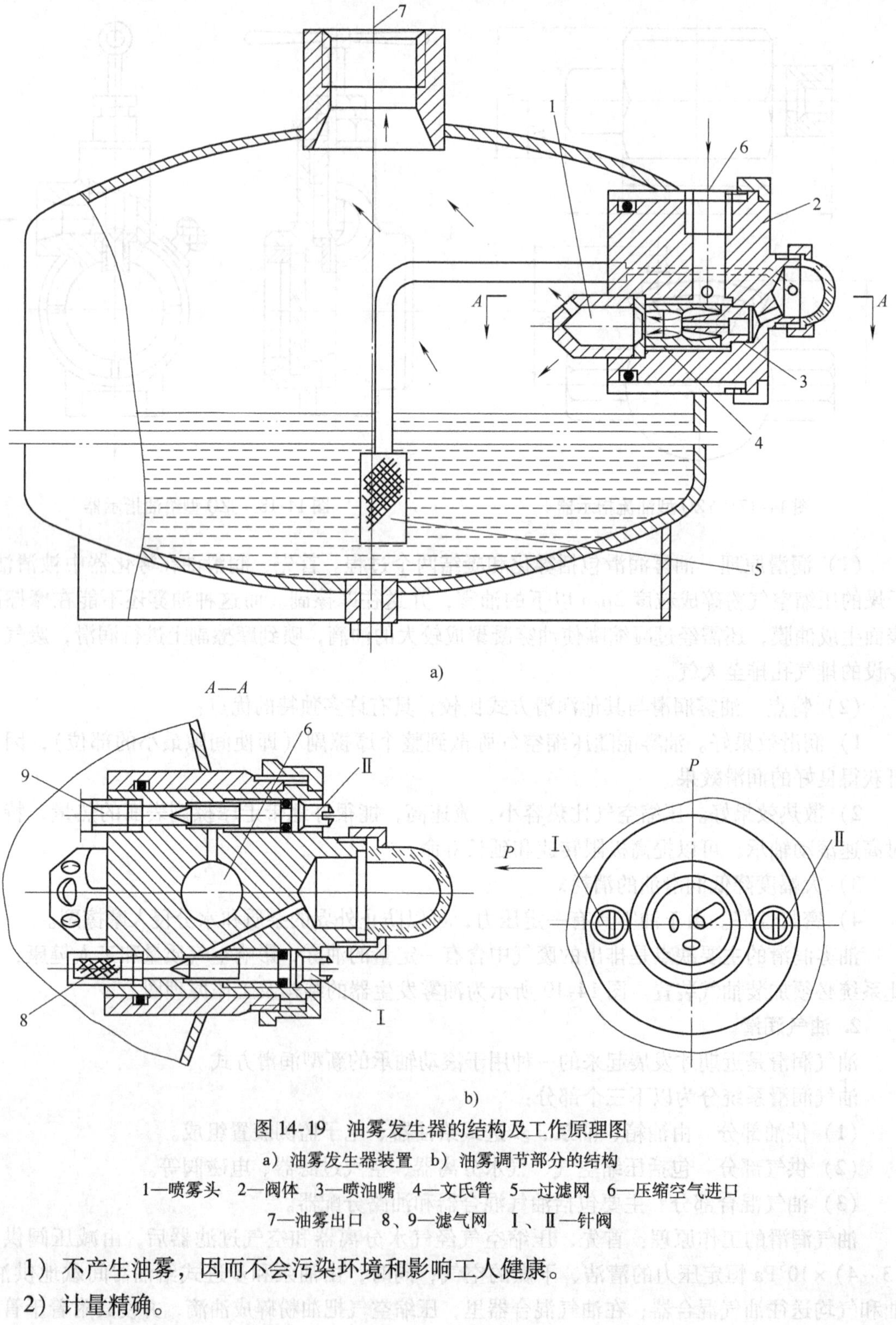

图 14-19　油雾发生器的结构及工作原理图

a）油雾发生器装置　b）油雾调节部分的结构

1—喷雾头　2—阀体　3—喷油嘴　4—文氏管　5—过滤网　6—压缩空气进口

7—油雾出口　8、9—滤气网　Ⅰ、Ⅱ—针阀

1）不产生油雾，因而不会污染环境和影响工人健康。

2）计量精确。

3）与油的粘度无关。

4）可以实现自动监控。

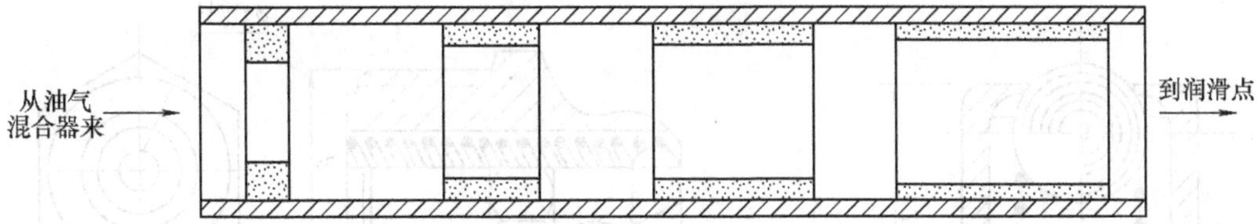

图 14-20　油气润滑油在管中流动示意图

14.4　润滑脂润滑（干油润滑）及其装置

干油润滑虽然比稀油润滑的阻力稍大，但由于密封简单，不易泄漏和流失，所以在稀油容易泄漏和不适宜稀油润滑的地方，具有特殊的优越性。如轴承、开式齿轮传动、链条、某些导轨和机械上各种不适于稀油润滑的摩擦副，特别是滚动轴承上应用得最多。

干油润滑的分类如下：

1）按润滑方式可分为干油分散润滑和干油集中润滑。

2）按压油的动力来源可分为手动干油润滑和自动干油润滑。

3）按给油器的结构可分为单线干油润滑和双线干油润滑。

4）按主油管的布置方法又可分为环式干油集中润滑和流出式干油集中润滑。

14.4.1　干油分散润滑方式及设备

干油分散润滑方式主要靠人工加脂，使用的设备为手动加脂的旋盖式油杯和用脂枪加脂的压注式油杯，如图 14-21 和图 14-22 所示。

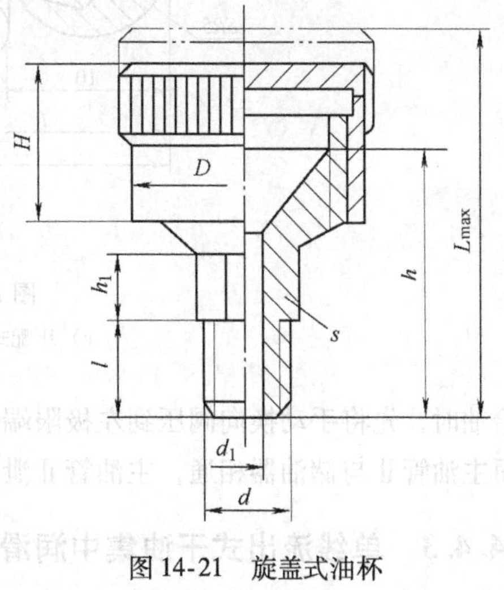

图 14-21　旋盖式油杯

14.4.2　手动干油集中润滑系统

手动干油集中润滑系统如图 14-23 所示。它由手动干油站、过滤器、主油管和支油管组成。从干油站用手动压出的润滑脂经过滤器过滤后，经主油管输至给油器，由给油器依次供给各摩擦副。

手动干油集中润滑系统适用于润滑点数量较少、不需经常加油或润滑点较分散的设备的润滑，也常用于不需经常加油的单台设备的润滑。原理如图 14-24 所示。

储油器中的润滑脂是由手摇泵从注油阀 4 注入的，在储油器活塞 8 自重的压力作用下迫使储油器中的润滑脂充满柱塞油泵的油缸空腔。手摇动压油手柄，压油手柄轴上的齿轮 1 随手柄一起转动，通过齿轮齿条传动带动压油柱塞 2 左右往复运动。油腔中的润滑脂在柱塞压力推动下，顶开单向阀 3，经换向阀的通道进入主油管Ⅱ（图中换向阀在右极端位置），主油管Ⅰ则与储油器相通。此时，主油管Ⅱ供油，主油管Ⅰ泄压。当给油器已依次向各润滑点供脂完毕，油管中油压上升，达到某一额定值（一般为 70×10^5Pa）时，停止压油。下一次

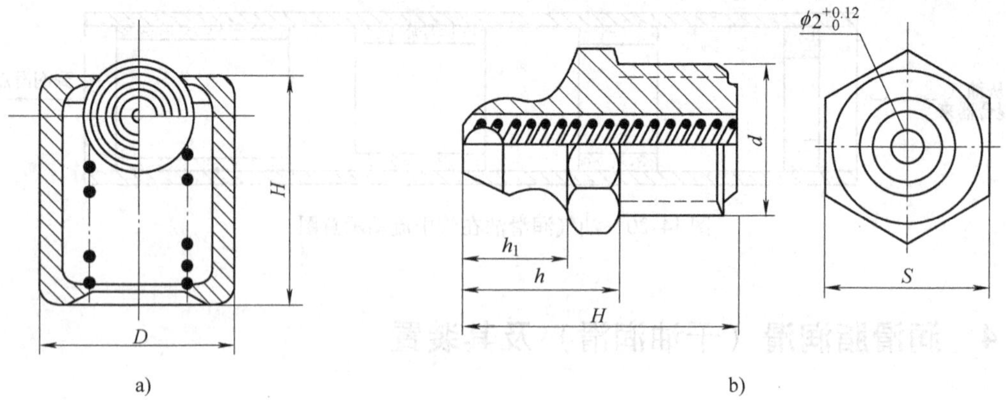

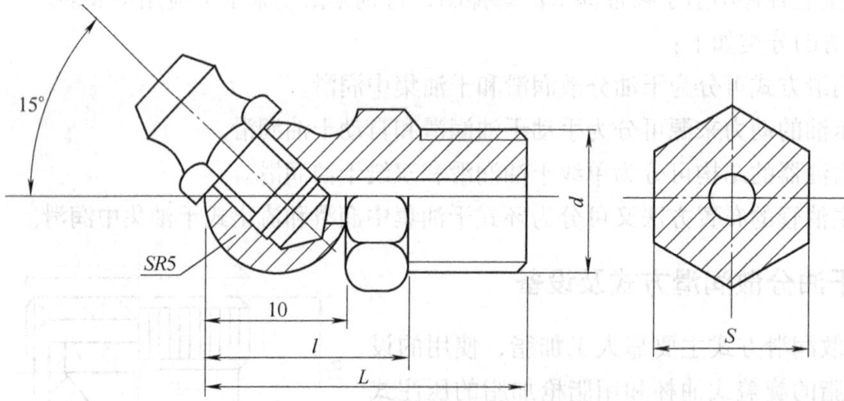

图 14-22　压注式油杯

a）压配式　b）直通式　c）接头式

给油时，先将手动换向阀压到左极限端位置，则主油管Ⅰ与压油回路相通，主油管Ⅰ供油；而主油管Ⅱ与储油器相通，主油管Ⅱ泄压。摇动手柄重复上述过程。

14.4.3　单线流出式干油集中润滑装置

单线流出式干油集中润滑系统常用于不需经常加油或比较分散的润滑点，也常用于单台设备的润滑，属于小型干油集中润滑系统，可在一些场合取代手动干油润滑站。系统的主油管长度一般不超过 17m。系统主要由电动干油泵、过滤器、主油管、支油管、片式给油器组成。其工作原理与手动干油集中润滑系统相同，所不同的是，单线流出式干油系统只用一根主油管，所以称为“单线”。配用的给油器为片式给油器。油泵的结构也与手动干油泵不同。

图 14-25 所示为 DB—63 型单线电动干油泵的结构，其工作原理是，由电动机驱动的蜗杆 7 带动蜗轮 8 转动，与蜗轮一起装在配油轴 10 上的盘形凸轮 9 嵌入柱塞 11 末端凹槽中，

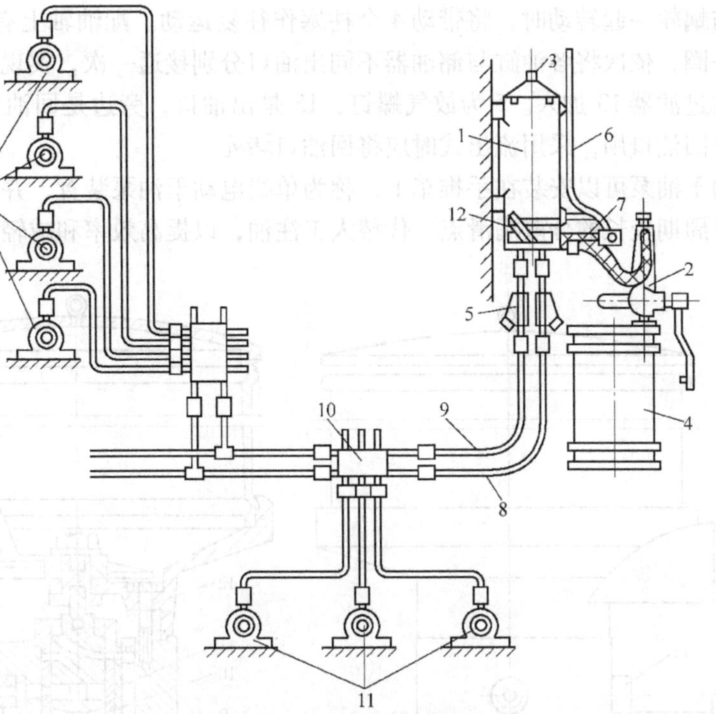

图 14-23　手动干油集中润滑系统

1—储油器　2—手摇泵　3—活塞杆　4—油桶　5—过滤器

6—手柄　7—换向阀　8、9—油管　10—给油器　11—润滑点　12—压力计

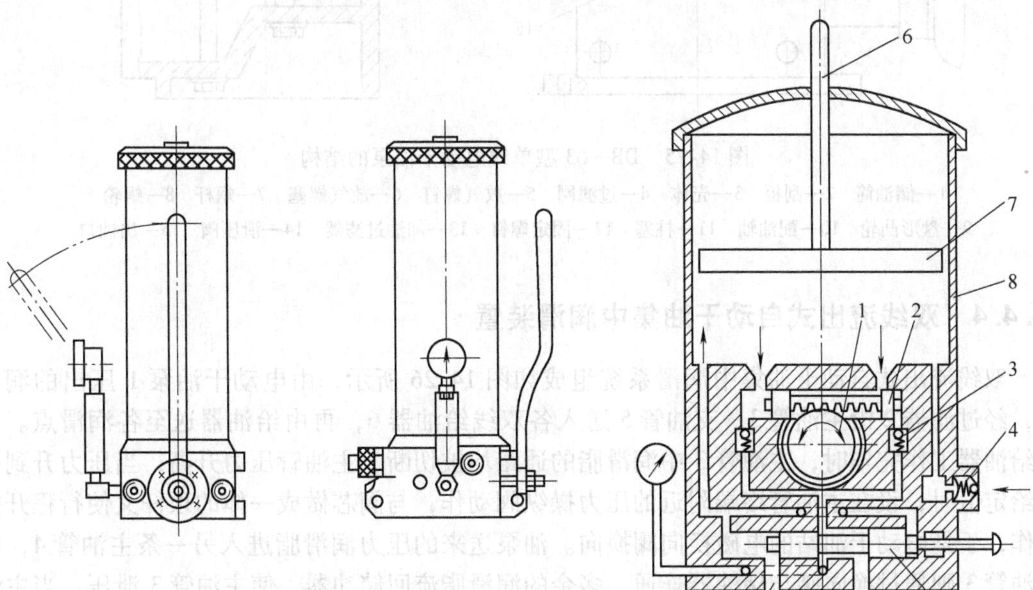

图 14-24　手动干油集中润滑系统工作原理图

1—轴齿轮　2—压油柱塞　3—单向阀　4—注油阀　5—手动换向阀

6—油位指示杆　7—储油器　8—储油器活塞　Ⅰ、Ⅱ—主油管

当盘形凸轮与蜗轮一起转动时，将带动4个柱塞作往复运动。配油轴上有进油和压油通道，配油轴转动一圈，依次将各油缸与储油器不同出油口分别接通一次，实现吸油和压油。储油器的油从加油过滤器13加入。5为放气螺钉，15是出油口，旁边是回油口，当需组成单线环式系统时作回油口用，采用流出式时应将回油口堵死。

单线电动干油泵可以安装在手推车上，称为单线电动干油泵装置，并配有输油管和注油枪，用于润滑周期较长的分散润滑点，代替人工注油，以提高效率和减轻体力劳动。

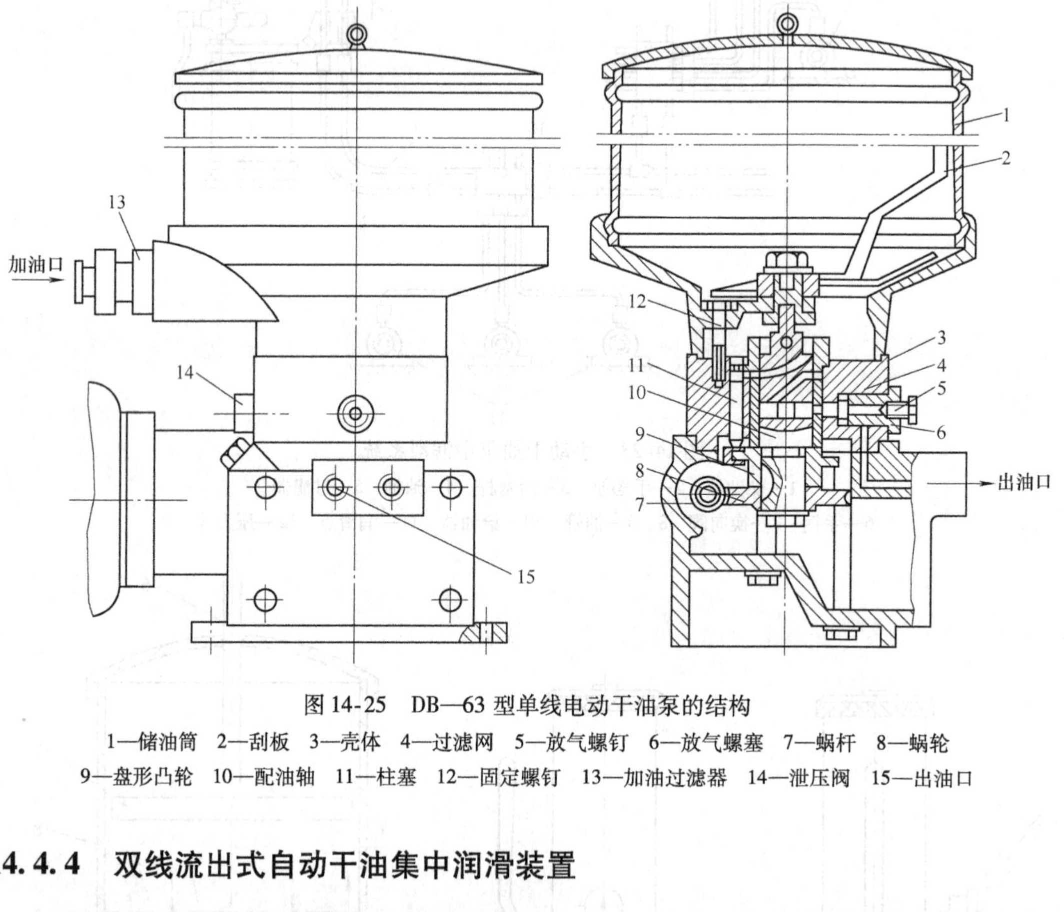

图14-25　DB—63型单线电动干油泵的结构

1—储油筒　2—刮板　3—壳体　4—过滤网　5—放气螺钉　6—放气螺塞　7—蜗杆　8—蜗轮　9—盘形凸轮　10—配油轴　11—柱塞　12—固定螺钉　13—加油过滤器　14—泄压阀　15—出油口

14.4.4　双线流出式自动干油集中润滑装置

双线流出式自动干油集中润滑系统组成如图14-26所示，由电动干油泵1压出的润滑脂，经过滤器2沿主油管3、支油管5送入各双线给油器6，再由给油器送至各润滑点。当各给油器工作完毕时，主油管3中润滑脂的通路均被切断，主油管压力升高；当压力升到某一给定值时，设在主油管终端附近的压力操纵阀动作，与阀芯做成一体的顶杆又使行程开关动作，于是电动干油站的电磁换向阀换向。油泵送来的压力润滑脂进入另一条主油管4，而主油管3则通过换向阀与储油器连通，多余的润滑脂流回储油器，使主油管3泄压。当主油管4也工作完毕时，压力操纵阀再次动作，行程开关控制电磁阀换向，并使油泵电动机停止工作，等待下次起动。

DXZ型电动干油站（见图14-27）由储油器1、柱塞泵2、电磁换向阀3和电动机4等组成，其工作原理如图14-28所示。电动机带动减速器中的蜗轮转动时，蜗轮轴上装的偏心轴套1随蜗轮作圆周运动，从而带动内滑块2在外滑块3的槽内滑动，并同时和外滑块一起

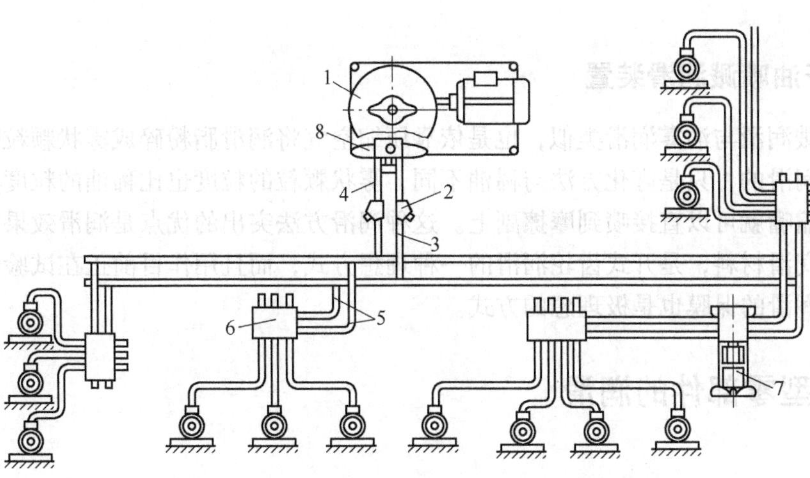

图 14-26　双线流出式自动干油集中润滑系统

1—电动干油泵　2—过滤器　3、4—主油管　5—支油管

6—双线给油器　7—压力操纵阀　8—电磁换向阀

在泵体的滑槽内左右移动，这样就带动了连接在外滑块两端的柱塞 4 作轴向往复运动，实现吸油和压油。润滑脂通过单向阀 5 进入主油管Ⅰ中，这时主油管Ⅱ与储油器连通泄压。当换向阀换向时，主油管Ⅱ工作，主油管Ⅰ泄压。

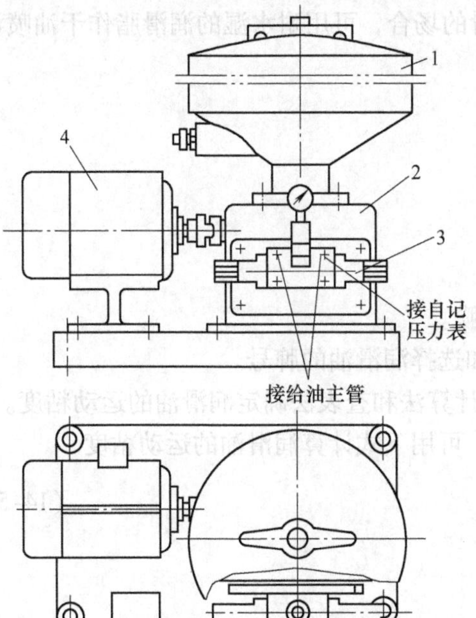

图 14-27　DXZ 型电动干油站

1—储油器　2—柱塞泵　3—电磁换向阀　4—电动机

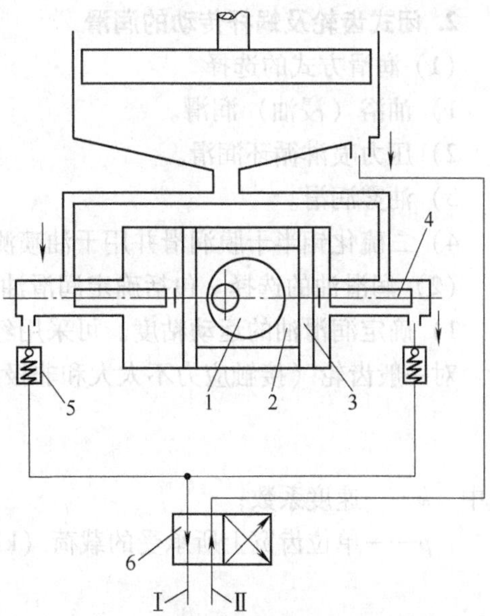

图 14-28　DXZ 型电动干油站的工作原理

1—偏心轴套　2—内滑块　3—外滑块　4—柱塞

5—单向阀　6—电磁换向阀

Ⅰ、Ⅱ—主油管

14.4.5 干油喷溅润滑装置

干油喷溅润滑与油雾润滑类似，也是依靠压缩空气将润滑脂粉碎成雾状颗粒喷溅到摩擦副表面进行润滑的，只是雾化方法与稀油不同，雾状颗粒的粒度也比稀油的粒度大得多，因而不需要凝缩嘴就可以直接喷到摩擦副上。这种润滑方法突出的优点是润滑效果好、不污染环境、节省润滑材料，是开式齿轮润滑的一种理想方式，而且用作目前正在试验的固体润滑材料半干膜润滑的保膜也是极理想的方式。

14.5 典型零部件的润滑

14.5.1 齿轮及蜗杆传动的润滑

1. 开式齿轮传动的润滑

开式齿轮润滑的主要方式是人工涂抹润滑脂。采用的润滑脂有石墨钙基脂、二硫化钼钙基脂。这种方式费时、费力，还要停机进行，影响生产，而且涂抹上去的润滑脂大部分被挤压到摩擦副的外边，造成浪费；尘土等机械杂质极易粘附于润滑脂表面而进入摩擦副，引起磨粒磨损。

采用二硫化钼半干膜润滑再用干油喷溅润滑保膜，是较好的一种润滑方式，但不适用于有水溅入摩擦副的场合。对不适于采用半干膜润滑的场合，可用耐水湿的润滑脂作干油喷油润滑。

2. 闭式齿轮及蜗杆传动的润滑

(1) 润滑方式的选择

1) 油浴（浸油）润滑。

2) 压力喷淋循环润滑。

3) 油雾润滑。

4) 二硫化钼半干膜润滑并用干油喷溅润滑保膜。

(2) 润滑油的选择　包括确定润滑油的粘度和选择润滑油的牌号。

1) 确定润滑油的运动粘度。可采用经验公式计算法和查表法确定润滑油的运动粘度。

对一般齿轮（接触应力不太大和非极压状态）可用下式计算润滑油的运动粘度

$$\nu_{50}=\frac{kp}{20} \tag{14-5}$$

式中 k——速度系数；

p——单位齿宽上所承受的载荷（kN/m）。

$$p=\frac{P}{vL} \tag{14-6}$$

式中 P——传动功率（kW）；

L——齿宽（m）；

v——齿轮节圆的圆周速度（m/s）。

此式是50℃时的运动粘度，再换算为40℃时的运动粘度作为选择润滑油的依据。

应当注意的是，上式单位齿宽上的压力计算公式是按电动机的额定功率计算的，所以只适用于不带飞轮的系统。如果系统带有飞轮，还应考虑飞轮释放出来的能量在齿轮上增加的压力。如计算飞轮释放的能量比较麻烦，可以直接按工作执行部分所承受的额定作用力和运转速度算出功率值来代替电动机功率值计算粘度。

在确定运动粘度值时，还应考虑所选润滑油的性能和工作特性。如选用抗磨添加剂的润滑油，其运动粘度值可稍低于计算值。对于所承受的载荷不均匀，又作可逆运动，需经常起动或在高温环境中工作的齿轮，其所选用润滑油的运动粘度值应比计算值稍高一些。

2）选择润滑油的牌号。应根据运动粘度值、齿轮的载荷特性和工作环境来确定润滑油的牌号。

① 凡生产有专用油的一般都采用专用油。

② 对一般中速、轻载和中等载荷的齿轮传动及普通机床的主轴箱等，推荐采用通用机床工业用润滑油。

③ 对低速、重载，中速、较重负载及工作温度较高或有冲击载荷的齿轮传动，推荐采用硫磷型中极压工业齿轮油。

④ 对处于极压状态且工作温度变化范围宽的齿轮传动，可采用新试制的多级普通车辆齿轮油或带较多极压添加剂的合成润滑油。

⑤ 对蜗杆传动，由于其齿面相对滑动速度大，发热严重，多数处于边界摩擦状态，油膜不易形成，故应选用油性更好的润滑油。但对硫磷型极压添加剂要慎用，因其有腐蚀作用，会加速齿面的点蚀。

14.5.2　轴承的润滑

滚动轴承是使用十分广泛的支承部件，属于高副接触。由于滚动轴承中滚动体与内外圈滚道间的接触面积十分狭小，接触区内的压力很高，因而对油膜的抗压强度要求很高。滚动轴承润滑不良常常会引起轴承发热、异常噪声、滚道烧伤及保持架损坏等，因此，必须十分重视滚动轴承的润滑方式和润滑剂的选择。

1. 润滑方式

滚动轴承的润滑方式与轴承的类型、尺寸和运转条件有关。一般滚动轴承采用脂润滑和油润滑，特殊条件下也可采用固体润滑。通常，低速时选用脂润滑，高速时选用油润滑。具体可按轴承类型和速度因数值，由表 14-6 选择。

表 14-6　滚动轴承润滑方式的选择

轴承类型	速度因数值 $dn/(\mathrm{mm}\cdot\mathrm{r})\cdot\mathrm{min}^{-1}$				
	脂润滑	浸油、飞溅润滑	滴油润滑	喷油润滑	油雾润滑
深沟球轴承 角接触球轴承 圆柱滚子轴承	$\leqslant(2\sim3)\times10^5$ (1×10^5) (0.4×10^5)	2.5	4×10^5	6×10^5	$>6\times10^5$
圆锥滚子轴承		1.6×10^5	2.3×10^5	3×10^5	—
推力球轴承		0.6×10^5	1.2×10^5	1.5×10^5	—

2. 滚动轴承用润滑脂的选择

滚动轴承用润滑脂的选择主要是确定锥入度、稠化剂和添加剂的类型。

（1）锥入度的确定　一般转速和载荷的滚动轴承通常选用 2 号脂（锥入度265～295）；速度较高的可选用 1 号或 0 号脂（锥入度 310～340；340～380）；低速重载的可选用 3 号或 4 号脂（锥入度 220～250；175～205）。干油集中润滑系统要求脂的泵送性好，应选用锥入度较大的润滑脂，通常为 1 号或 2 号脂。

（2）润滑脂品种的选择　一般说，各种类型的通用润滑脂都可用于滚动轴承的润滑。一般转速、低负荷、工作温度低的不重要机械的滚动轴承，可以采用钙基或复合钙基脂；工作温度稍高又无水湿的环境，可以选用钠基脂；有水湿的环境采用钙钠基脂；一般转速、工作负荷较重的轴承，可采用滚珠轴承脂；在低速重载，甚至有冲击负荷的条件下，可采用二硫化钼锂基脂。

润滑脂的填充不宜过多，以填满轴承和轴承壳体空间的 1/3～1/2 为宜，过多则阻力大，引起轴承发热。

（3）滚动轴承润滑油的选择　滚动轴承用润滑油，不但要有合适的运动粘度，而且要有良好的抗氧化安定性和热氧化安定性，不含机械杂质和水分。

1）运动粘度的确定：可根据轴承内径、转速和工作温度，从图 14-29 中选择合适的润滑油粘度。

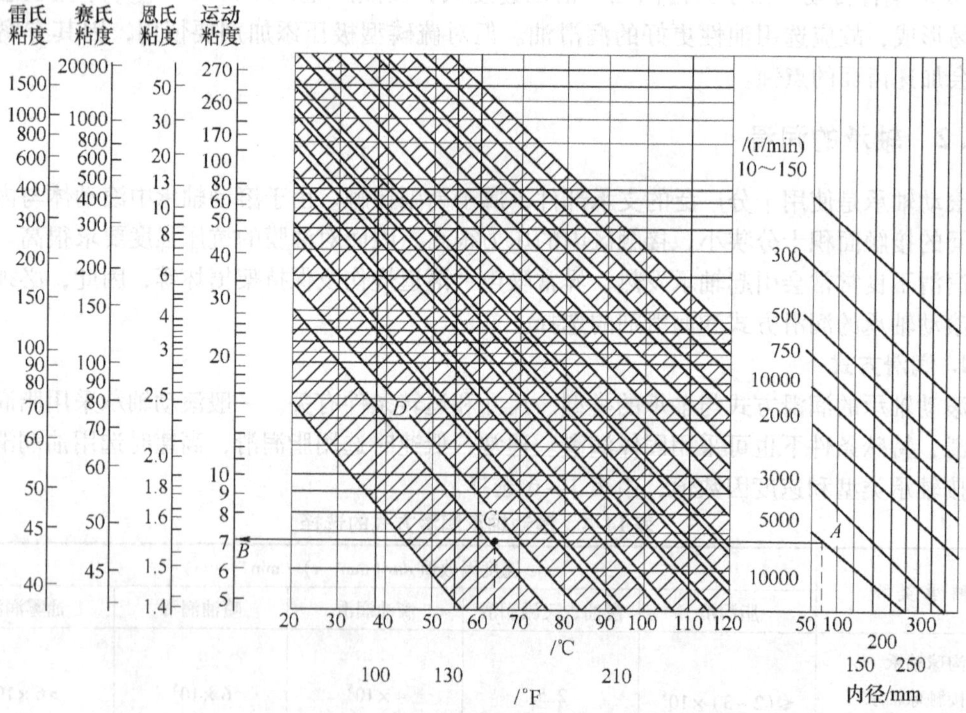

图 14-29　滚动轴承用润滑油的适合粘度选择图

2）牌号的选择：运动粘度值确定后，可根据载荷的大小、性质等选择润滑油的品种和牌号。如果轴承受一般载荷，可选用普通机械油或通用机床工业用润滑油；如果轴承受重载或冲击载荷，可选用运动粘度相近，但有油性和极压添加剂的润滑油。

思 考 题

1. 说明机械润滑的作用。
2. 说明流体动压润滑的形成条件。
3. 常用的固体润滑材料有哪几种？分别说明其主要性能和特点。
4. 润滑油、润滑脂的代用原则是什么？
5. 简述油雾润滑的原理和特点。
6. 闭式齿轮有哪几种润滑方式？

第 15 章　机械零件装配技术

15.1　概述

15.1.1　机械装配的概念

机械装配是指按照规定的技术要求实现机械零件或部件的连接，把机械零件或部件组成机械部件或机器。

机械装配是机械制造和修理的重要环节。正确地连接和配合是零部件装配工作中最重要的两个方面。

机械装配的质量对于保证机器正常运转，实现其设计性能指标和使用寿命等起着决定性的作用。装配质量差，会使载荷分布不均匀，产生附加载荷，加速机器磨损，甚至发生损坏、事故等现象。

组成机器的零部件可分为两大类：一类是标准零部件，如轴、轴承、联轴器、齿轮、键、销和螺栓等，它们是机器的主要组成部分，而且数量较多，其装配方法及工艺规程具有典型的代表意义，这部分是本章讨论的重点。另一类是为某种特殊用途而设计的非标准零部件，不具备普遍性。

15.1.2　机械装配的要求

1. 装配精度

保证装配精度是装配工作的根本任务。装配精度包括配合精度和尺寸链精度。

（1）配合精度　配合精度是指互相配合的零部件间具有适当的间隙或过盈以及规定的相互位置精度。目前常见的机械装配方法有四种：完全互换法、选配法、调整法和修配法。

1）完全互换法：完全互换法是指零部件按图样要求制造后，无需任何补充加工或选择即可顺利进行装配，并满足规定的性能要求。

2）分组选配法：分组选配法是指通过对零部件进行适当的测量分组，构成同组内零部件的完全互换，并实现高配合精度的一种措施。

3）调整法：调整法是指通过适当调整某些零部件的位置或状态，以保证要求的配合精度。

4）修配法：修配法是指在装配中允许适当修锉、刮研某些零部件的特殊部位，以保证装配要求。

（2）尺寸链精度　机械装配中，有时虽然各配合零部件的配合精度满足要求，但累积误差所造成的尺寸链误差却可能超出规定范围，应重新进行选配或更换某些零部件。

2. 密封性

在装配工作中，对密封性必须给予充分重视。除恰当选择密封材料外，还要选择合理的装配工艺，保证合理的装配紧度，并且压紧要均匀。压紧度不足，会引起泄漏。压紧过度，会使静密封的垫片丧失弹性，甚至被压碎裂；对动密封元件，则会引起发热、加速磨损、增大摩擦功率损失等，从而，使机器降低或丧失工作能力，可能造成严重的事故。

15.1.3 机械装配的工艺过程

机械装配工艺过程包括：装配前准备工作、装配、检验和调整。

（1）装配前准备工作　装配前应认真阅读图样及相关技术资料，熟悉机械的构造，了解各零部件的特点及作用、零部件的相互关系及连接方式、方法。在此基础上制订合理的装配工艺规程，内容包括装配技术要求，合理的装配顺序，装配方式、方法，装配所用的材料、工具、夹具和量具等。对零部件必须严格按图样要求对其尺寸精度、几何精度、表面粗糙度及表面质量等进行严格检查，防止不合格的零部件进入装配环节。

（2）装配　零部件的装配必须严格地按照装配工艺规程操作。装配的一般步骤：先将零件装成组件，再将零件、组件装成部件，最后将零件、组件、部件总装成机器。装配应先下后上，由内向外，先重后轻，并注意逐一按照装配基准面装配的原则。

（3）检验和调整　装配后，需对设备进行检验和调整。检验的目的在于检查零部件的装配工艺是否正确，检查设备的装配是否符合设计的规定，及时调整、校正，以控制其达到装配质量要求。

15.2 过盈配合的装配

过盈配合的装配是将具有较大尺寸的（被包容件）轴装入具有较小尺寸的（包容件）孔中。这种连接能承受较大的轴向力、转矩及动载荷，对中精度高，应用广泛。例如齿轮、联轴器、飞轮、带轮、链轮等与轴的连接，轴承与轴承套的连接等都采用过盈配合。过盈配合是一种固定连接，除应保证零件间有正确的定位和紧固性外，还要求装配时不损伤零部件，不降低其强度及精度。常用的过盈配合的装配方法有压装配合、热装配合、冷装配合、液压无键连接装配等。

15.2.1 常温下的压装配合

常温下的压装配合适合于过盈量较小的几种过盈配合，如 H6/s5、H6/r5、H7/s6 等。该方法操作简单，动作迅速，在生产中得到广泛应用。压装配合可分为锤击法和压入法两种。

1. 锤击法

锤击法主要适用于平均过盈量小、配合长度较短、要求较低的非重要连接。

2. 压入法

压入法是利用专用工具或设备来完成压装配合。该方法施力均匀，施力方向易于控制，生产效率高，压装精度易于保证，主要用于过盈配合。当过盈量较大时，可在专用压力机上进行压装，并需进行压入力计算。

（1）压入力的计算　压装配合时，压入力 F 必须足以克服轴压入孔时的摩擦力。在实际配合中，影响压入力的因素较多，尤其是配合件的表面粗糙度，对压入力的影响较大，很难准确计算。所以实际工作中，常采用下列经验公式计算压入力。

1）当孔、轴均为钢质材料时

$$F=\frac{28\left[\left(\frac{D}{d}\right)^2-1\right]il}{\left(\frac{D}{d}\right)^2} \tag{15-1}$$

2）当轴为钢质材料，孔为铸铁材料时

$$F=\frac{42\left(\frac{D}{d}+0.3\right)il}{\frac{D}{d}+6.35} \tag{15-2}$$

式中 F——压入力（kN）；

D——孔件外径（mm）；

d——孔件内径（mm）；

i——实际过盈量（mm）；

l——配合面长度（mm）。

一般情况下，应按计算结果增大20%～30%选择压入机械。

（2）装入

1）首先应使装配表面保持清洁，并涂以润滑油，以减少压入时的摩擦阻力并防止装配过程中损伤配合表面。

2）应保证加力均匀，并注意导正。压入速度不应过大、过猛，否则不但不能顺利装配，反而可能损伤配合表面。一般压入速度为2～4mm/s，最大不应超过10mm/s。

3）将零件压装到位后方可结束装配工作。

在压装配合中，零件表面粗糙会降低实际过盈量，导致连接强度降低。零件表面越粗糙，连接强度下降越严重。因此，采用压装配合的零件，其配合表面的表面粗糙度应控制在 $R_a \leqslant 12.5\mu m$。另外，细长轴的过盈配合，不宜采用压装配合法，以免造成轴失稳弯曲，可选用热装配合或冷装配合。

15.2.2 热装配合

热装配合的基本原理是利用加热（包容件）孔，使其直径膨胀增大到一定数值后，将（被包容件）轴自由装入孔中并定位，待零件冷却后，就形成孔与轴的紧密配合，产生很大的接触应力，达到过盈连接的要求。

热装配合的关键是确定被加热零件的加热温度及选择加热的方法。

1. 加热温度的计算

加热温度应使孔的膨胀量达到实际过盈的2～3倍。

$$t=\frac{(2\sim3)i}{\alpha_L D}+t_0 \tag{15-3}$$

式中 t——加热温度（℃）；

t_0——室内温度（℃）；

i——实际过盈量（mm）；

α_L——孔件材料线膨胀系数（1/℃）；

D——未加热前孔的公称直径（mm）。

2. 加热方法

孔件的加热方法主要有以下几种：

（1）热浸加热法　该方法用于尺寸及过盈量较小的连接件。其特点是加热均匀，方便易行，常用于加热轴承。其方法是将机油装入铁质器皿中加热，并将被加热件用挂钩或网栅悬浸于热油中即可。

（2）氧乙炔火焰加热法　该方法多用于较小零件的加热。其方法简单，便于操作，但易过烧，故要求具有熟练的操作技术。

（3）固体燃烧加热法　用砖砌制加热炉或将零件用砖架起，用木柴或焦炭焙烧加热。此方法加热简单，成本低廉，但加热温度不易掌握，故不常使用。

（4）炉内加热法　炉内加热法是将零件置于专用加热炉内进行加热的方法。适用于加热精度要求高、尺寸较小的零件，受热均匀，这是机械装配中常用的方法。

（5）煤气加热法　煤气加热法是利用煤气火焰对零件直接加热的方法，操作简单，适用于大型零件。

（6）电阻加热法　电阻加热法是将镍－铬电阻丝缠绕在耐热瓷管上，放在被加热零件的孔中，对镍－铬丝通电便可实现加热。这种方法只用于精密设备的装配。

（7）电感应加热法　电感应加热法是利用交变电流通过铁心（即被加热零件）外的线圈，将电能转化成热能，使零件加热的方法。这种方法适用于大型有精密要求的零件，如转炉倾动机构的大齿轮与托圈耳轴的热装配合。

3. 加热温度的测定

在加热过程中，可采用半导体点接触测温计测量零件的加热温度。

实际应用中常用油类或金属作为测试零件温度的材料。如利用机油的闪点为 200～220℃、锡的熔点为 230℃、纯铅的熔点为 327℃来测试零件的温度；也可以用测温纸片及测温蜡笔来测试零件的温度。但以上几种方法均很难准确地测定零件应加热的温度，故现场常采用样杆进行检测，如图 15-1 所示。样杆尺寸按孔实际尺寸与 3 倍实际过盈量之和制作，当孔被加热到样杆刚好能垂直通过时，即可停止加热。

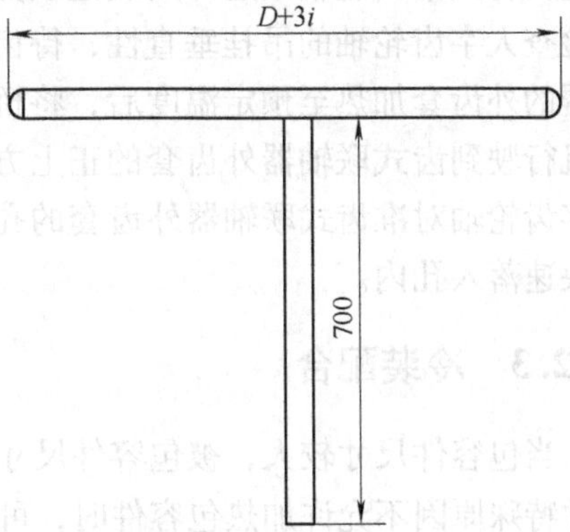

图 15-1　样杆简图

4. 装入

1）装入前应去掉孔表面的灰尘、污物。

2）必须保证零件一次装到预定位置，并使包容件压装在轴肩上，直到机件完全冷却为止。

5. 热装举例

（1）已知条件　ϕ800mm 人字齿轮轴，热装齿式联轴器的外齿套。人字齿轮轴头公称尺寸为 ϕ500mm，齿式联轴器的外齿套的材料为 45 钢（$\alpha_L = 12 \times 10^{-6} 1/℃$），装配时室温 $t_0 = -3℃$，齿式联轴器的外齿套与人字齿轮轴的轴头最大过盈量经测量为 $i = 0.42$mm。

（2）加热温度的计算　由式（15-3）得

$$t = \frac{(2 \sim 3) i}{\alpha_L d} + t_0 = \left[\frac{3 \times 0.42}{12 \times 10^{-6} \times 500} + (-3)\right]℃ = 207℃$$

（3）加热方法　将齿式联轴器的外齿套用耐火砖支承，用橡皮管将煤气引来，通过 4 个烧嘴从下面及侧面加热齿式联轴器的外齿套。为防止热量散失，在其上盖一块大铁板。

（4）测温方法　用半导体点接触测温计测温。同时采用样杆检查，样杆尺寸为 501.26mm。

（5）装配　为了确保装配质量，采取将齿式联轴器外齿套平放，人字齿轮轴垂直落下的装配方法，如图 15-2 所示。

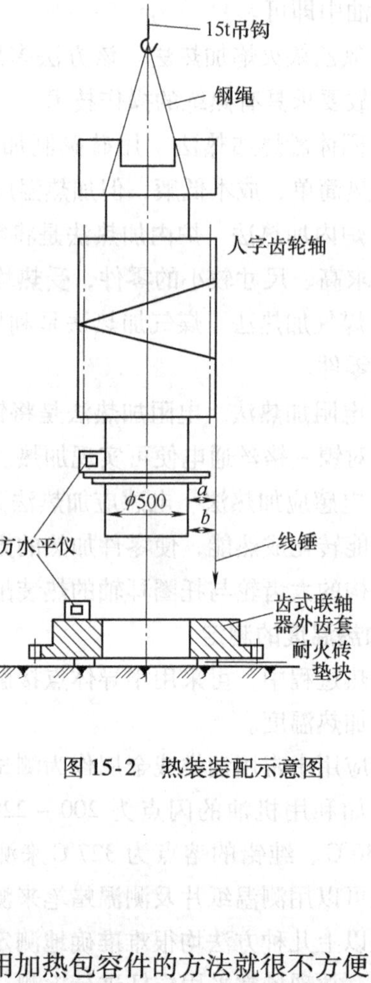

图 15-2　热装装配示意图

热装的要点是：事先做好各项准备工作，装配时动作要快。在齿式联轴器外齿套加热前，用耐火砖将其垫起，并用方水平仪找正，然后再加热。与此同时，用 15t 桥式起重机将人字齿轮轴吊起，用线锤及方水平仪检查人字齿轮轴的吊挂垂直性，待齿式联轴器的外齿套加热至预定温度后，将桥式起重机行驶到齿式联轴器外齿套的正上方，使人字齿轮轴对准齿式联轴器外齿套的孔并使其快速落入孔内。

15.2.3　冷装配合

当包容件尺寸较大，被包容件尺寸较小时，采用加热包容件的方法就很不方便，或由于某种特殊原因不允许加热包容件时，可将被包容件冷却，使其尺寸缩小，然后迅速装入包容件中，这种方法称为冷装配合。有制氧设备的冶金企业，可推广应用此方法。

（1）冷却温度　冷装配合的温度可按下式确定

$$t = \frac{(2 \sim 3) i_a}{\alpha_L d} - t_0 \tag{15-4}$$

式中　t——冷却温度（℃）；

t_0——室温（℃）；

α_L——被冷却零件材料线膨胀系数（1/℃）；

d——被冷却零件公称直径（mm）；

i_a——实际过盈量（mm）。

（2）冷却剂　常用冷却剂及冷却温度为：

固体二氧化碳加酒精或丙酮　－75℃

液氨　－120℃

液氧　－180℃

液氮　－190℃

冷却前应对冷却零件进行认真检查、测量，并按冷装的工序及要求在常温下进行试装演习，目的是为了准备好操作和检查所必要的工具、量具及冷藏运输容器，检查操作工艺是否合适。

15.2.4　液压过盈装配

液压过盈装配是一种无键连接的新技术，可用于高速重载、拆装频繁的连接零件的装配，具有操作简便、安全可靠等特点。目前，随着加工制造技术的提高和液压技术进步，这种方法越来越受到重视和推广。

1. 液压过盈装配原理

当高压油液进入被连接件的连接面之间时，在油压作用下，孔件会产生弹性膨胀，轴件则会产生弹性压缩。此时进行装配，将被连接件顺利安装到位之后，去油卸压，孔与轴在弹性恢复过程中紧紧压合在一起，从而获得过盈装配。为使装配顺利，常将连接面设计成圆锥面或带圆锥套的形式。

图 15-3 所示为轧钢机万向联轴器的液压过盈装配，万向联轴器 13 与轴 4 之间有一过渡锥套 3，锥套 3 的内孔与轴 4 的配合为圆柱面滑动配合。装配时首先起动高压膨胀油泵 1，使高压油进入锥套 3 与联轴器 13 的配合表面之间，使联轴器 13 的内孔弹性膨胀，同时锥套 3 产生弹性收缩并紧箍在轴 4 之上；此时，起动压入油泵 11，使联轴器 13 受到轴向推力，产生轴向移动，直至装到预定位置；当膨胀油泵卸压时，联轴器 13 失去油压，产生弹性收缩，紧紧箍在锥套上，并使锥套弹性收缩，紧箍在轴上，最后卸去油泵的压力，完成连接装配。同理，拆卸也十分方便。

2. 液压过盈装配与拆卸

（1）装配前检查　应先检查室温，室温一般不得低于 16℃；检查连接件包括轴件、孔件及锥套的尺寸和几何偏差，特别应当检查配合锥面的接触面，接触面应达到 60% ~70%。

（2）装配　在配合的内外锥面应涂以少量的油，以减小摩擦阻力，将连接孔件轻装于锥套的外锥面上，起动压力油泵，开始时，孔件压入行程较小，配合表面会有少许油渗漏是正常现象，可继续升压。当油压已达到规定值而行程尚未达到时，应稍停加压，待包容件逐渐扩大后，继续加压压入，直至达到规定行程为止。

（3）拆卸　拆卸时的油压较压入时低。每拆卸一次，再进行压入装配时，压入行程应略有增加，其增加量与配合面锥度及加工精度有关。

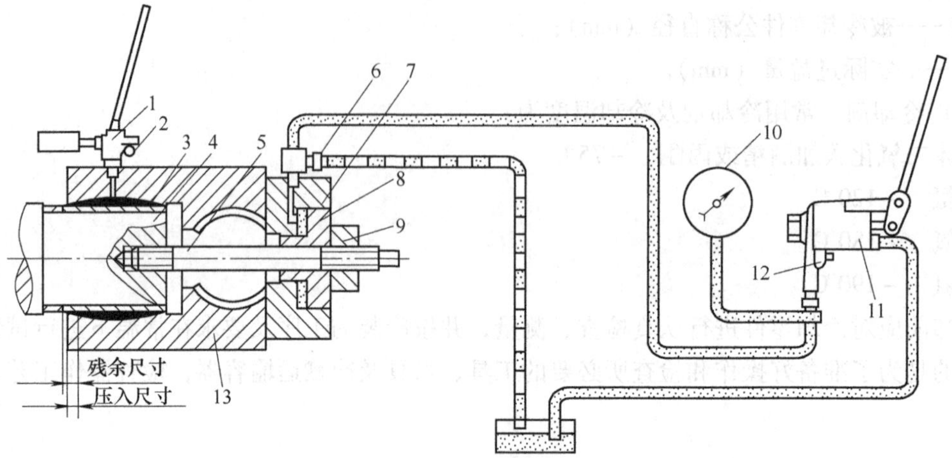

图 15-3　轧钢机万向联轴器的液压过盈装配

1—膨胀油泵　2—放气孔　3—锥套　4—轴　5—螺杆　6—放气孔　7—缸　8—活塞
9—螺母　10—压力表　11—压入油泵　12—放气阀　13—万向联轴器

15.3　联轴器的装配

联轴器用于连接两根轴，将主动轴的运动及动力传递给从动轴。联轴器的装配包括两方面的内容：一是将联轴器装配到轴上，即轮毂与轴的装配；二是联轴器的找正与调整。联轴器装配的主要技术要求是保证两轴线的同轴度。

轮毂与轴的装配大多采用过盈配合，前面已有叙述，下面只着重介绍联轴器的找正与调整。

15.3.1　联轴器找正时偏移情况分析

联轴器找正时，一般可能遇到以下四种情况，如图 15-4 所示。

1）$S_1 = S_3$，$a_1 = a_3$，如图 15-4a 所示。联轴器的两半联轴节处于既平行又同轴的正确位置，这时两轴的中心线必位于同一条直线上。此处 S_1、S_2 和 a_1、a_2 表示联轴器上方（0°）和下方（180°）两个位置上的轴向和径向间隙。

2）$S_1 = S_3$，$a_1 \neq a_3$，如图 15-4b 所示。两个联轴节虽然互相平行，但不同轴，这时两轴的中心线之间有平行的径向位移$\left(偏心距为 e = \dfrac{a_3 - a_1}{2}\right)$。

3）$S_1 \neq S_3$，$a_1 = a_3$，如图 15-4c 所示。这表示两个联轴节虽然同轴，但不平行，这时两轴的中心线之间有倾斜的角位移（倾斜角为 α）。

4）$S_1 \neq S_3$，$a_1 \neq a_3$，如图 15-4d 所示。这表示两半联轴节既不平行又不同轴，这时两轴的中心线之间既有径向位移又有角位移。

联轴器处于后三种情况时都不正确，均需进行找正，直至获得第一种正确的情况为止。

通常在安装机械设备时，先安装好从动机构，使其处于水平，再安装主动机构，故找正时只需要调整主动机构，即采取在主动机构的支座下面加减垫片或在水平方向移动主动机构位置的方法对联轴器进行调整。

15.3.2 联轴器找正时的测量

联轴器的找正调整，主要是通过对初步安装到位的联轴器进行必要的测量，然后根据测得的数据进行分析、计算，从而确定应调整的量及调整方向。常用的测量找正方法有钢直尺塞规法、双表法。

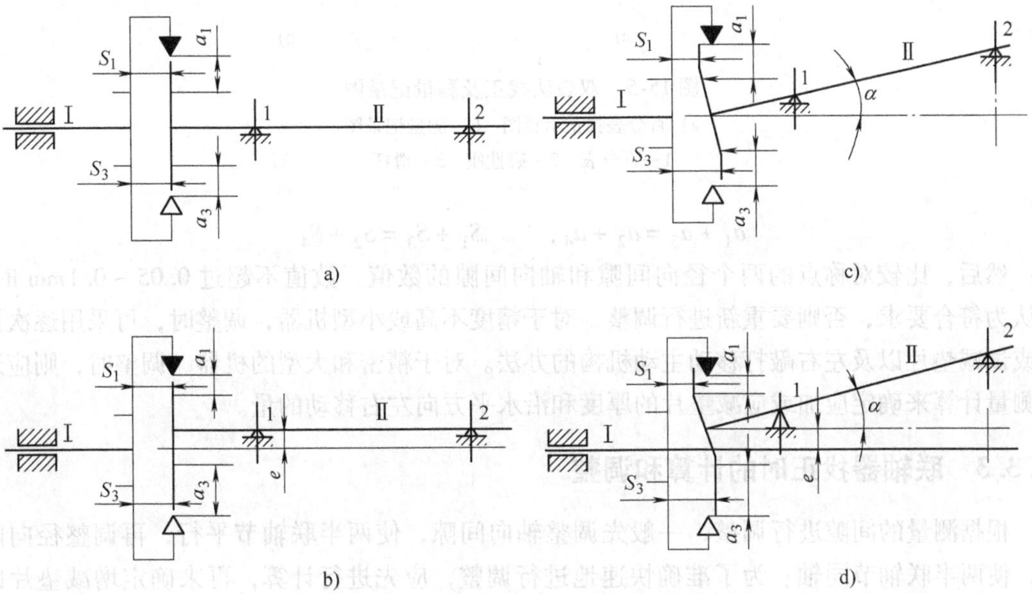

图 15-4 联轴器找正时可能遇到的四种情况
1、2—支点

（1）钢直尺塞规法 用塞规测量联轴器的端面间隙，以判断两轴线是否平行。用钢直尺与塞规配合使用，测量联轴器的径向间隙，以判断两轴线是否在端面位置处同轴。该方法十分简单，但测量误差较大，只适用于测量那些转速较低、精度要求不高的联轴器。

（2）双表法 采用双表法对联轴器进行找正，精度较高。如图 15-5a 所示，百分表装在磁性座的滑动杆上，百分表在位置 1 测出的是径向间隙 a，百分表在位置 2 测出的是轴向间隙 S。

联轴器的找正可用一点测量、两点测量或多点测量的方法进行，进行多点测量可以获得较高的精度，但常用的是一点测量法。所谓一点测量法是指在测量一个位置的径向间隙时，同时还测量同一位置的轴向间隙。测量时，装好百分表，连上联轴器螺栓，使两半联轴节向着相同方向一起旋转。先测出上方（0°）时的 a_1 与 S_1，然后将两半联轴节顺次转到 90°、180°、270°三个位置上，分别测出 a_2、S_2，a_3、S_3 和 a_4、S_4。将测得的数值记在记录图中，如图 15-5b 所示。

测得的数据应符合下列条件：

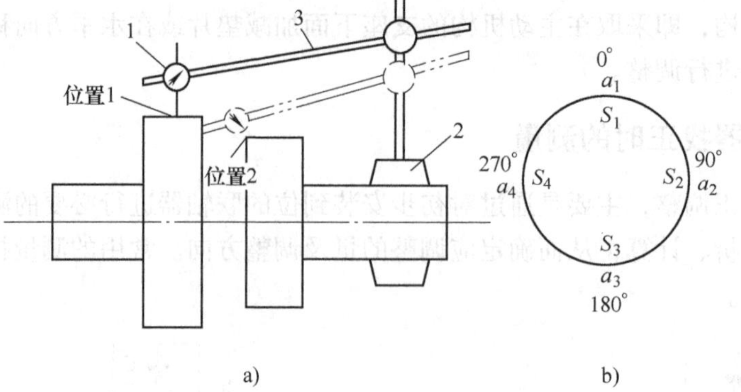

图 15-5　双表法找正及测量记录图

a）百分表找正示意图　b）测量记录图

1—百分表　2—磁性座　3—滑杆

$$a_1 + a_3 = a_2 + a_4, \qquad S_1 + S_3 = S_2 + S_4$$

然后，比较对称点的两个径向间隙和轴向间隙的数值，数值不超过 0.05 ~ 0.1mm 时，则认为符合要求，否则要重新进行调整。对于精度不高或小型机器，调整时，可采用逐次试加或试减垫片以及左右敲打移动主动机构的办法。对于精密和大型的机器，调整时，则应通过测量计算来确定应加或应减垫片的厚度和沿水平方向左右移动的量。

15.3.3　联轴器找正时的计算和调整

根据测量的间隙进行调整，一般先调整轴向间隙，使两半联轴节平行，再调整径向间隙，使两半联轴节同轴。为了准确快速地进行调整，应先进行计算，再来确定增减垫片的厚度。

现以两半联轴节既不平行又不同轴的一种偏移情况为例，说明联轴器找正时的计算及调整方法。

如图 15-6 所示，Ⅰ为从动机轴，Ⅱ为主动机轴，根据找正测量的结果，$S_1 > S_3$，$a_1 > a_3$，知联轴器的两半联轴节处于既不平行又不同轴的状态。

（1）先使两半联轴节平行　由图 15-6a 可知，为了使两半联轴节平行，必须在主动机轴的支点 2 下加上厚度为 x 的垫片。x 的值可以利用图上画有剖面线的两个相似三角形的比例关系算出。

$$\frac{x}{L} = \frac{b}{D} \tag{15-5}$$

式中　D——联轴器的直径；

L——主动机轴两支点间的距离；

b——在 0°与 180°两个位置上测得的轴向间隙的差值（$b = S_1 - S_3$）；

由于支点 2 垫高了，而支点 1 下面没有增加垫片，因此轴Ⅱ将以支点 1 为支点而转动，这时两半联轴节端面虽然平行了，但轴Ⅱ上的半联轴节的中心却下降 y，如图 15-6b 所示。此处 y 的数值也可用画有剖面线的两个相似三角形的比例关系算出。

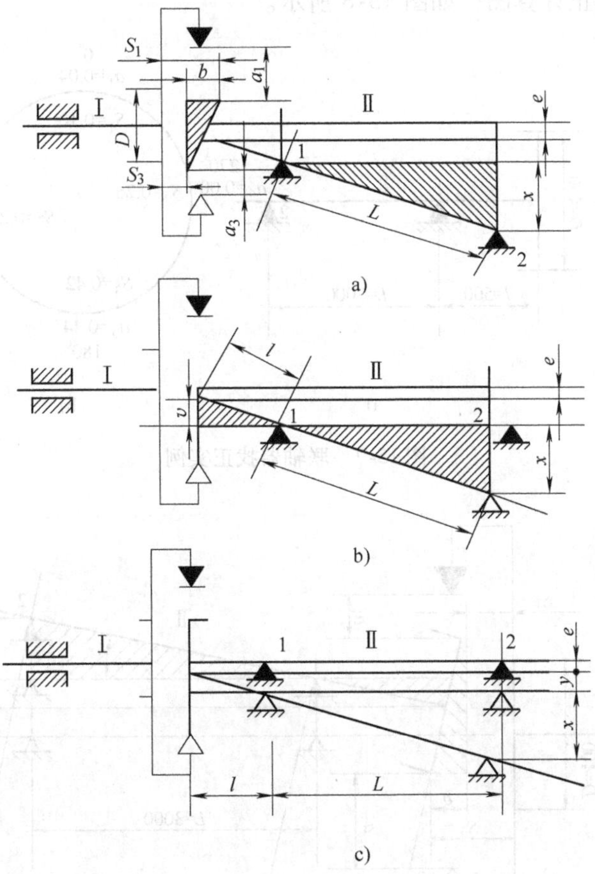

图 15-6　联轴器找正计算和加垫调整方法

$$y = \frac{xl}{L} = \frac{bl}{D} \tag{15-6}$$

式中　l——支点 1 到半联轴节测量平面间的距离。

（2）再使两半联轴节同轴　由于 $a_1 > a_3$，其原有径向位移量为 $e\left(e = \frac{a_1 - a_3}{2}\right)$，再加上由于平行找正时又使联轴节中心的径向位移量增加了 y，所以，为了使两半联轴节同轴，必须在轴Ⅱ支点 1 下面加厚度为（$y + e$）的垫片。

由此可见，为了使两半联轴节既平行又同轴，必须在轴Ⅱ支点 1 下面加厚度为（$y + e$）的垫片，在支点 2 下面加厚度为（$x + y + e$）的垫片，如图 15-6c 所示。全部轴向间隙和径向间隙调整好后，必须满足下列条件：

$$a_1 = a_2 = a_3 = a_4, \qquad S_1 = S_2 = S_3 = S_4$$

15.3.4　实例

图 15-7a 所示联轴器找正时所测得的间隙数值如图 15-7b 所示。试求轴Ⅱ支点 1 和支点 2 的下面应加或应减的垫片厚度。

从测量数据知，该联轴器两半联轴节既不平行又不同轴，根据测量数据便可作出联轴器偏移的示意图，即找正计算图，如图 15-8 所示。

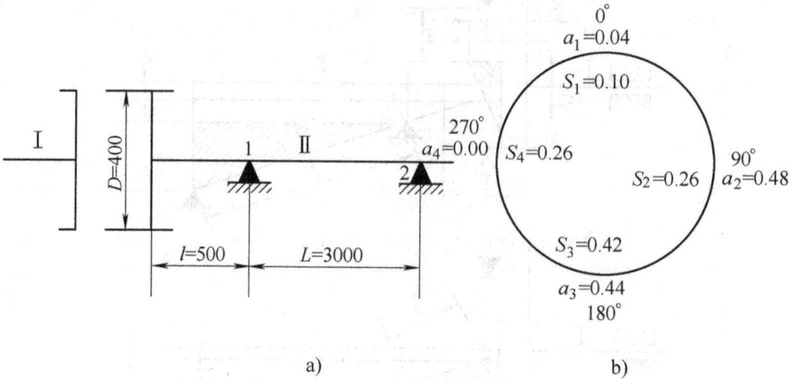

图 15-7　联轴器找正实例

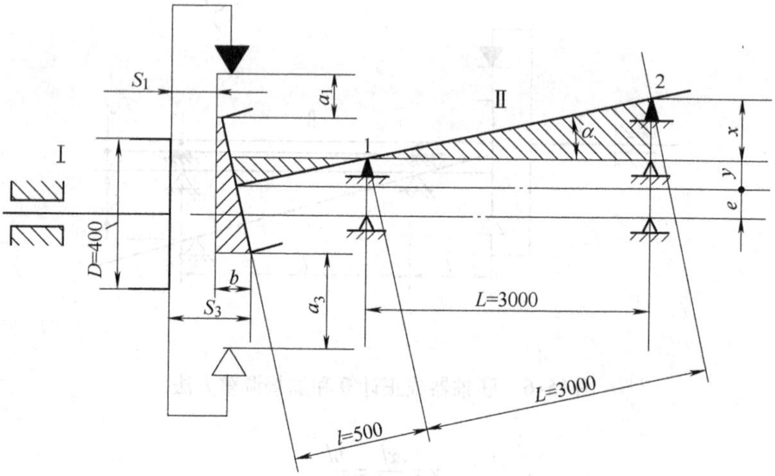

图 15-8　联轴器找正计算图

（1）调整两半联轴节平行　因 $S_3 > S_1$，故 $b = S_3 - S_1 = (0.42 - 0.1)\text{mm} = 0.32\text{mm}$，所以必须从轴Ⅱ的支点 2 减去厚度为 x 的垫片，x 的值为

$$x = \frac{b}{D} \times L = \frac{0.32}{400} \times 3000\text{mm} = 2.4\text{mm}$$

轴Ⅱ上半联轴节中心被抬高 y，y 值可由下列公式计算

$$y = \frac{l}{L} \times x = \frac{500}{3000} \times 2.4\text{mm} = 0.4\text{mm}$$

（2）调两半联轴节同轴　由于 $a_3 > a_1$，故原有的径向位移量为

$$e = \frac{a_3 - a_1}{2} = \frac{0.44 - 0.04}{2}\text{mm} = 0.2\text{mm}$$

为了使两半联轴节同轴，必须从支点 1 和支点 2 同时减去厚度为 $y + e = (0.4 + 0.2)\text{mm} = 0.6\text{mm}$ 的垫片。

由此可见，为使两半联轴节既平行又同轴，最终垂直方向的调整是在轴Ⅱ的支点1下减去厚度 $y+e=0.6\text{mm}$ 的垫片，在支点2下减去厚度为 $x+y+e=3\text{mm}$ 的垫片。

垂直方向调整完毕后，仍用计算的办法，求出水平方向两轴线中心的偏移量，再用锤击或用千斤顶推移的方法进行调整。

15.4 轴承的装配

轴承的装配质量直接影响着机器的运转质量及轴承本身的使用寿命。轴承按摩擦性质分为滑动轴承和滚动轴承。

15.4.1 滑动轴承的装配

滑动轴承类型很多，常见有剖分式滑动轴承、整体式滑动轴承和油膜滑动轴承。

1. 剖分式滑轮轴承的装配

（1）装配的准备　认真阅读装配图样，了解装配技术要求，核对轴承型号，检查轴承质量，并对轴承进行清洗。

（2）轴承座的固定　对两个或两个以上的共轴轴承，首先要保证其水平度及同轴度。常用拉线的方法进行找正。在轴承座的两边固定一条直径0.25～0.5mm的细钢丝，用重锤拉紧，然后用内径千分尺测量钢丝到轴承表面的距离，测出轴承座孔的同轴度，并进行修正，然后再将轴放在其上，用涂色法检查轴与轴瓦表面的接触情况。调整完毕后，将轴承座用螺栓牢固地固定于机件或基础上。

（3）轴瓦与轴承座的装配　装配时，既要保证轴瓦与座孔的过盈量合适（0.01～0.05mm），又要保证轴瓦与座孔接触良好。轴瓦与座孔配合的过盈量太大时，轴瓦装入轴承座后将产生较大变形，轴瓦与轴之间必要的间隙得不到保证，不利于流体润滑的实现，严重时可能导致烧瓦和抱轴故障。若过盈量太小，配合过松，机器运转时，轴瓦可能会在座孔中游动，使轴瓦产生周期性变形，引起合金层脱落，或使轴承温度升高，严重时还会造成烧瓦。轴瓦与座孔的接触情况，可用涂色法进行检查。轴承盖与上瓦的接触面积不小于50%，轴承座与下瓦的接触面积不小于60%，并且要求印痕分布均匀，接触斑点应不少于（1～2）点/cm^2。接触面积小、接触斑点分布不均或过少，都可能导致轴瓦的磨损、变形、破裂。必要时可通过刮研处理保证此项要求。

在滑动轴承的装配中，不允许轴瓦在座孔内发生转动或轴向游动，通常在轴瓦与轴承座之间设置定位销，以有效防止轴瓦转动。轴瓦的翻边或止口是用来防止轴向游动的，因此，翻边或止口与轴承座之间不应有间隙。

（4）轴瓦与轴的装配　轴瓦与轴的装配要能实现正常的润滑及合理的接触。

1）开制瓦口和油沟。瓦口是由上、下轴瓦在剖分面处构成的沿轴向闭合的油槽，其作用是存储润滑油、储存磨粒、散热等。瓦口开得较小，容易“夹帮”（即轴瓦抱住轴颈）。瓦口沿轴向不能开通，否则会在运转中漏油。如图15-9所示，通常瓦口 $h=2\delta/5$，$s=(10\sim25)\delta$。

为了使润滑油能分布到轴承的工作表面，轴瓦的内表面需开油槽。油槽形状通常如图 15-10 所示，常取槽宽为 3 ~ 6mm，槽深为槽宽的 1/2 ~ 1/3。

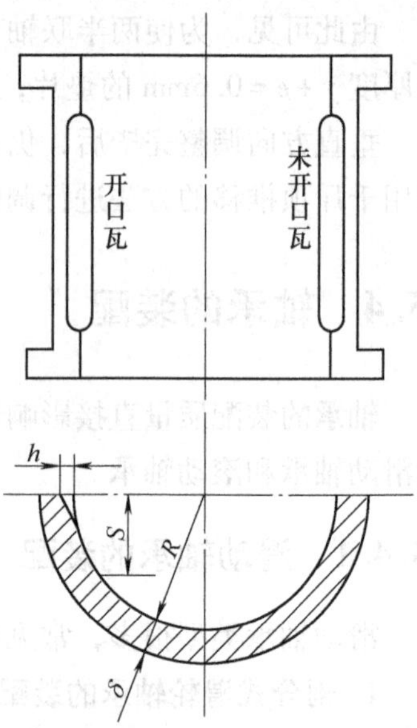

图 15-9　瓦口尺寸

2）接触角及接触点。轴瓦内表面与轴颈之间的接触表面所对的圆心角称为轴承接触角。接触角过大，说明径向间隙太小，不利于高压油膜的形成。接触角过小，会引起单位接触压力上升，加剧轴瓦与轴间的磨损，一般取接触角为 60° ~ 90°。接触点是指在接触角范围内，单位面积上接触斑点的多少。接触点的要求与机器的使用特点有关，低速及间歇运动的机器，要求接触点为（1 ~ 1.5）点/cm^2；中等负荷连续运转的机器，要求接触点为（2 ~ 3）点/cm^2。如果接触角和接触点没有达到规定要求，就必须对轴瓦表面进行刮研。

（5）轴承间隙的测量

1）间隙的作用。滑动轴承的间隙有顶间隙 a、侧间隙 b 和轴向间隙 S 三种，如图 15-11 所示。顶间隙过大，轴承中不易形成高压油膜，保证不了流体润滑，而且会降低机器的运转精度，甚至会引起剧烈振动和噪声，严重时造成事故。顶间隙太小，难以形成油膜，还会引起高热，从而造成润滑故障的发生。实际生产中，顶间隙可由下列经验公式确定其数值

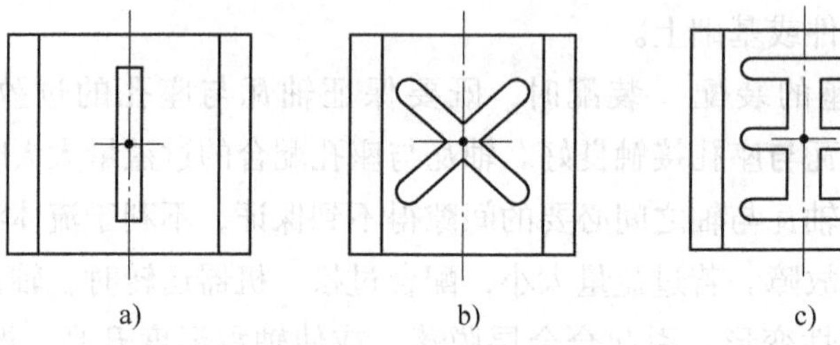

图 15-10　油槽的形状

a）轴向直线形油槽　b）斜向十字形油槽　c）径向王字形油槽

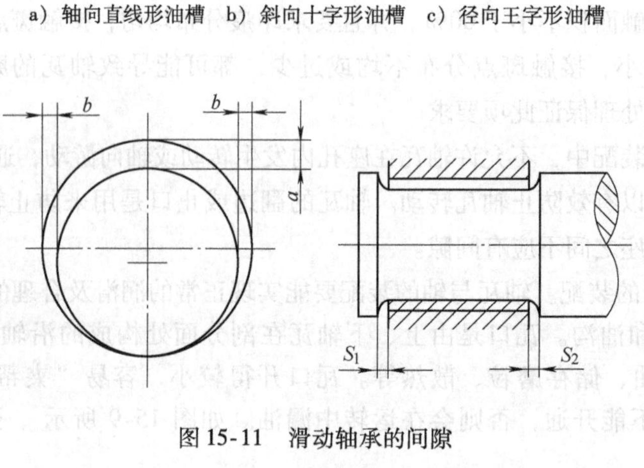

图 15-11　滑动轴承的间隙

曲轴与轴瓦 $a=(0.7\sim1)\dfrac{d}{1000}$ (15-7)

一般滑动轴承 $a=(1\sim1.2)\dfrac{d}{1000}$ (15-8)

润滑脂润滑时 $a=(1\sim1.5)\dfrac{d}{1000}$ (15-9)

侧间隙的作用是冷却润滑油，形成油膜。在轴瓦剖分面上，侧间隙约等于顶间隙的一半。轴向间隙的作用是为了使轴在温度变化时有自由伸缩的余地。

2）间隙的测量。各类剖分式滑动轴承顶间隙的测量可用塞尺法或压铅法。塞尺法测量简单方便，适用于直径及顶间隙大且测量精度要求不高的轴承。压铅法测量轴承间隙较塞尺法准确，但操作较复杂。测量时选用直径约为顶间隙的1.5～2倍、长度为15～40mm的铅丝，安放在轴颈部及上下轴瓦的剖分面处，如图15-12所示。装上轴承盖，拧紧螺母，然后打开轴承盖，用千分尺分别测量被压扁铅丝的厚度，其顶间隙的平均值$a_{平均}$按下式确定

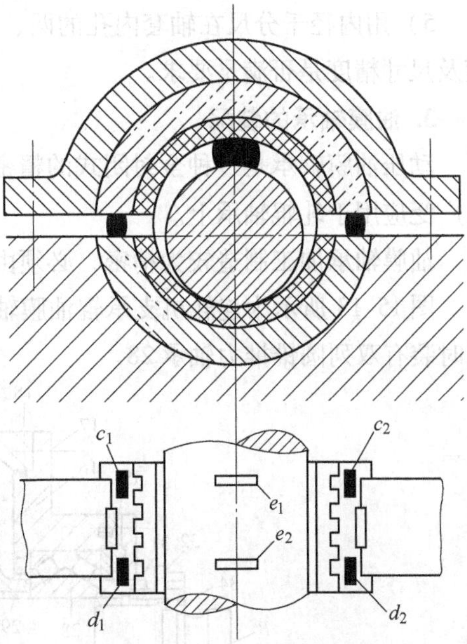

图 15-12 压铅法测量

$$C=\frac{c_1+c_2}{2}$$

$$D=\frac{d_1+d_2}{2}$$

$$a_{平均}=\frac{(e_1-C)+(e_2-D)}{2} \tag{15-10}$$

式中 c_1、c_2、d_1、d_2、e_1、e_2——如图15-12所示测量点测量间隙值（mm）；

当所测得顶间隙不符合规定要求时，可通过增加或减少轴瓦剖分面处的垫片并刮研轴瓦内表面予以调整。

滑动轴承的轴向间隙，固定端可为0.1～0.2mm，自由端的间隙值应大于轴的热膨胀量。

2. 整体式滑动轴承的装配

整体式滑动轴承由整体式轴承体与圆形轴套组成。实际应用中常以摩擦系数较低的耐磨材料制成轴套来代替轴瓦，整体式滑动轴承具有结构简单，成本低等优点；缺点是当轴套磨损后，轴颈与轴套之间的间隙无法调整，因此，仅适用于低速、轻载的机械设备中。

整体式滑动轴承的装配要点如下：

1）装配前，将轴承内表面按轴颈实际尺寸刮研，所留的间隙应符合配合的规定值。

2）根据轴套外圆尺寸和规定的过盈量，采用敲入或压入的方法将轴套装入轴承座。装

配前必须对配合表面进行清洁处理并涂润滑油。为防止装配中发生歪斜，装配时可采用导向工具，如导向环、导向心轴等。

3）轴套装入轴承座后，因过盈配合使其产生附加应力，导致轴套内孔尺寸微量减少，应使用内径千分尺复查其内径尺寸，并用刮研的方法恢复轴套内径的理想尺寸。

4）安装定位销或紧定螺钉，将轴套固定于座孔内。

5）用内径千分尺在轴套内孔的两、三处作相互垂直方向的检查，以确定其圆度、圆柱度及尺寸精度是否满足要求。

3. 油膜轴承的装配

动压油膜轴承是一种全封闭式的精密轴承，它具有较大的承载能力与较小的摩擦系数，已广泛应用于轧辊轴承上。

油膜轴承加工制造较为精密，必须由受过专门训练的人员在特定的装配场所进行装配。

图 15-13 所示为连轧机支承辊油膜轴承总图，为了承受工作辊传来的轴向力，该连轧机同时装有双列圆锥推力轴承 28。

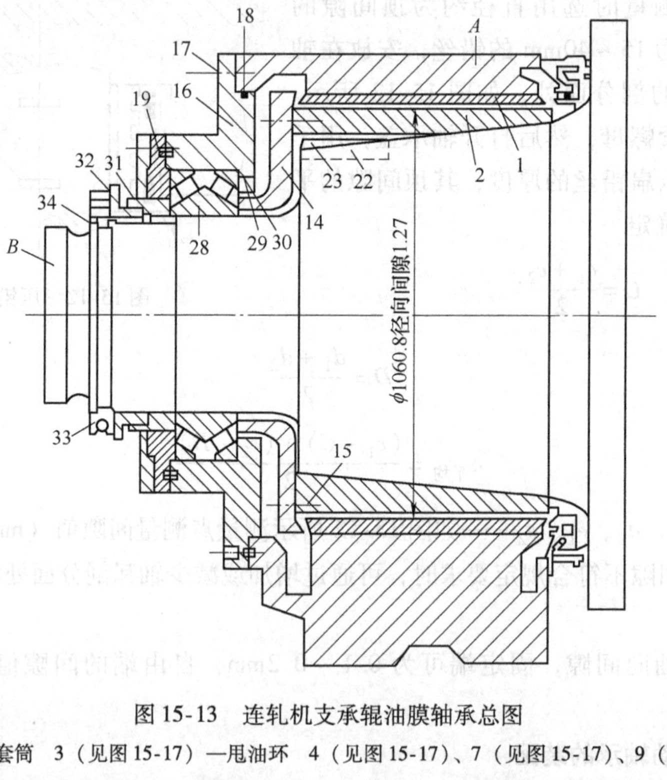

图 15-13　连轧机支承辊油膜轴承总图

1—衬套　2—套筒　3（见图 15-17）—甩油环　4（见图 15-17）、7（见图 15-17）、9（见图 15-17）、23（见图 15-18）、24（见图 15-17）、27（见图 15-14）—内六角螺钉　5（见图 15-17）—伸出环　6（见图 15-17）、10（见图 15-17）、11（见图 15-17）、13（见图 15-17）—密封环　8（见图 15-17）—护圈　12（见图 15-17）、20（见图 15-17）—油封　14（见图 15-16）—挡环　15、17—螺钉　16—推力轴承箱体　18、26（见图 15-14）—O 形密封圈　19—轴承护圈　21（见图 15-17）—防鳞环　22（见图 15-18）—套筒固定键　25（见图 15-14）—锁销　28—推力轴承　29（见图 15-16）—弹簧座　30（见图 15-16）—弹簧　31（见图 15-20）—调整环托架　32（见图 15-20）—调整环　33－止推板　34（见图 15-20）—键

A—轴承箱　*B*—支承辊

下面以连轧机支承辊油膜轴承总图为例，其装配顺序如下：

1）检查配合尺寸，并用汽油冲洗各零件。油孔用压缩空气吹扫。

2）将轴承箱 *A* 与辊身相邻端面朝下，用三个千斤顶及方水平仪将箱体调水平。

3）把衬套 1 吊到轴承箱上，旋转插入轴承箱内，当衬套安装到位后，从轴承箱的侧面将锁销 25 和 O 形密封圈 26 插入衬套内，再用内六角螺钉 27 把锁销 25 固定在轴承箱上，如图 15-14 所示。

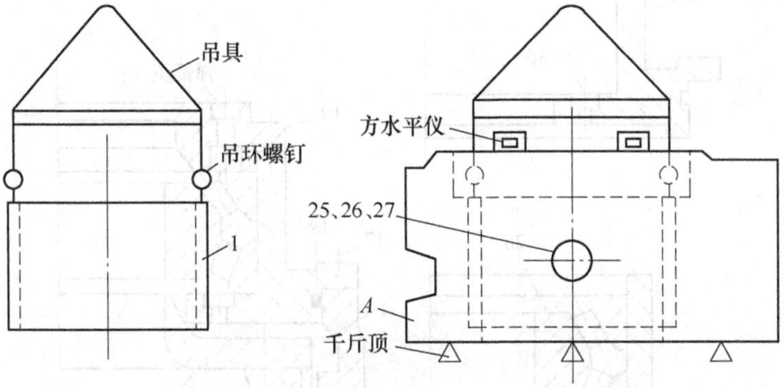

图 15-14　连轧机支承辊油膜轴承的衬套装配图

4）将套筒 2 与辊身相邻的端面朝下，把端部挡环 14 装到套筒 2 上并用螺钉 15 联接。将套筒 2 吊起插入衬套 1 内，如图 15-15 所示。在插入时注意不要划伤衬套里高精度的巴氏合金孔表面。

5）组装推力轴承 28。先把弹簧 30 和弹簧座 29 装入推力轴承箱体 16 内，再安装推力轴承 28，然后在轴承护圈 19 上安装上弹簧和弹簧座，把 O 形密封圈 18 嵌入推力轴承箱体 16 内，一起安装到轴承箱 *A* 上去，最后紧固螺钉 17，如图 15-16 所示。

6）将轴承箱组装件旋转 90°，即按工作状态放置。

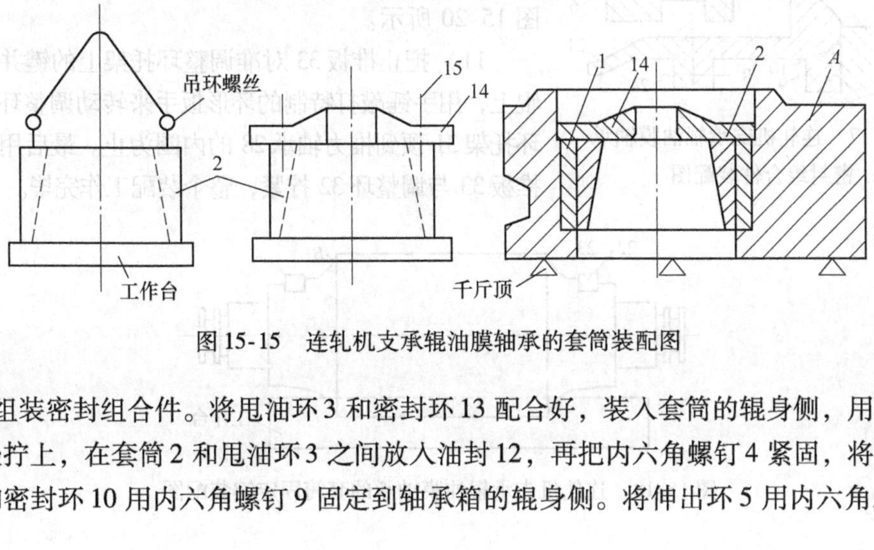

图 15-15　连轧机支承辊油膜轴承的套筒装配图

7）组装密封组合件。将甩油环 3 和密封环 13 配合好，装入套筒的辊身侧，用内六角螺钉 4 轻轻拧上，在套筒 2 和甩油环 3 之间放入油封 12，再把内六角螺钉 4 紧固，将两油封的护圈 8 和密封环 10 用内六角螺钉 9 固定到轴承箱的辊身侧。将伸出环 5 用内六角螺钉 7 固定到已装入套筒内的甩油环 3 上，再安装密封环 6。用内六角螺钉 24 把防鳞环 21 拧到护圈 8 上，如图 15-17 所示。

8）将支承辊 *B* 放到工作台上，键槽方向朝上，用内六角螺钉 23 将套筒固定键 22 紧固在槽内，如图 15-18 所示。

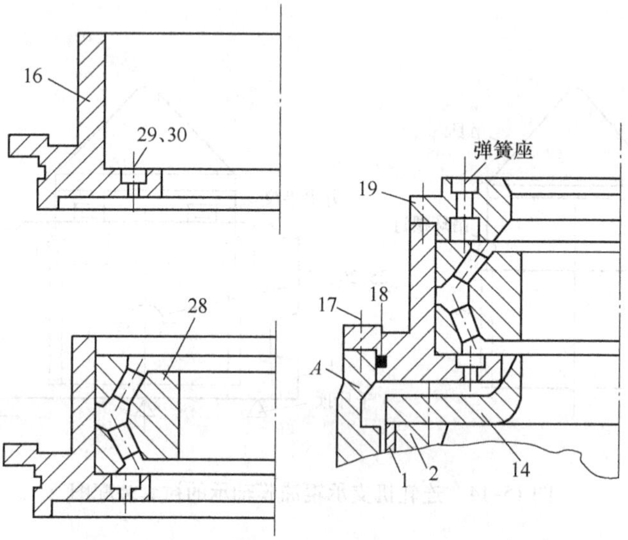

图 15-16　连轧机支承辊油膜轴承的推力轴承装配图

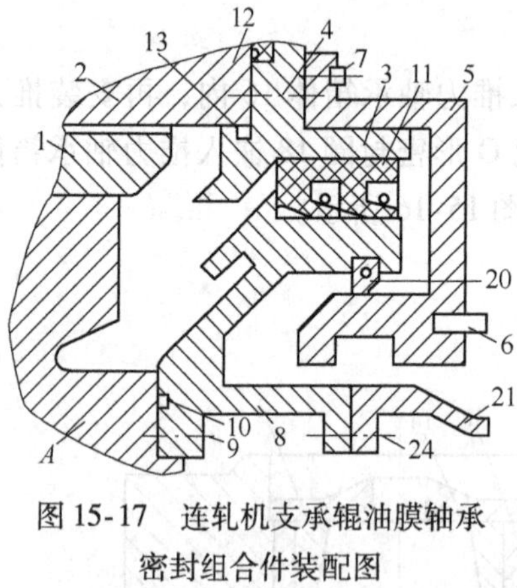

图 15-17　连轧机支承辊油膜轴承密封组合件装配图

9）把轴承箱安装到轧辊上。在吊装轴承箱时，用链式起重机吊钩挂上轴承箱，以便对箱体进行调平和对中，慢慢将轴承箱装配在轧辊轴颈上，如图 15-19 所示。

10）组装调整环 32。用内六角螺钉将键 34 固定在调整环托架 31 内侧上，再将调整环 32 与调整环托架固定拧紧，然后将其从轧辊颈端部对准插入键槽，如图 15-20 所示。

11）把止推板 33 对准调整环托架上的键并安装到轧辊上，用手锤敲打特制的环形扳手来转动调整环，使调整环托架 31 顶到推力轴承 28 的内圈为止。最后用螺钉把止推板 33 与调整环 32 拧紧，整个装配工作完毕。

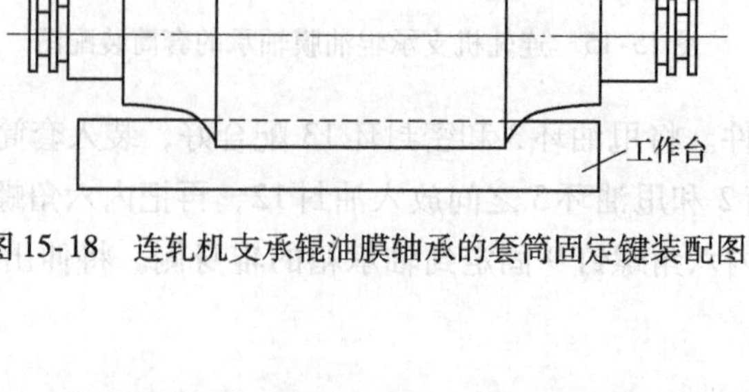

图 15-18　连轧机支承辊油膜轴承的套筒固定键装配图

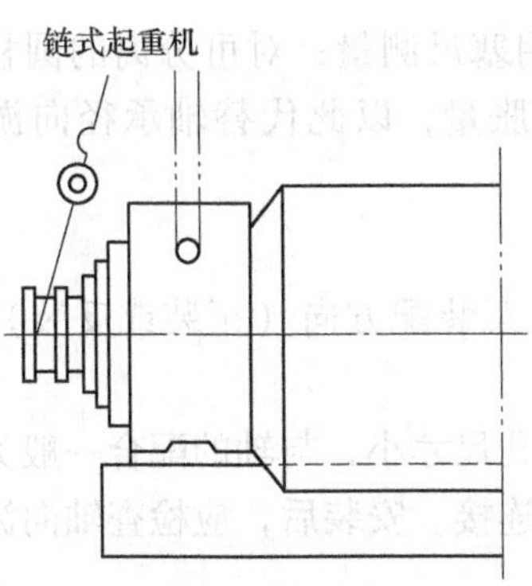

图 15-19　连轧机支承辊轴承箱吊装图

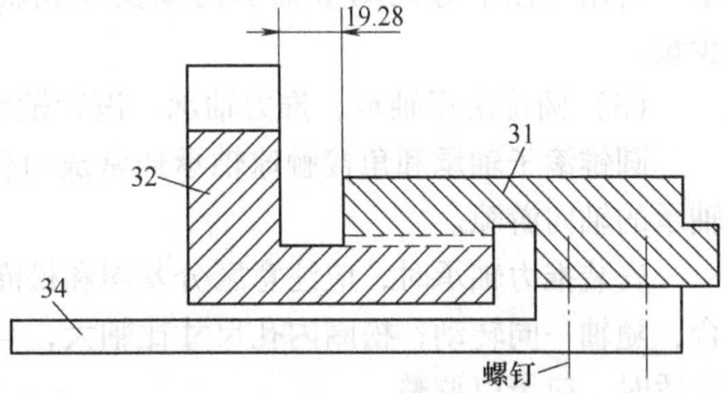

图 15-20　连轧机支承辊油膜轴承调整环装配图

15.4.2　滚动轴承的装配

滚动轴承由内圈、外圈、滚动体和保持架组成，它具有摩擦系数小、刚性好、工作可靠、寿命长等优点，在现代机械设备中得到广泛应用。

滚动轴承的装配是指轴承内圈和轴颈的连接、轴承外圈与轴承座的连接。内圈和轴颈采用基孔制配合，外圈与轴承座采用基轴制配合。

1. 装配前的准备

1）按照所装配的轴承准备好量具和工具。

2）检查与轴承相配合零件的尺寸，并进行零件的清洗。

3）核对轴承型号，涂填润滑剂。

2. 典型滚动轴承的装配

（1）圆柱孔轴承的装配　圆柱孔轴承是指内径为圆柱形的调心球轴承、圆柱滚子轴承、调心轴承和角接触轴承等。这类轴承在轴承中占绝大多数，装配方法主要取决于轴承与轴、轴承与轴承座的配合情况。由于此类轴承连接的配合过盈量不大，一般常温下可用锤击法或压入法进行装配。

锤击法即用手锤通过铜棒或软金属套筒把外力施加在轴承内圈或外圈上的装配。此法只适用于小型轴承的装配。压入法即用压力机代替人工加载进行轴承的装配。

当轴承内圈与轴为紧配合，轴承外圈与轴承座（孔）为较松配合时，装配时应先将轴承压装在轴上，然后将轴连同轴承一起装入轴承座孔中。压装时要在轴承端面垫一个由软金属制成的安装套管，防止轴承歪斜。

当轴承外圈与轴承座（孔）配合较紧，轴承内圈与轴配合较松时，可用安装套管将轴承先压入轴承座（孔）中，再安装轴。

当轴承内圈与轴配合的过盈量较大时，可采用热装法。用挂钩或网栅将轴承悬浸于油液中，均匀加热使油温达到100℃左右（油的闪点不应低于200℃），从油中取出轴承安装到轴上并一次推装到位。在冷却过程中，应始终推紧轴承，以便保证轴承的轴向定位准确。同时，应略微转动轴承，防止安装倾斜或卡死。

（2）圆锥孔轴承的装配　圆锥孔轴承可安装在有锥度的轴颈上，或安装在推卸套或紧定套的锥面上。这类轴承一般有比较紧密的配合。配合的松紧程度，依据在装配中测量轴承的径向游隙而把握。对不可分离型轴承的径向游隙可用塞尺测量；对可分离的圆柱滚子轴承，可用外径千分尺测量轴承内圈安装到轴上后的膨胀量，以此代替轴承径向游隙的减少量。

（3）圆锥滚子轴承、推力轴承、滚针轴承的装配

圆锥滚子轴承和角接触球轴承通常成对使用，要注意装配方向（正装或反装）和调整轴承的轴向游隙。

安装推力轴承时，应注意区分紧圈和松圈，紧圈内孔尺寸小，与轴的配合一般为过渡配合，随轴一同转动；松圈内孔尺寸比轴大，与机体固定连接。安装后，应检查轴向游隙，不合适时，应予以调整。

装配滚针轴承时，应先在滚针的表面涂抹稠润滑脂，然后将滚针一个紧接一个地粘贴在轴承圈上。应当注意，最后一个滚针装入后，应具有一定间隙，间隙的大小依轴承的结构而定。滚针之间的周向总间隙一般在0.5mm到滚针直径之间，不允许出现最后一颗滚针强行打入的现象，否则轴承将不能转动。

3. 滚动轴承间隙

滚动轴承的滚动体与内外圈滚道之间应有必要的间隙，以补偿制造和装配误差，防止受热膨胀和受力变形，保证滚动体的正常运转，延长轴承使用寿命。

滚动轴承间隙分为可调整型和不可调整型两种。

（1）间隙可调的轴承　由于滚动轴承的径向间隙与轴向间隙有正比关系，因此，安装、使用中只需调整其轴向间隙。轴向间隙调整好了，径向间隙也就相应地调整好了。常见的需调整间隙的轴承有：角接触球轴承，圆锥滚子轴承和推力圆柱滚子轴承。可调式轴承的轴向间隙要求见表15-1。

表15-1　可调式轴承的轴向间隙　（单位：mm）

轴承内径	轴承系列	轴向间隙			
		角接触球轴承	单列圆锥滚子轴承	双列圆锥滚子轴承	推力轴承
≤30	轻型	0.22~0.06	0.03~0.10	0.03~0.08	0.03~0.08
	轻宽和中宽型		0.04~0.11		
	中型和重型	0.03~0.09	0.04~0.11	0.05~0.11	0.05~0.11
30~50	轻型	0.03~0.09	0.04~0.11	0.04~0.10	0.04~0.10
	轻宽和中宽型		0.05~0.13		
	中型和重型	0.04~0.10	0.05~0.13	0.06~0.12	0.06~0.12
50~80	轻型	0.04~0.10	0.05~0.13	0.05~0.12	0.05~0.12
	轻宽和中宽型		0.06~0.15		
	中型和重型	0.05~0.12	0.06~0.15	0.07~0.14	0.07~0.14
80~100	轻型	0.05~0.12	0.06~0.15	0.06~0.15	0.16~0.15
	轻宽和中宽型		0.07~0.18		
	中型和重型	0.06~0.15	0.07~0.18	0.10~0.18	0.10~0.18

滚动轴承间隙的调整常采用端盖加垫片的方法。轴承间隙调整完成后，应进行轴的紧固和端面密封。

（2）间隙不可调的滚动轴承　这类轴承在安装时，应将其中一个轴承与轴承座侧盖间留出一个轴向间隙 C，以防止轴受热伸长后，内外圈发生轴向相对移动而减小轴承的轴向间隙甚至使滚动体内外圈卡住。C 值可由下式计算

$$C = L\alpha_L \Delta t + 0.15 \tag{15-11}$$

式中　α_L——轴的材料线膨胀系数（1/℃）；

L——轴承间距离（mm）；

Δt——轴与轴承体的温度差，一般为 10～15℃。

一般情况下（高温环境除外），轴向预留间隙 C 值为 0.25～0.4mm。

15.5　齿轮的装配

在机械设备中，齿轮传动是最主要的传动形式。齿轮装配是设备检修时比较重要、要求较高的工作。装配良好的齿轮，传动噪声小、振动小，使用寿命长，因此，必须严格控制齿轮传动的装配精度。下面主要介绍最常见的圆柱齿轮的装配问题。

15.5.1　齿轮装配的内容

依据齿轮传动的结构形式不同，装配工作的内容也不同。闭式传动且采用滚动轴承支承的齿轮传动，两轴的中心距和相互位置精度（平行度和轴线扭斜）完全由箱体轴承孔的加工精度来决定，装配工作只是通过钳工加工修整传动零件的制造误差。若采用滑动轴承支承齿轮传动，在轴瓦刮研过程中，可以在较小范围内适当调整两轴的中心距和位置误差。对具有单独轴承座的开式传动，在装配时，除了通过钳工加工修整传动零件的制造误差外，还要正确安装齿轮轴。

齿轮传动装配步骤通常为：①检查验收齿轮等机件；②将齿轮安装在轴上；③将齿轮轴部件安装入箱体座孔中；④检查传动时齿轮啮合质量并进行必要的调整。

15.5.2　齿轮装配的质量检测

齿轮传动工作的耐久性和可靠性与装配质量有很大关系。为保证装配质量，要求齿轮传动的装配应具有一定的齿侧间隙值；轮齿工作表面的接触斑点分布要均匀；齿轮轴线位置应安装正确。

1. 齿侧间隙的检测

（1）齿侧间隙　齿侧间隙是指一对相互啮合齿轮的非工作表面沿法线方向的距离，用 C_n 表示，如图 15-21 所示，其作用是补偿齿轮装配或制造的不精确，传递载荷时受温度影响的变形和弹性变形，并可以储存一定的润滑油，以改善轮齿表面的摩擦条件。

齿侧间隙的大小与齿轮模数、精度等级和中心距有关。齿侧间隙大小在齿轮圆周上应当均匀，以保证传动平稳，没有冲击和噪声；在齿的长度上应相等，以保证齿轮间接触良好。

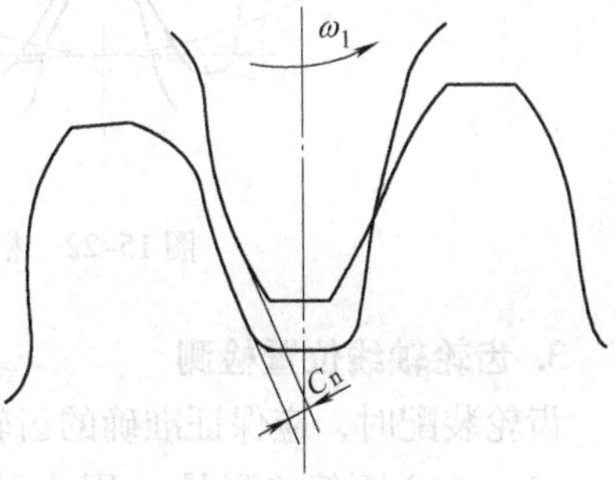

图 15-21　齿侧间隙

(2) 齿侧间隙的检查　齿侧间隙的检查方法有压铅法和千分表法两种。

1) 压铅法：此法简单，测量结果比较准确，应用较多。在两齿轮的齿面间放入一段铅丝，其直径根据间隙大小选定，长度以压下三个齿为好，然后均匀转动齿轮，使铅丝通过啮合而被压偏。厚度小的是工作侧隙，最厚的是齿顶间隙，厚度较大的是非工作侧隙。厚度均用千分尺测量。轮齿的工作侧隙和非工作侧隙之和即为齿侧间隙。

2) 千分表法：此法用于较精确的啮合检查。将其中一个齿轮固定，另一个齿轮相对晃动，用千分尺测出此晃动量即为齿侧间隙。齿侧间隙超出规定，可通过变动齿轮轴位置和刮研齿面调整。

2. 接触精度的检验

齿轮接触精度规定是以啮合接触斑点来衡量的。接触斑点是指齿轮啮合传动时，齿面相交滚压留有可见的痕迹。正常啮合的齿轮，接触斑点应在节圆处上下对称均匀分布，并有一定接触面积，具体数值可查阅相关手册。

根据接触斑点的分布可以判断齿轮啮合情况，如图 15-22 所示。

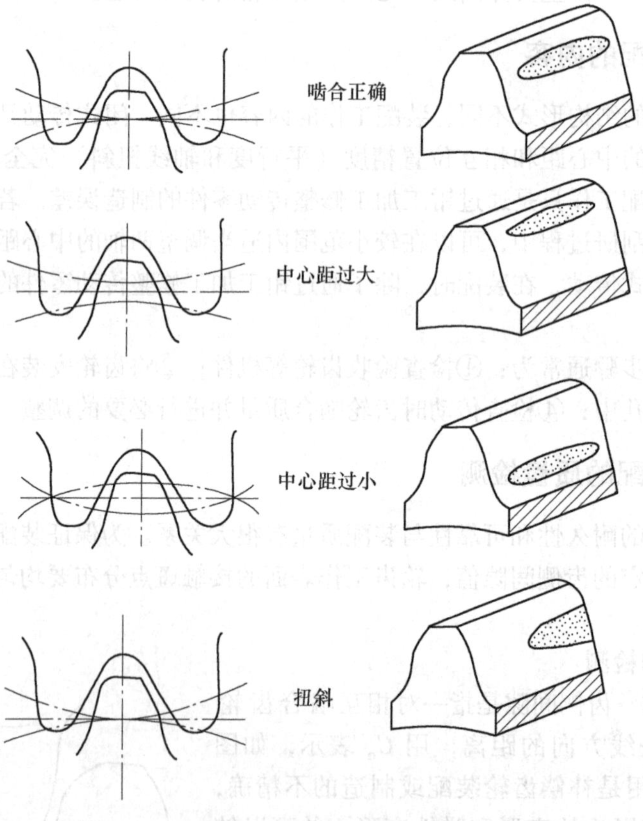

图 15-22　根据接触斑点的分布判断齿轮啮合情况

3. 齿轮轴线位置检测

齿轮装配时，应保证准确的齿轮中心距，齿轮轴线不能产生偏心和歪斜。

(1) 中心距偏差测量　用内径千分尺及方水平仪来测量中心距偏差值，如图 15-23 所示。

（2）轴线扭斜度和平行度的测量　轴线扭斜的测量可用千分表法，也可用涂色法及压铅法，如图 15-24 所示。平行度的测量与中心距测量方法相同。

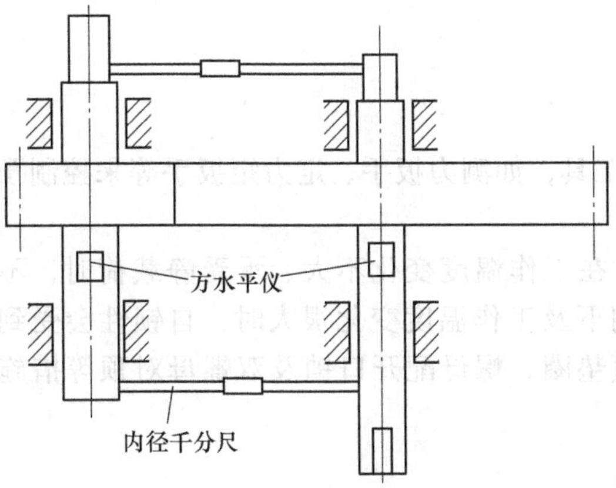

图 15-23　齿轮中心距偏差的测量

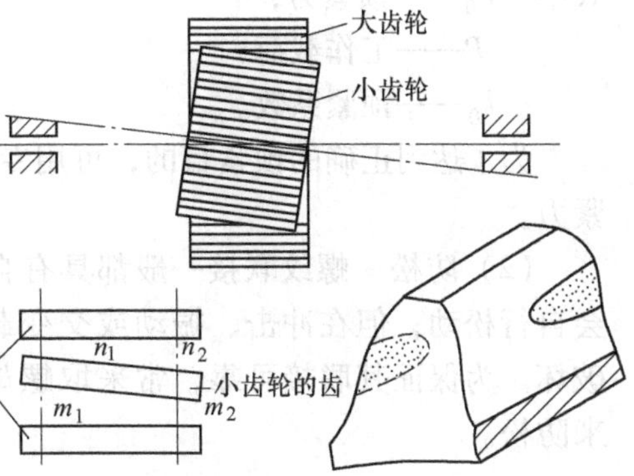

图 15-24　圆柱齿轮轴线扭斜的测量方法

15.5.3　锥齿轮的装配

锥齿轮的装配与圆柱齿轮的装配基本相同。不同的是锥齿轮传动两轴线相交，交角一般为 90°。装配时应注意的主要问题是轴线夹角的偏差、轴线不相交偏差和分度圆锥顶点偏移等。

锥齿轮传动轴线的几何位置一般由箱体加工所决定，装配时使背锥面平齐，以保证两齿轮的正确位置。锥齿轮装配后要检查侧（法向）间隙的接触精度。检查方法与圆柱齿轮相同。

15.5.4　蜗轮蜗杆的装配

蜗轮蜗杆装配时，首先安装蜗轮，将蜗轮装配到蜗轮轴上的过程和检查方法与装配圆柱齿轮相同；再将蜗轮－轴部件安装到箱体上；最后安装蜗杆。蜗杆轴线位置由箱体孔确定。

装配时必须控制以下几方面的装配误差：蜗轮、蜗杆轴线的垂直度误差；蜗杆与蜗轮啮合时的中心距偏差；蜗杆轴线与蜗轮中心平面之间的偏移量；蜗杆与蜗轮啮合法向侧隙误差；蜗杆、蜗轮啮合接触面积误差。

15.6　螺纹联接的装配

螺纹联接是一种可拆的固定联接，具有结构简单，联接可靠，拆卸方便、迅速等优点，广泛应用在机械设备上。

15.6.1　螺纹联接的预紧与放松

（1）预紧力　预紧力是保证螺纹联接的可靠性和紧密性的主要因素。预紧力不够大，在工作载荷的作用下，螺纹联接将失去紧固性和严密性。但如果预紧力过大，则会使螺栓被扭断或伸长，同样会使联接失效。

受轴向载荷的螺纹联接，预紧力可按下式确定

$$F_0 = k_0 P \tag{15-12}$$

式中 F_0——预紧力；

P——工作载荷；

k_0——预紧系数。

为了达到正确的预紧目的，可用专门装配工具，如测力扳手、定力矩扳手等来控制预紧力。

（2）防松 螺纹联接一般都具有自锁性，在工作温度变化不大、承受静载荷时，不会自行松动；但在冲击、振动或交变载荷作用下及工作温度变化很大时，自锁性会受到破坏。为保证其联接可靠，常采取螺母配弹簧垫圈、螺母配开口销及双螺母对顶等措施来防松。

15.6.2 螺纹联接装配

1. 双头螺柱的装配

1）为防止螺柱拧入时卡死，便于拆卸和重复安装，可将双头螺柱涂上润滑油。

2）双头螺柱轴线必须与机体表面垂直。安装时用直角尺检查，若轴线与机体表面有少量倾斜时，可用丝锥校正螺纹孔，或用安装的双头螺柱校正；若倾斜较大，不得强行校正，以防螺柱联接的可靠性受到破坏。

3）保证螺柱和机体联接足够紧固。

2. 螺母与螺钉的装配

1）螺母或螺钉与被紧固件贴合表面要光洁、平整，以避免拧紧时产生附加弯矩。

2）严格控制拧紧力矩，过大的拧紧力矩会使螺栓或螺钉拉长甚至折断，或引起被联接件变形。拧紧力矩不足时，联接容易松动，影响可靠性。

3）螺母拧紧后，弹簧垫圈要在整个圆周上同螺母和被联接件表面接触。螺纹露在螺母外面的长度不得少于两个螺扣，但也不应过长，一般为3~5mm。

4）拧紧成组螺母时，须按一定顺序进行，逐步分次拧紧，否则会使螺栓和机体受力不均产生变形。拧紧长方形布置的成组螺母时，应从中间开始，逐步向两侧扩展，如图15-25所示；拧紧圆形或方形布置的成组螺母时，必须对称拧紧，如图15-26所示。

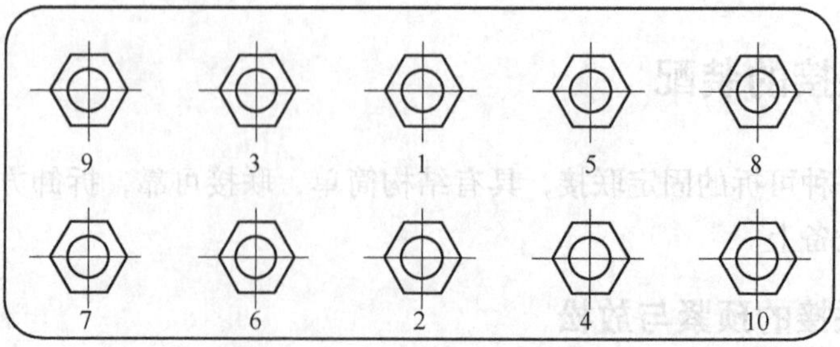

图15-25 拧紧长方形布置的成组螺母的顺序

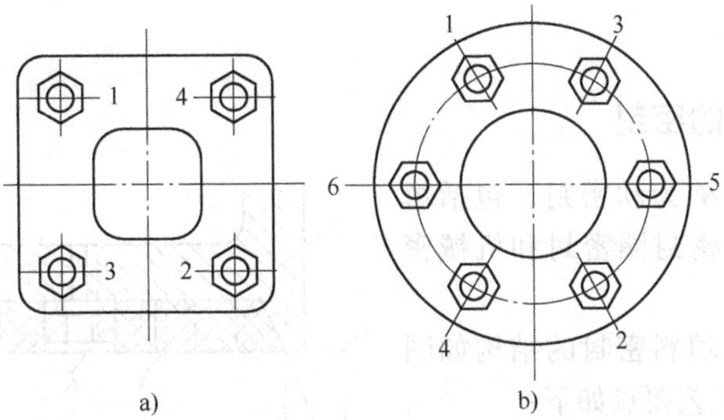

图 15-26　拧紧圆形或方形布置的成组螺母的顺序

15.7　密封装置的装配

为阻止工作介质（液体、气体）或润滑剂外泄，防止外部灰尘、水分等杂质侵入部件内部和润滑部位，必须在机械设备上设置密封装置。

在使用过程中，由于密封装置装配不良，密封件磨损、变形、老化、腐蚀等，常出现漏油、漏水、漏气现象，造成环境污染，使设备的技术性能降低；也可能造成严重事故。因此，保持机械的良好密封性能极为重要。

机械设备的密封可分为固定连接密封（如箱体结合面，法兰盘等的密封）和活动连接密封（如填料密封、轴头油封等）两种。

15.7.1　固定连接密封

固定连接密封也称为静密封，包括密合密封、衬垫密封和密封胶密封等。

（1）密合密封　由于配合的要求，在结合面之间不允许加垫料或密封漆胶时，常靠提高机件结合面的加工精度和降低表面粗糙度值进行密封，这种密封称为密合密封。装配时注意不要损伤其配合表面。

（2）衬垫密封　为保证螺纹联接的紧密性，一般在结合面之间加以较薄的垫片，如纸垫、橡胶垫、石棉橡胶垫、铜垫等，这种密封称为衬垫密封。

图 15-27 所示为衬垫密封装置。衬垫在装配时应放在连接表面中间，不得歪斜或错位。在螺栓联接预紧力作用下，衬垫发生变形，从而得到良好的密封。衬垫在装配前，要注意其密封表面的平整和清洁，以保证装配后在连接表面处不泄露。在装配过程中，衬垫有适当的预紧度，若预紧度不足，容易引起泄露；预紧度过大，会使垫片丧失弹性，引起早期失效。

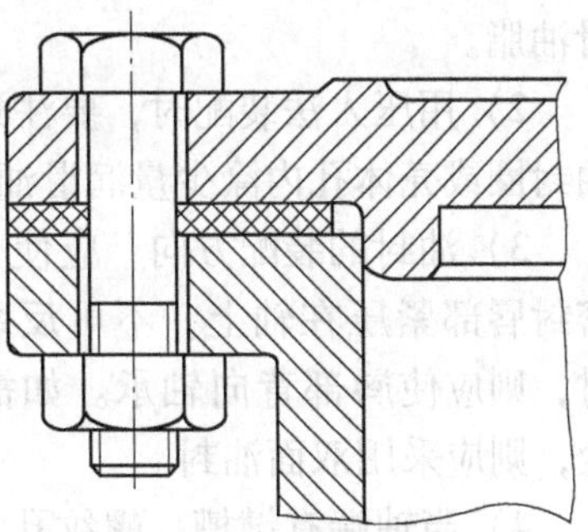

图 15-27　衬垫密封装置

（3）密封胶密封　密封胶是一种新型高分子材料，是一种具有流动性的粘稠物，能容易地填满两个结合面的空隙，适用于各种连接，如各种平面、法兰连接等。在使用密封胶之前，应将各结合面清理干净，除锈、去油污，最好能露出新的金属基体。涂胶前必须将密封胶搅拌均匀，涂胶厚度视结合面的加工精度、平面度和间隙不同而确定，还要做到涂胶层厚薄均匀。

15.7.2 活动连接的密封

活动连接密封也称为动密封，包括填料密封、油封密封、密封圈密封和机械密封等。

（1）填料密封　填料密封的结构如图15-28所示。其装配工艺要点如下：

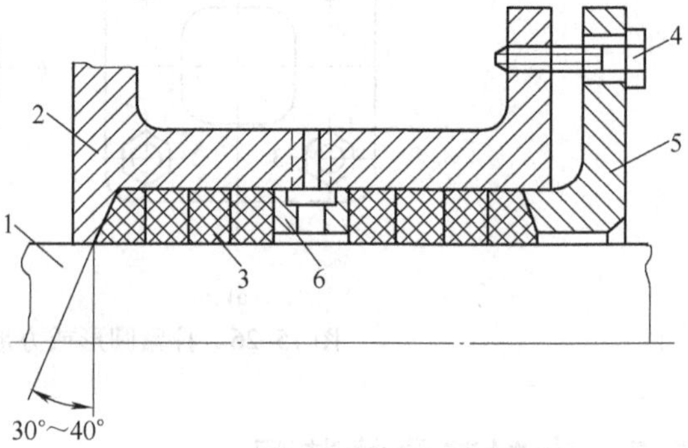

图15-28　填料密封的结构

1—主轴　2—壳体　3—软填料　4—螺钉　5—压盖　6—孔环

1）软填料可以是一圈圈分开的，各圈在轴上不要强行张开，以免产生局部扭曲或断裂。相邻两圈的切口应错开180°。软填料也可以成整条，在轴上缠绕成螺旋形。

2）壳体为整体圆筒时，以专用工具把软填料推入孔内。

3）软填料由压盖5压紧。为了使压力沿轴向分布尽可能均匀，以保证密封性能和均匀磨损，装配时应将软填料由左到右逐步压紧。

4）压盖螺钉至少有两个，必须轮流逐步拧紧，以保证圆周力均匀；同时用手转动主轴，检查其接触的松紧程度，要避免压紧后再次松开。填料密封是允许极少泄漏的。

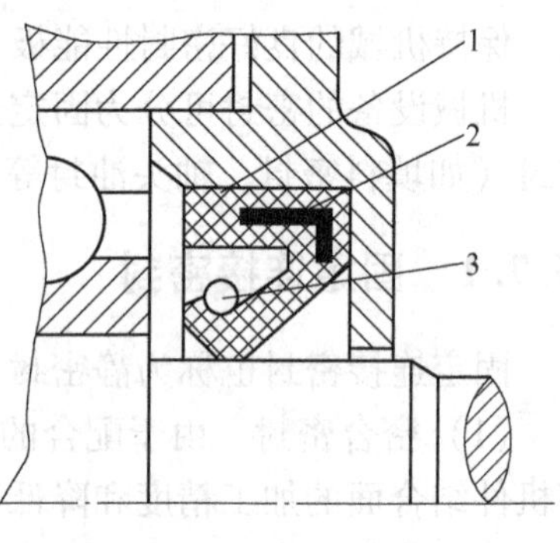

图15-29　油封

1—油封体　2—金属骨架　3—压紧弹簧

（2）油封密封　油封是广泛用于旋转轴的一种密封装置，如图15-29所示。按其结构可分为骨架式和无骨架式两类。其装配特点如下：

1）检查油封孔和轴的尺寸、轴的表面粗糙度是否符合要求，密封唇部是否损伤。在唇部和轴上涂以润滑油脂。

2）用压入法装配时，要注意使油封与壳体孔对准，不可偏斜。孔边倒角要大一些，在油封圈或壳体孔内涂少量润滑油。

3）油封的装配方向，应使介质工作压力把密封唇部紧压在轴上，不可反装。如用作防尘时，则应使唇部背向轴承。如需同时防漏和防尘，则应采用双面油封。

4）当轴端有键槽、螺纹孔、台阶时，为防止油封唇部被划伤，可采用装配导向套。此外，要严防油封弹簧脱落。

（3）密封圈密封　密封圈是最常用的密封件。其截面形状有圆形（O形）和唇形，其中最普遍、应用最广的是O形密封圈。

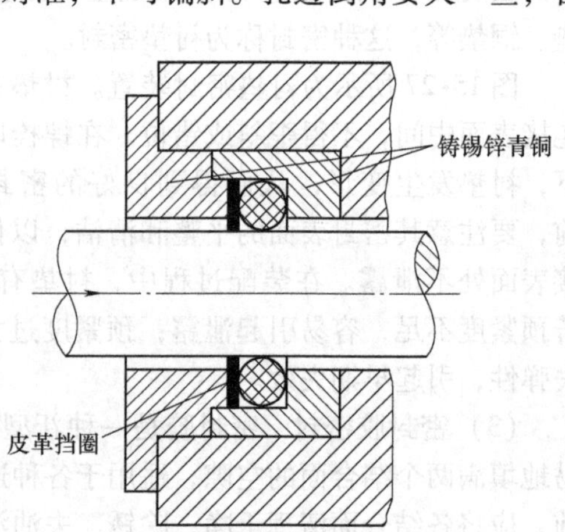

图15-30　O形密封圈

1）O形密封圈如图15-30所示，既可用于动密封，也可用于静密封。

它属于压紧型密封，必须保证有一定的预压缩量，一般截面直径压缩量为10% ~25%。其装配要点如下：

① 装配前应检查O形圈装入部位的尺寸、表面粗糙度和引入角大小及联接螺栓孔的深度。

② 装配时须在O形圈处涂上润滑油，如果要通过螺纹或键槽时，可借助导向套，然后依靠联接螺栓的预紧力，使O形圈产生变形，达到密封作用。

③ 装配时要有合适的压紧度，否则会引起泄露或挤坏O形圈。另外，当工作压力较大，需用挡圈时，还要注意挡圈的装配方向，即在O形圈受压侧的另一侧面装上挡圈。

2）唇形密封圈。唇形密封圈应用范围很广，既适用于大、中、小直径的活塞和柱塞的密封，也适用于高、低速往复运动和低速旋转运动的密封。它的种类很多，有V形、Y形、U形等。图15-31所示为V形密封圈密封装置，其装配要点如下：

① 装配前，应检查密封圈的质量、装入部位的尺寸、表面粗糙度及引入角大小。

② 装配时密封圈处要涂以润滑脂，并避免过大的拉伸引起塑性变形。

③ 装配后要有合适的压紧度，此外，当受到较大的轴向力时，需加挡圈以防止密封圈从间隙挤出，挡圈均安装在唇形圈的根部一侧。

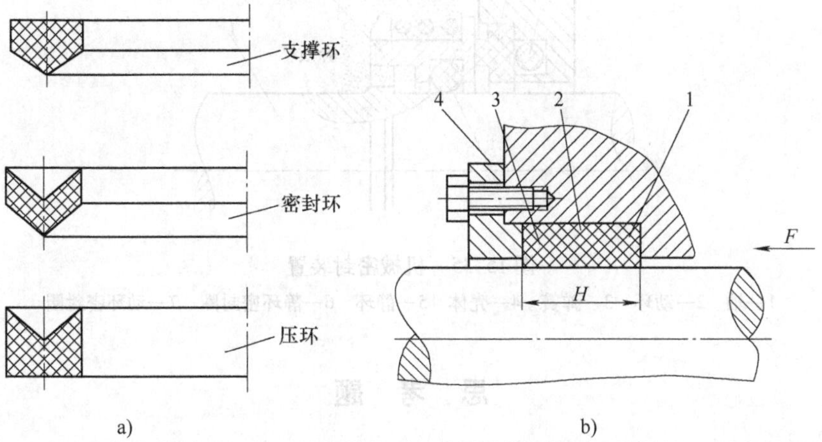

图15-31　V形密封圈密封装置

1—支撑环　2—密封环　3—压环　4—调整垫圈

在使用密封装置时，由于密封圈的根部受高温、高压的影响，常会出现变形、损伤等情况。

图15-32所示为密封圈唇部咬入间隙的情况；图15-33所示为密封圈根部被挤出的情况。这是由于密封圈安装处空隙太大、轴向压力过大、密封件材料的硬度偏低等原因导致的密封圈变形，破坏了密封效果。

图15-32　密封圈唇部咬入间隙

图15-34所示为采用支撑环防止密封圈

从间隙挤出的预防措施，即在密封圈根部加一支撑环。

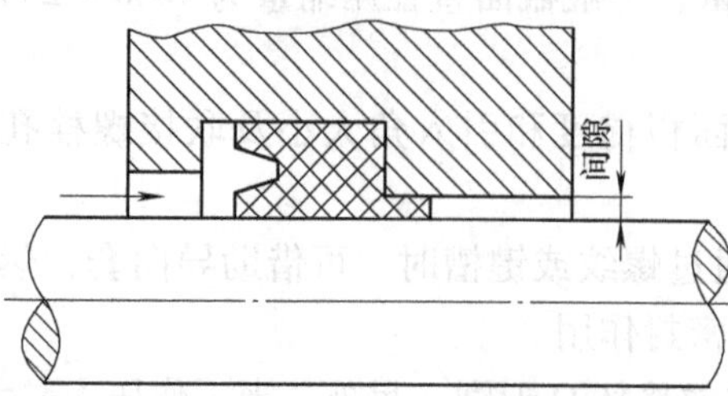

图 15-33　密封圈根部被挤出

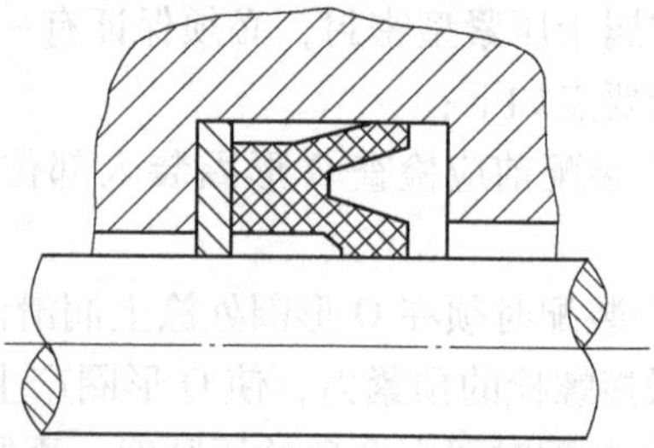

图 15-34　加支撑环的预防措施

（4）机械密封　机械密封是用于旋转轴的密封装置，如图 15-35 所示。它是由两个在弹簧力和密封介质静压力作用下互相贴合并作相对转动的动静环构成的密封，可以在高压、高温、高速、大轴径以及密封气体、液化气体等条件下很好地工作，具有寿命长、磨损量小、泄露量小、安全、动力消耗小等优点。

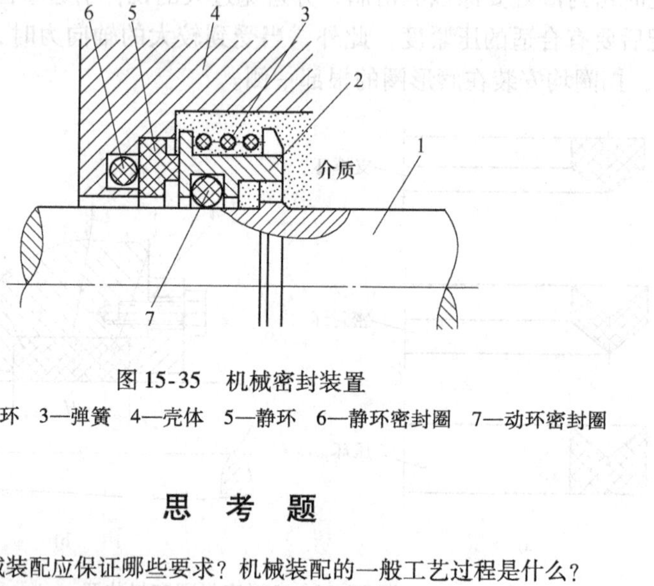

图 15-35　机械密封装置

1—轴　2—动环　3—弹簧　4—壳体　5—静环　6—静环密封圈　7—动环密封圈

思　考　题

1. 什么是机械装配？机械装配应保证哪些要求？机械装配的一般工艺过程是什么？

2. 为保证配合精度可采用哪些装配方法？

3. 什么是过盈配合的装配？过盈配合有哪几种装配方法？

4. 如图 15-36 所示，齿轮与轴采用过盈连接装配，齿轮和轴的材料均为钢（$\alpha_L = 12 \times 10^{-6}/℃$）。(1) 若采用常温下的压装配合，试按近似简化式计算压入力；(2) 如采用热装配合，试确定加热温度（设室温为 20℃），以及测温样杆的测量尺寸。

5. 液压装配时，膨胀油泵和压入油泵的作用各是什么？在装配开始和结束时，其起动和卸压的顺序有何要求？

6. 联轴器找正时，可能遇到哪几种情况？

7. 在联轴器测量找正时，为什么要使两半联轴节一起转动？

8. 用外圆端面双表法找正联轴器，测量结果如图 15-37 所示。试根据测量结果画出两轴线在垂直平面和水平平面的偏移示意图，并分别计算其调整量和确定调整方向。用单表法对两半联轴节 A、B 进行找正测量时，在垂直平面内，若从 A 向 B 测得上方读数为零，下方读数为 -0.12mm，又表示什么意义？

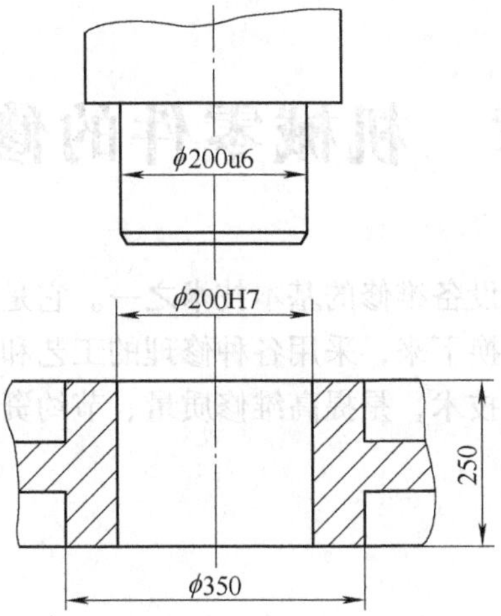

图 15-36　思考题 4 图

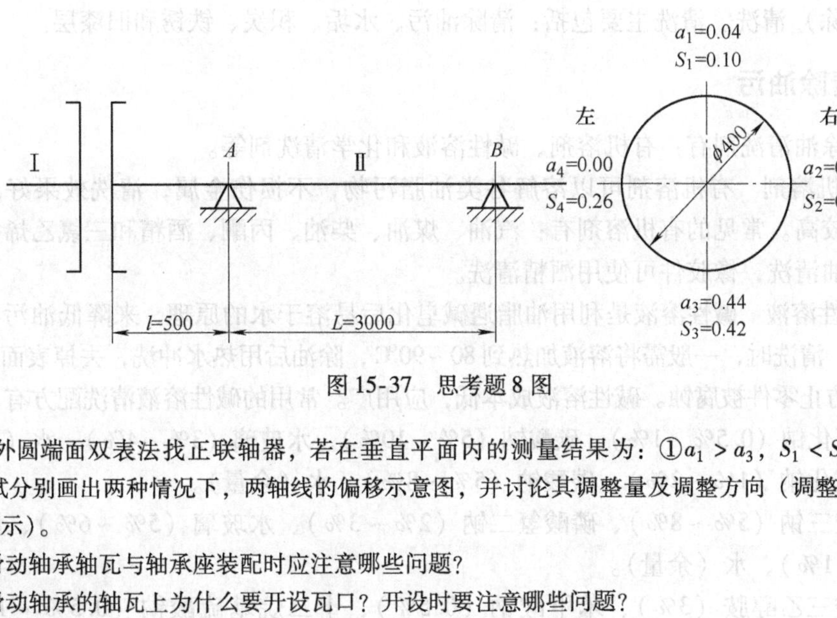

图 15-37　思考题 8 图

9. 用外圆端面双表法找正联轴器，若在垂直平面内的测量结果为：①$a_1 > a_3$，$S_1 < S_3$；②$a_1 < a_3$，$S_1 > S_3$。试分别画出两种情况下，两轴线的偏移示意图，并讨论其调整量及调整方向（调整量的大小可用 x、y、e 表示）。

10. 滑动轴承轴瓦与轴承座装配时应注意哪些问题？

11. 滑动轴承的轴瓦上为什么要开设瓦口？开设时要注意哪些问题？

12. 什么是接触角和接触斑点？在刮研轴瓦时，对接触角和接触斑点有何要求？

13. 滑动轴承的间隙有哪几种？其作用是什么？

14. 滚动轴承装配时应注意哪些问题？

15. 滚动轴承间隙用垫片法调整时，如何确定垫片厚度？

16. 为保证齿轮的装配质量，应提出哪几方面的要求？

17. 齿侧间隙的作用是什么？如何测量？

18. 齿面接触斑点如何检查？如何根据接触斑点的分布判断齿轮的安装质量？

19. 预紧力的大小对螺纹联接的可靠性和紧密性有何影响？控制预紧力的方法有哪几种？

20. 试述拧紧成组螺母（钉）的工艺要点。

21. 何谓静密封和动密封？

22. O 形密封圈装配有哪些要求？

第16章　机械零件的修复技术

机械零件修复技术是机械设备维修的基本技术之一。它是指机械设备检修时，把磨损的零件或意外事故损坏的零件更换下来，采用各种修理的工艺和技术进行修理，修好后再重新使用。合理地选择和运用修复技术，是提高维修质量、节约资源、缩短停修时间和降低维修费用的有效措施。

16.1　零件的清洗

零件经过长期工作后，其表面会有大量不同成分的污物。零件修复之前，必须将这些污物进行（清除）清洗。清洗主要包括：清除油污、水垢、积炭、铁锈和旧漆层。

16.1.1　清除油污

常用的除油清洗剂有：有机溶剂、碱性溶液和化学清洗剂等。

（1）有机溶剂　有机溶剂可以溶解各类油脂污物，不损伤金属，清洗效果好，使用方便，但成本较高。常见的有机溶剂有：汽油、煤油、柴油、丙酮、酒精和三氯乙烯等。精密件可使用汽油清洗，橡胶件可使用酒精清洗。

（2）碱性溶液　碱性溶液是利用油脂遇碱皂化后易溶于水的原理，来降低油污与金属表面的结合力。清洗时，一般需将溶液加热到80~90℃，除油后用热水冲洗，去掉表面残留的碱性溶液，以防止零件被腐蚀。碱性溶液成本低，应用广。常用的碱性溶液清洗配方有：

1）氢氧化钠（0.5%~1%）、碳酸钠（5%~10%）、水玻璃（3%~4%）、水（余量）。

2）氢氧化钠（1%~2%）、碳酸钠（5%~8%）、水（余量）。

3）磷酸三钠（5%~8%）、磷酸氢二钠（2%~3%）、水玻璃（5%~6%）、烷基苯磺酸钠（0.5~1%）、水（余量）。

4）油酸三乙醇胺（3%）、苯甲酸钠（0.5%）、十二烷基硫酸钠（0.5%~1%）、水（余量）。

其中第一、二种配方碱性较强，用来清洗一般钢铁件；第三种配方碱性较弱，适于清洗一般钢铁件及铝合金件；第四种配方呈弱碱性，适于清洗精加工或抛光的钢铁及铝合金件的加工表面。

（3）化学清洗剂。化学清洗剂是一种化学合成的水基金属清洗剂，以表面活性剂为主。由于其表面活性物质能降低界面张力而产生湿润、渗透、乳化、分散等多种作用，因此具有很强的去污能力。它还具有无毒害、耐腐蚀、有一定防锈能力、成本较低等优点，目前已逐步替代其他清洗液。

16.1.2　清洗水垢

机械设备的冷却系统由于长期使用硬水或含杂质较多的水，在冷却器及管道内壁上沉积了一层黄白色的水垢。水垢使水管截面缩小、热导率降低，严重影响冷却效果，影响冷却系统的正常工作，必须定期清除。

水垢的主要成分是碳酸盐、硫酸盐，有的还含有硅酸盐和氧化铁等。水垢可用化学去除法清除。清除水垢的化学清洗液应根据水垢成分与零件材料选用。常用的去除法有以下几种：

（1）磷酸盐除垢　以碳酸钙和硫酸钙为主要成分的水垢，可用3%～5%的磷酸三钠溶液清洗。

（2）盐酸除垢　以碳酸钙和硫酸镁为主要成分的水垢，可用2.5%盐酸溶液清洗。

（3）碱溶液除垢

1）铸铁材料，用氢氧化钠750g、煤油150g加水10L的比例配成溶液清洗。

2）铝制材料，用硅酸钠15g、软肥皂2g加水1L的比例配成溶剂清洗。

3）钢制材料，溶液浓度可大些，约10%～15%的氢氧化钠配成溶剂清洗。

4）非铁金属材料，溶液浓度应小些，约2%～3%的氢氧化钠配成溶剂清洗。

发动机冷却系统清洗时，可起动发动机，以使冷却系统中的清洗液流动，冲刷水垢。

压缩机冷却系统清洗时，可用泵循环清洗，清洗液的流动方向与正常使用时水的流动方向相反，可提高冲洗效果。水套和散热器的冲洗要分别进行，以免水套内的铁锈或水垢将散热器的水管堵塞。

16.1.3　清除积炭

积炭是由于燃料燃烧不完全，在高温下形成的复杂混合物，一般由胶质、沥青质、油焦质和炭质等组成。积炭常存在于发动机、空气压缩机等某些工作温度较高的零部件上，会影响散热效果，恶化传热条件，导致零件过热，甚至产生裂纹，必须及时清除。

常用的积炭清除方法有机械清除法和化学清除法。

（1）机械清除法

1）用金属丝刷或刮刀清除。方法简便易行，但容易损伤零件，效率很低。

2）用压缩空气吹送干燥且碾碎的桃、李、杏的核及核桃的硬壳冲击有积炭的零件表面，破坏积炭层而达到清除目的。特点是生产效率高，不易损坏零件，但零件上有一些细小的孔易堵塞。

（2）化学清除法　对精加工零件的表面，不能采用机械清除法，可采用化学清除法。将零件浸入氢氧化钠、碳酸钠等温度为80～95℃的清洗溶液中，使油脂溶解或乳化，积炭变软，取出后，用毛刷刷去积炭，再用0.1%～0.3%的重铬酸钾热水清洗，最后用压缩空气吹干。

16.1.4　除锈

锈层是金属与空气中氧、水分及酸性物质接触腐蚀后，在其表面生成的氧化混合物，主要有FeO、Fe_3O_4、Fe_2O_3等，也常称为铁锈。它会加速零件的腐蚀损坏，必须设法去除。除锈的主要方法有：机械法、化学酸洗法和电化学酸蚀法。

（1）机械法　机械法是利用机械磨削加工方法来清除零件表面锈层，常用的有刷、磨、抛光、喷砂等。单件小批生产，靠人工用钢丝刷、刮刀、砂布等刷、刮或打磨锈蚀层。成批或有条件的，可用各种电动除锈工具进行除锈，如电动磨光、抛光、滚光等。喷砂除锈是利用压缩空气，把一定粒度的砂子通过喷枪喷在零件的锈蚀表面上。机械法除锈会在零件表面留下刮伤的痕迹，使零件表面有一定的表面粗糙度。因此，机械法除锈只能用于不重要的零件表面。

（2）化学酸洗法　利用锈蚀氧化物和酸的化学作用，生成溶于水的铁或亚铁的酸盐物，使锈蚀层从金属表面脱掉的方法，称为化学酸洗法。同时，酸还与金属铁作用析出氢，促使锈蚀物脱离及铁氧化物的溶解，加快除锈速度。

常用的化学酸液有：盐酸、硫酸和磷酸。需根据零件具体材质、成分、表面精度等选择合适配比。

（3）电化学酸蚀法　电化学酸蚀法是将零件在电解液中通以直流电，通过化学反应达到除锈的目的。这种方法具有除锈快、不损伤基体金属、耗量少等优点。电化学酸蚀法分为两类：一类是把被除锈的零件作为阳极；另一类是把被除锈的零件作为阴极。阳极除锈是由于通电后金属溶解以及在阳极的氧气对锈层的撕裂作用而分离锈层。阴极除锈是由于通电后在阴极上产生的氢气使氧化铁还原和氢对锈层的撕裂作用使锈蚀物从零件表面脱落。前者主要缺点是当电流密度过高时，易腐蚀过度，破坏零件表面，故适用于外形简单的零件。后者虽无过蚀问题，但氢易浸入金属中，产生氢脆，降低零件塑性。因此，需根据锈蚀零件的具体情况确定合适的除锈方法。

16.1.5　清除漆层

零件外露表面为了防锈往往涂有油漆。工作一定时间后，因表面受损、漆层老化或其他原因的过早损坏，需要清除旧的漆层，以便喷涂新漆。清除旧漆层的方法有机械清除法和化学清除法两种。

（1）机械清除法　用砂纸打磨、铲除、钢丝刷刷除等方法，也可采用效率较高的喷砂清除法。此方法工人劳动强度较大，工作环境较差，易损伤零件，难以清除凹拐角部位，清除效果不够理想。

（2）化学清除法　将有机溶剂、碱性溶液等退漆剂，涂刷在零件的漆层上，使之溶解软化，再借助工具去除漆层。此方法不损伤零件，清除效果好。

16.2　零件的检验

机械设备维修过程中，零件的检验是一道重要的工序，也是制订维修工艺措施的主要依据，它影响着零件的维修质量和维修成本。

16.2.1　零件的检验内容

（1）几何精度　几何精度的检验包括检测尺寸精度和形状、位置精度。它是保证配合精度的关键。

（2）表面质量　表面质量的检验包括表面粗糙度、表面擦伤、磨损、腐蚀、裂纹等的检验。

（3）力学性能　力学性能的检验主要指硬度的检测，其他指标如应力状态、平衡状态、弹性、刚度、振动等，可根据需要适当进行检测。

（4）隐蔽缺陷　包括对使用过程中产生的微观裂纹及制造过程中出现的内部夹渣、气孔、疏松、空洞等缺陷的检测。

（5）材料性质　包括材料成分、含碳量、合金含量及材料均匀性等检测。

16.2.2　零件的检验方法

（1）感觉检验法　检测人员凭借眼测、耳听、触觉等直观感觉和经验鉴别零件的技术状况。这种方法在实践中应用较普遍。但只适用于分辨缺陷明显或精度要求不高的零件，且要求检测人员有较丰富的经验和技术。

（2）仪器检验法　利用各种检测工具（如卡钳、钢直尺、游标卡尺、外径千分尺、百分表、塞规、齿轮规等）和专用仪器（如硬度测量仪、强度试验机等）检测零件的技术状况。这种方法应用最广。

（3）物理检验法　物理检验法是利用一些仪器和工具通过电、磁、光、声、热等物理量穿过零部件时引起的变化，来测定零部件技术状况的一种方法。这种检测又称为零件无损检测。它主要用于对零件进行定期检查、维修检查、运转中检查。检查出在使用条件下产生的缺陷，并根据缺陷的种类、形状、大小，产生部位、应力水平、应力方向等，预测缺陷的发展程度，以确定是否需要修理或报废。现在生产中广泛应用的检测方法有：磁力法、渗透法、超声波法和射线法。

1）磁力法：磁力法是利用磁力线通过铁磁性材料时所表现出来的情况，来判断零件内部有无裂纹、空洞、组织不均匀等缺陷，又称为磁力探伤。原理是用强大的交流电感应出磁场，将零件磁化，若零件内部组织均匀一致，则磁力线通过零件的方向是一致的。若零件内部有缺陷，则会形成较大的磁阻，磁力线便会改变方向，绕过缺陷，显露出缺陷的位置和大小，如图16-1所示。磁力探伤的特点是灵敏度高、操作简单迅速，但只适用于易被磁化的零件，探伤后零件应进行退磁处理，以免影响正常工作。

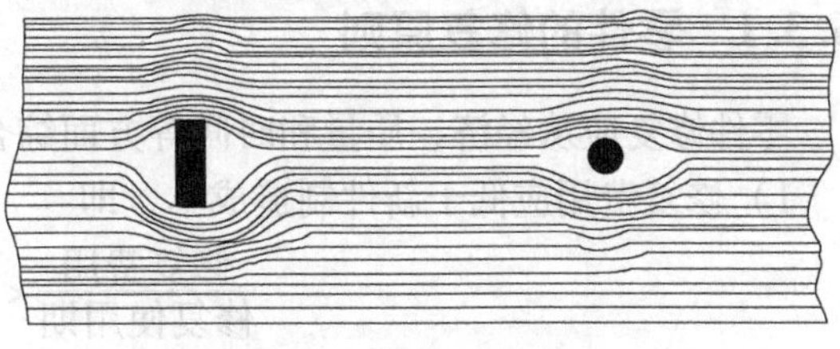

图16-1　磁力线探伤原理

2）渗透法：对于奥氏体不锈钢，铜、铝及其合金等无磁性材料的表面缺陷，可采用荧光剂或着色剂进行渗透探伤。

荧光探伤是把荧光剂（含有氧化镁的矿物油）涂在被检测零件表面，由于荧光剂具有很强的渗透能力，可迅速渗透到缺陷中。把零件放在紫外线灯下观察，渗入缺陷内的荧光物质会显示出黄绿色，根据发光程度，可判断其缺陷情况。

着色探伤是将着色剂（含有苏丹红染料）涂在被检测零件上，着色剂渗透到零件表面缺陷内部，再涂上一层白色显示剂，缺陷处的红色渗透剂即显示出来，可用4～10倍的放大镜形象地看出缺陷位置与形状。

3）超声波法：如图16-2所示，把脉冲振荡器发射的电压加到探头的晶片上，使之振动后产生超声波，并以一定的速度通过零件传播，当遇到缺陷和底面时产生反射，被探头接受，通过高频放大、检波，在荧光屏上显示出来。荧光屏的横坐标表示距离，纵坐标代表反射波声压强度。从图16-2中可看出，缺陷波（F）比底面反射波（B）先返回探头，这样，

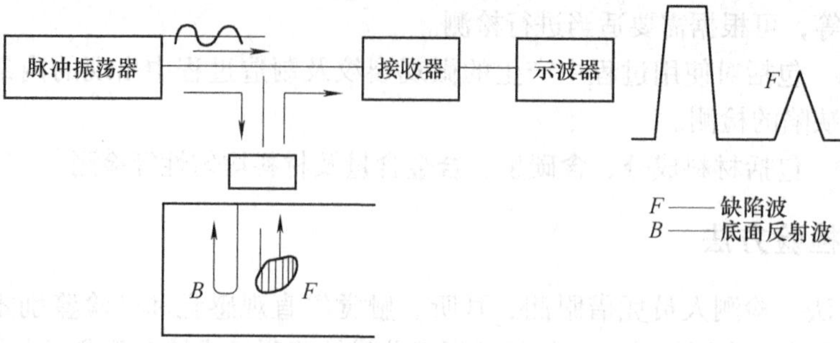

图 16-2　超声波探伤原理

根据反射波的有无、强弱、时间间隔，就可以知道是否存在缺陷，以及缺陷的位置和大小等。此法灵敏度高，可检查出零件中较小的缺陷，能准确地知道缺陷的位置和大小。

4）射线法：射线法是检验零件内部深处缺陷的一种准确而又可靠的方法，被大量地用于重要零件的检验。射线有 X 射线、γ 射线和中子射线三种。生产中应用最广泛的是 X 射线照相法。射线在穿透物体的过程中会产生吸收和散射。当射线经过物质时，会引起不同程度的衰减，在物体背面放置的照相底片得到不同程度的感光。若有缺陷时，则通过缺陷处的射线衰减程度减小，照片上的感光较强。底片在缺陷部位上显示出明显可见的黑色条纹（未焊透、裂纹）或黑色斑点（气孔、夹渣）。

16.3　零件的修复原则及修复方法

16.3.1　零件的修复原则

零件修复应从经济、质量和时间等方面综合考虑，其修复原则如下：

1）修复费用应低于新件制造成本，即

$$\frac{\text{修复费用}}{\text{修复使用期}} < \frac{\text{新件成本}}{\text{新件使用期}}$$

2）修复工艺选择应满足零件的修复要求。

3）修复后能保持零件原有技术要求。

4）修复后不影响零件的使用寿命和性能。并考虑进行改进，延长寿命，改善其性能。

16.3.2　零件的修复方法

零件的修复工艺和方法很多，目前生产中常用的零件修复方法详见表 16-1。

表 16-1　常用的零件修复方法

修复工艺	基本方法
钳工和机械加工修复	1. 钳工： 1）铰孔；2）研磨；3）刮研；4）钳工修补 2. 机械加工： 1）局部更换法；2）换位法；3）镶补法；4）金属扣合法（强固扣合、强密扣合、加强扣合、热扣合）；5）调整法；6）修理尺寸法；7）压力加工

（续）

修复工艺	基 本 方 法
焊接修复	1. 焊补： 1）铸铁件的焊补；2）钢件的焊补；3）非铁金属的焊补 2. 堆焊： 1）手工堆焊；2）自动堆焊 3. 喷涂、喷焊 4. 钎焊
电镀修复	1. 镀铬 2. 镀铜 3. 镀铁 4. 电刷镀
粘结修复	1. 无机粘结 2. 有机粘结

16.4 钳工和机械加工修复

钳工和机械加工是零件修复过程中最主要、最基本、应用最广泛的工艺方法，既可以单独修复零件，也可以与其他焊、镀等工艺方法共同完成零件的修复。

16.4.1 钳工修复

（1）铰孔　铰孔是利用铰刀对零件进行精密加工和修整性加工，以获得较高的尺寸精度和较小的表面粗糙度值。铰孔主要用来修复各种零件的配合孔。

（2）研磨　研磨是用研磨工具，加入研磨剂，磨去零件表面上一层极薄的金属层，以获得较高的加工精度和较小的表面粗糙度值。常用于修复零件的高精度配合表面。

（3）刮研　刮研是利用刮刀从零件表面上刮去很薄的金属，再涂色或与配合件进行配合检验的反复加工过程，以获得较高的表面精度和接触精度。刮研常用于修复互相配合件的重要滑动表面，手工进行操作，不受工件位置限制。

（4）钳工修补

1）键槽。当轴或轮毂磨损或损坏其一时，可将磨损或损坏的键槽加宽，然后配制阶梯键。当轴或轮毂全部损坏时，允许将键槽扩大10%～15%，然后配制大尺寸键。当键槽磨损大于15%时，可按原键槽位置旋转90°或180°，按标准重新开槽。开槽前需将旧键槽用气焊或电焊填满并修整。

2）螺纹孔。当螺纹孔产生滑扣或螺纹剥落时，可先将旧螺纹扩钻成光孔，然后攻出新螺纹，配上特制的双头螺栓。

16.4.2 机械修复

1. 局部更换法

局部更换法是指仅更换零件上损坏部分的修理方法。如果零件结构允许，可将磨损严重的部位切除，将这部分重制新件，用机械连接、焊接或粘接的方法固定在原来的零件上，使零件得以修复。图 16-3a 所示为将双联齿轮中磨损严重的小齿轮轮齿切去，重制一个小齿圈，用键联结，并用骑缝螺钉固定的局部更换。图 16-3b 所示为在保留的轮毂上，铆接重制的齿圈的局部更换。图 16-3c 所示为局部更换牙嵌式离合器并以粘接法固定的局部更换。

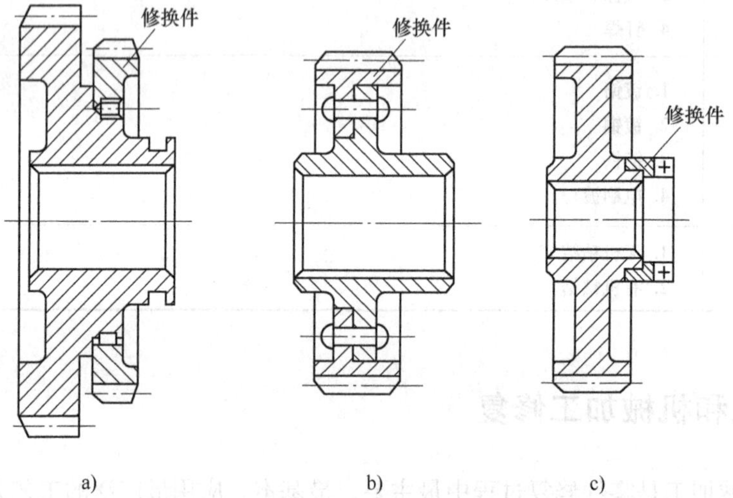

图 16-3　局部更换法

局部更换法的特点是：修复质量高，能节约优质钢材。但工艺较复杂，对硬度大的零件加工较困难，较适宜修复局部损坏的零件。

2. 换位法

有些零件由于使用的特点，经常产生单边磨损，或磨损有明显的方向性，对称的另一边磨损较小。如果结构允许，在不具备彻底对零件进行修复的条件下，可以利用零件未磨损的一边，将它换一个方向安装即可继续使用，这种方法称换位法。例如，主、从传动圆柱直齿齿轮，轮齿出现磨损不均时，采用翻转 180°安装或换移啮合轮齿的方法，均可起到延长齿轮使用寿命的目的。

3. 镶补法

镶补法是在零件磨损或断裂处补以加强板或镶装套等，使其恢复使用的一种修复方法。对于中小型零件，此方法操作简单，适用广泛。

在零件出现断裂时，可在其裂纹处镶加补强板，用螺钉或铆钉将补强板与零件连接起来；对于脆性材料，应在裂纹端处钻止裂孔，如图 16-4 所示。对于损坏的圆孔、圆锥孔，可采取扩孔镶套的方法，即将损坏的孔镗大后镶套，套与孔采用过盈配合。

4. 金属扣合法

对于不易焊补的钢件和不允许有较大变形的铸件，在发生裂纹或断裂时，可用金属扣合法修复。金属扣合法主要有以下几种类型：

（1）强固扣合　在垂直于损坏零件的裂纹或折断面上，铣或钻出具有一定形状和尺寸

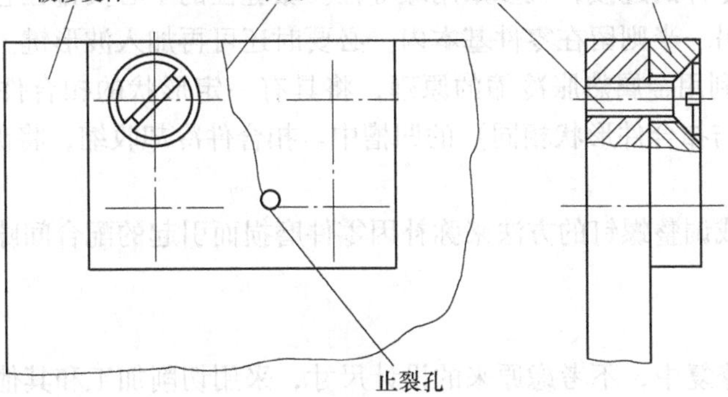

图 16-4　铸铁裂纹用加固法修复

的波形槽，镶入波形键，在常温下铆击，使波形键产生塑性变形而充满槽腔，甚至嵌入零件的基体之内。由于波形键的凸缘和波形槽互相扣合，将开裂的两边重新牢固连接为一整体。波形键如图 16-5 所示，其主要尺寸有：

$$d=(1.4\sim1.6)b$$

$$l=(2.0\sim2.2)b$$

$$t\leqslant b$$

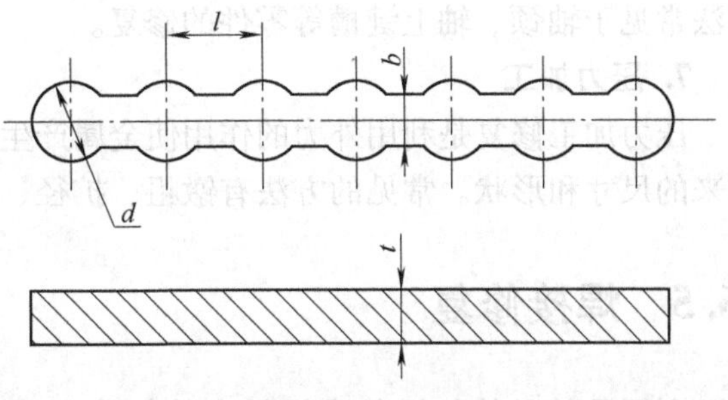

图 16-5　波形键

波形键凸缘的数目一般选用 5、7、9 个。波形键的材料常用 1Cr18Ni9 或 1Cr18Ni9Ti。

（2）强密扣合　对承受高压的气缸或容器等有密封要求的零件，应采用强密扣合法，如图 16-6 所示。

这种方法是在强固扣合的基础上，每间隔一定距离加工出一些缀缝栓孔，形成一条密封的“金属纽带”，以达到阻止渗漏的目的。

（3）加强扣合　修复承受高载荷的厚壁零件，单纯使用波形键扣合不能保证其修复质量，而必须在垂直于裂纹或折断面上镶入钢制的砖形加强件来承受载荷，如图 16-7 所示。

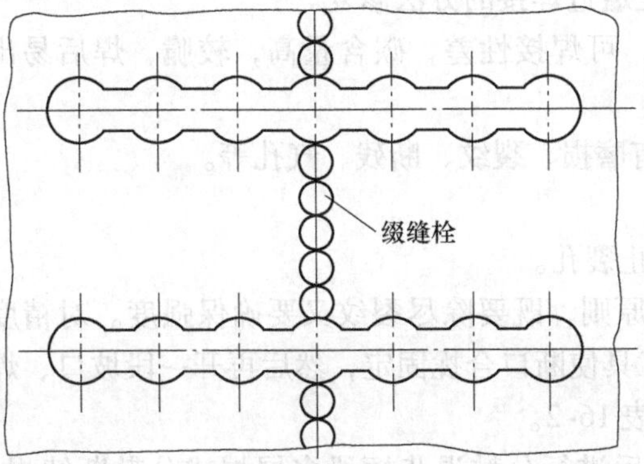

图 16-6　强密扣合法

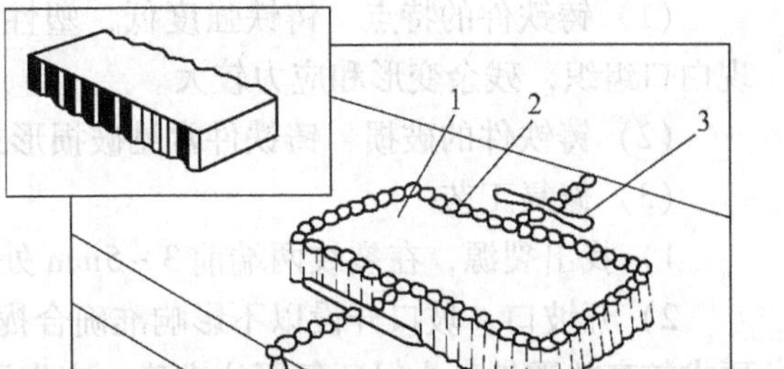

图 16-7　加强扣合法

1—加强件　2—缀缝栓　3—波形键

钢制砖形加强件和零件的连接，大多采用缀缝栓。缀缝栓的中心安排在它们的结合线上，一半嵌在加强件上，另一半则留在零件基本内。必要时还可再加入波形键。

（4）热扣合　利用金属热胀冷缩的原理，将具有一定形状的扣合件加热后，放入零件损坏处（加工好的与扣合件形状相同）的凹槽中。扣合件冷却收缩，将破裂的零件密合。

5. 调整法

利用增减垫片或调整螺钉的方法来弥补因零件磨损而引起的配合间隙增大，它是维修常用的方法。

6. 修理尺寸法

在失效零件的修复中，不考虑原来的设计尺寸，采用切削加工和其他加工方法恢复零件的形状精度、位置精度、表面粗糙度和其他技术条件，从而获得一个新尺寸，该尺寸称为修理尺寸。与此相配合的零件则按修理尺寸制作新件或修复，这种方法称为修理尺寸法。这种方法常见于轴颈、轴上键槽等零件的修复。

7. 压力加工

压力加工修复是利用外力的作用使金属产生塑性变形，以补偿磨损掉的金属，恢复零件原来的尺寸和形状。常见的方法有镦粗、扩径、压挤、延伸、滚压、校正等。

16.5　焊接修复

利用零件基体与焊条或焊粉在热能作用下一起熔化，以得到良好的晶内结合的方法称为焊接修复，其特点是结合强度高，设备简单，成本低。但是，热能的影响会使零件基体的组织和形状发生变化。根据提供热能的方式不同，焊接修复可分为焊条电弧焊、气焊和等离子弧焊等；按照焊接修复的工艺和方法的不同，又可分为焊补、堆焊、喷焊和钎焊等。

16.5.1　焊补

1. 铸铁件的焊补

铸铁件大多为机器设备的基础件，形状复杂，制造周期长，尺寸精度要求和形状精度要求较高，使用中损坏时没有备件更换，大部分是通过焊接的方法修复。

（1）铸铁件的特点　铸铁强度低，塑性差，可焊接性差，碳含量高，较脆，焊后易出现白口组织，残余变形和应力较大。

（2）铸铁件的破损　铸铁件常见破损形式有磨损、裂纹、断残、气孔等。

（3）修复工艺

1）找出裂源，在裂纹两端前3～5mm处钻止裂孔。

2）开坡口。坡口开设以不影响准确合拢为原则，既要除尽裂纹又要确保强度。对精度要求较高的零件，为保证复原位准确，应先用工具使断口合拢固定，然后再开一段坡口、焊接一段。坡口形式如图16-8所示，坡口尺寸见表16-2。

3）较深坡口的焊接，应先进行盖面焊，然后进行分散退步短段多层焊或分散断续焊。如图16-9所示，先把第1段焊满，填足坡口后，再退步施焊第2段，每段的长度为50mm左右，层间温度和接续温度为60℃左右。焊接方向与裂纹走向垂直。

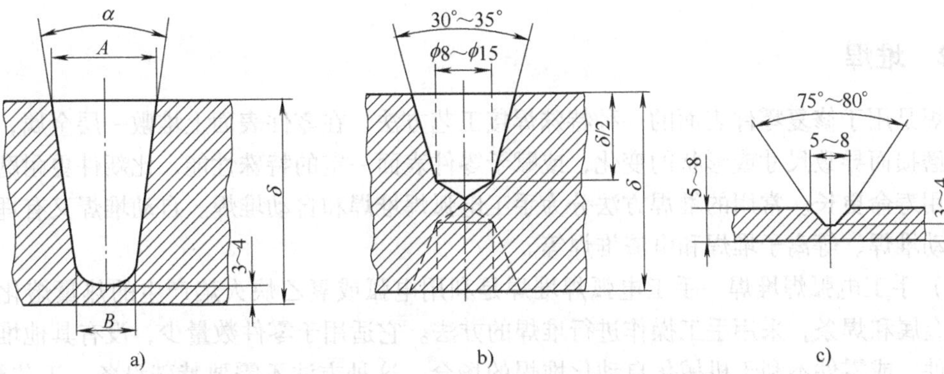

图 16-8 坡口形式

a）单面坡口 b）双面坡口 c）薄壁件坡口

表 16-2 坡口尺寸

δ/mm	B/mm	A/mm	α/(°)
15 ~ 40	10	15 ~ 20	16 ~ 18
40 ~ 80	15	30 ~ 50	28 ~ 30

2. 钢件的焊补

钢件进行焊补主要是为修复裂纹和补偿磨损尺寸。由于钢的种类繁多，所含各元素在焊补时都会发生一定的改变，因此焊接性差别会很大。其中以含碳量的变化影响最为显著。

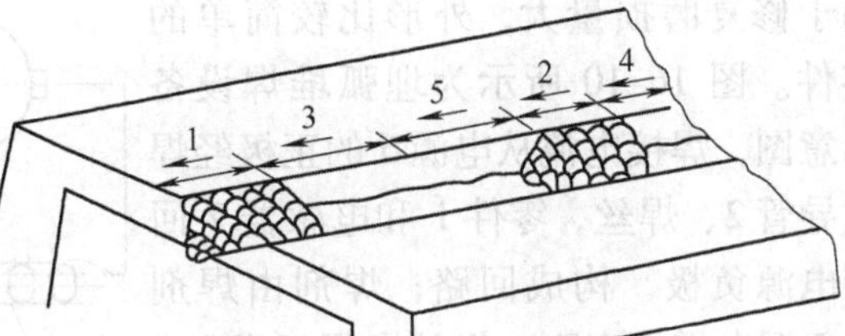

图 16-9 深坡口的分散退步短段多层焊法

（1）低碳钢　含碳量低的材料，焊接性能良好，不需要采取特殊的工艺措施。

（2）中碳钢　中碳钢焊补时容易产生裂纹，其主要原因是在焊缝中碳和硫的含量偏高。预热是防止焊补中碳钢零件产生裂纹的主要措施，通常 35 钢和 45 钢的预热温度为 150 ~ 250℃，焊后应尽可能缓慢冷却，并进行低温回火。

（3）高碳钢　由于含碳量更高，焊接硬化和裂纹倾向更大，高碳钢焊接性更差，必须进行预热，且温度不低于 350℃，焊后要进行热处理。

3. 非铁金属焊补

常用的非铁金属有铜及铜合金、铝及铝合金等。因它们的导热性能高，线膨胀系数大、熔点低，高温状态下脆性较大、强度低，很容易被氧化，所以焊接性差，焊补比较复杂和困难。

（1）铜及铜合金　铜易被氧化，生成氧化铜，使焊缝的塑性降低，产生裂纹；铜在液态状态下能溶解大量氧气，冷却后，在焊缝熔合区形成气孔；铜焊补温度高，焊件易产生变形，内应力大。焊补时，开 60° ~ 90° 的 V 形坡口。预热工件温度为 300 ~ 700℃，焊后要进行热处理。

（2）铝及铝合金　铝比铜更易被氧化，生成氧化铝薄膜，其熔点很高，焊补时很难熔化，易造成焊缝金属夹渣；铝的吸气性好，易产生气孔；导热性好，热胀冷缩严重，易产生变形；铝合金在高温下强度很低，焊补时易引起塌落和焊穿现象。

16.5.2 堆焊

堆焊是用于修复零件表面的一种特殊焊接工艺方法。在零件表面上堆敷一层金属，弥补基体因磨损而导致尺寸或形状的变化，或赋予零件表面一定的特殊性能，比新件更耐磨、耐蚀，使用寿命更长。常用的堆焊方法分为手工电弧焊堆焊和自动堆焊。自动堆焊又有埋弧堆焊、振动堆焊、等离子堆焊和电渣堆焊等。

（1）手工电弧焊堆焊　手工电弧焊堆焊是利用电弧或氧乙炔火焰产生的热量熔化零件的基体金属和焊条，采用手工操作进行堆焊的方法。它适用于零件数量少，没有其他堆焊设备的条件，或零件不利于机械化自动化堆焊的场合。这种方法不需要特殊设备，工艺简单，应用广泛；但合金元素烧损较多，劳动强度大，生产率低。

（2）自动堆焊　自动堆焊与手工电弧焊堆焊的主要区别是，引燃电弧、焊丝送进、焊炬和零件的相对移动等全部由机械自动进行，克服了手工电弧焊堆焊生产率低、劳动强度大等主要缺点。

（3）埋弧堆焊　埋弧堆焊目前应用较广。

1）埋弧堆焊的工作原理：埋弧堆焊是在熔剂保护下自动堆焊，特别适用于修复磨损量大，外形比较简单的零件。图 16-10 所示为埋弧堆焊设备示意图，焊接电流从电源6 的正极经焊丝导管 2、焊丝、零件 1 和电感器 7 回到电源负极，构成回路；焊剂由焊剂斗 5 漏向零件表面；焊丝由焊丝卷盘 3 送进。焊接过程中零件回转，焊丝导管、焊剂斗作轴向移动。

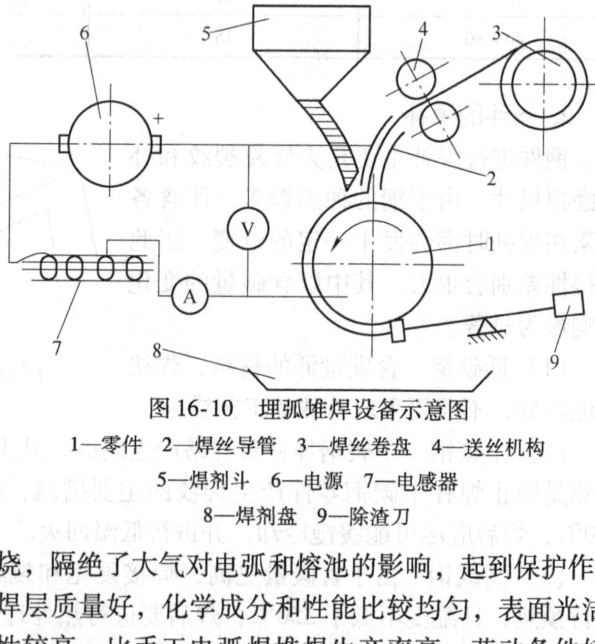

图 16-10　埋弧堆焊设备示意图

1—零件　2—焊丝导管　3—焊丝卷盘　4—送丝机构
5—焊剂斗　6—电源　7—电感器
8—焊剂盘　9—除渣刀

焊接开始时，焊丝与焊件之间引燃电弧，电弧热使焊件、焊丝和焊剂熔化，并有部分蒸发。金属和焊剂的蒸发形成一个空腔，电弧就在空腔内燃烧，隔绝了大气对电弧和熔池的影响，起到保护作用并防止了热量的迅速散失。埋弧堆焊的焊层质量好，化学成分和性能比较均匀，表面光洁、平整，气孔夹渣较少，焊层硬度、耐磨性较高，比手工电弧焊堆焊生产率高，劳动条件好。但是埋弧堆焊热量比较集中，熔池较深，易引起零件变形，材料较贵，成本较高。

2）埋弧堆焊工艺：材料、零件的准备→零件的预热→堆焊→冷却与消除内应力→表面加工。

焊接材料有低碳钢焊丝 H08A，重要零件可用中锰焊丝 H08MnA 及高硅高锰焊剂、高硅低锰或无锰焊剂。

16.5.3 喷涂、喷焊

1. 喷涂

金属喷涂是利用热源把金属粉末或线状材料加热熔化，用高压、高速气流将其雾化成细小的金属颗粒，高速喷到零件表面，形成一层金属覆盖层。喷涂是零件修复和表面强化的一种新工艺，应用较广。

（1）喷涂的特点　材料不受焊接性的限制，适应性强，几乎各种能加热到熔化或半熔化状态的材料均可喷涂。喷涂温度为70～80℃，零件修复时不会发生组织变化，热应力小，变形也小，适用于细长或截面变化零件的修复。

（2）氧乙炔焰粉末喷涂　使用专门设计的喷枪，先用火焰将零件预热，而后粉末随氧乙炔轻微碳化焰混合气流一起经喷嘴喷出。粉末在通过氧乙炔火焰时，被加热熔化，同时被加速，高速射向工件表面，形成喷涂层。

2. 喷焊

喷焊是在喷涂基础上发展起来的。它将喷涂层再进行一次重熔处理，与零件基体表层材料达到熔融状态，进一步形成更紧密的冶金结合层。

（1）喷焊的特点　喷焊可以看成是喷涂和金属堆焊的复合工艺，克服了喷涂层结合强度低和堆焊熔池较深等缺陷。喷焊不仅可用来修复磨损的零件，当使用合金粉喷焊时，能使修复件比新件更耐磨，而且它还可以用于新零件表面的强化、装饰等，使零件的使用性能更好，寿命更长，因此得到广泛应用。

（2）氧乙炔焰粉末喷焊　用氧乙炔喷枪把喷涂在工件表面的（自熔性）合金粉末继续加热，使之熔融并与零件基体结合的过程，称为氧乙炔焰粉末喷焊，也称重熔处理。它有两种操作方法：一种是将喷粉和重熔分两步进行的两步法，第一步把合金粉用轻微碳化焰喷涂在零件表面上；第二步用中性焰或轻微碳化焰将涂层重熔，得到致密均匀的喷焊层，这种方法适用于大面积及轴类零件喷焊。另一种方法为一步法，是采用中性焰将喷涂和重熔两个工序同时进行操作的方法，即边喷边熔，这种方法适用于小面积及形状不规则的零件。

16.5.4　钎焊

钎焊是以熔点比零件基体金属低的材料作钎料，把它放在焊件连接处一同加热到高于钎料熔点而低于零件基体金属熔点的温度，利用熔化后的液态钎料润湿基体金属，填充接头间隙，并与基体金属产生扩散作用而把分离的两个焊件连接起来的方法。

钎焊具有温度低，对焊接件组织和力学性能影响小，接头光滑平整，工艺简单，操作方便等优点。但存在接头强度低，溶剂有腐蚀作用等缺点。适用于强度要求不高的零件产生的裂纹或断裂的修复，尤其适用于低速运动零件的研伤、划伤等局部缺陷的修复。

钎焊按照钎料熔化温度不同分为软钎焊和硬钎焊，软钎焊用熔点低于450℃锡钎焊，硬钎焊用熔点高于450℃铜锌、铜磷等钎焊。

16.6　电镀修复

电镀修复是利用电化学方法在镀件表面上沉积所需形态的金属覆盖层，从而修复零件的尺寸精度或改善零件表面性能。电镀是修复零件的最有效方法之一，应用十分广泛，主要用于修复磨损量不大、精度要求高、形状结构复杂、批量较大和需要某种特殊镀层的零件。目前常用的电镀方法有镀铬、镀铜和电刷镀技术等。

16.6.1 基本原理

图16-11所示为电镀基本原理示意图。在装有电解液的镀槽中，悬挂着阴极和阳极。镀槽中的阴极为电镀的零件，接直流电源负极；阳极是与镀层材料相同的极板（镀铬除外），接电源正极。电解液中的阳离子，主要是镀覆的金属离子，在电场力的作用下向阴极移动，在阴极表面得到电子，生成金属原子，并覆盖在阴极表面上。

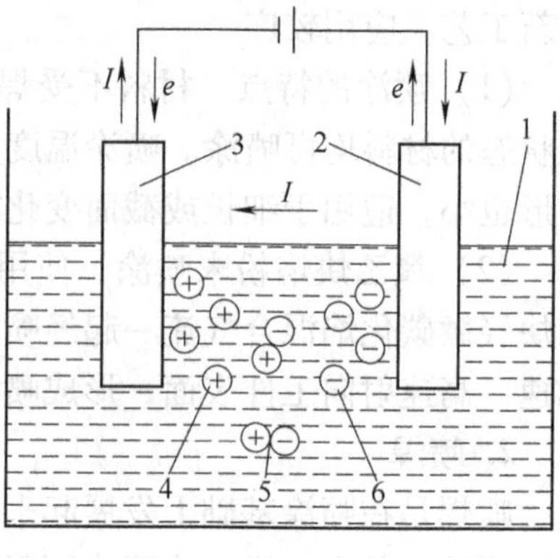

图16-11 电镀基本原理示意图
1—电解液 2—阳极 3—阴极
4—正离子 5—未电离的分子
6—负离子

16.6.2 镀铬

镀铬是电镀修复常用的方法之一，可以修复磨损零件的表面尺寸，特别是可提高零件的表面耐磨性。

1. 镀铬的特点

1）镀层化学稳定性好，摩擦系数小，硬度高，有较高的耐磨性。

2）镀层有较高的耐热性，结合强度高，抗腐蚀性能强。但是，镀层厚度超过0.5mm时，结合强度和疲劳强度会降低。

3）镀铬的工艺较复杂，成本高。主要用于重要零件的修复，不宜修复磨损大的零件。

2. 镀铬工艺

1）镀前准备。镀前要进行机械加工绝缘处理，采用护屏除去油脂和氧化皮，进行刻蚀处理。

2）吊入镀槽进行电镀。根据镀铬层要求选定镀铬规范，按时间控制镀层厚度。

3）镀后加工处理。镀后，首先检查镀层质量，测量尺寸，不合格时，用酸洗或反极退镀，重新电镀。镀后通常要进行磨削加工；镀层薄时可直接镀到尺寸；要求镀层厚度超过0.1mm的重要零件应进行热处理，以提高镀层韧性和结合强度。

16.6.3 镀铜

铜的镀层与基体金属的结合能力很强，不需要进行复杂的镀前准备，在室温和很小的电流密度下即可进行，操作方便。

镀铜常用于恢复过盈配合的表面，如滚动轴承外圈的加大；改善间隙配合件的摩擦表面质量，如齿轮镀铜；零件渗碳处理前，对不需渗碳部分镀铜作防护层；在钢铁零件镀铬、镀镍之前常用镀铜作底层，作为防腐保护层。

16.6.4 镀铁

镀铁按电解液的温度可分为高温镀铁和低温镀铁。在90～100℃温度下进行镀铁，使用直流电源的称高温镀铁。这种方法获得的镀层硬度不高，且与基体结合不可靠。在40～50℃常温下进行镀铁，采用不对称交流电源的称低温镀铁。它解决了常温下镀层与基体结合的强度问题，镀层的力学性能较好，工艺简单，操作方便，在修复和强化机械零件方面可取代高温镀铁，并已得到广泛应用。

16.6.5 电刷镀

电刷镀是电镀技术的新发展，具有设备简单，工艺灵活，镀层结合强度高；沉积速度快，效率高；工件温度低，不会引起材料性能变化；镀层厚度易控制，表面粗糙度值小等优点，适用于大型零件、复杂零件及精密零件的修复或抢修，在设备维护中得到广泛应用。

（1）电刷镀原理 图16-12所示为电刷镀的原理示意图，直流电源的正极接镀笔，作为电刷镀时的阳极，电源的负极接工件，作为电刷镀时的阴极。镀笔周期性地浸蘸（或浇注）专用的刷镀液，与接于电源负极的工件接触并作相对运动，镀液中的金属离子在电场的作用下扩散移动，不断被还原并沉积在工件表面形成镀层。

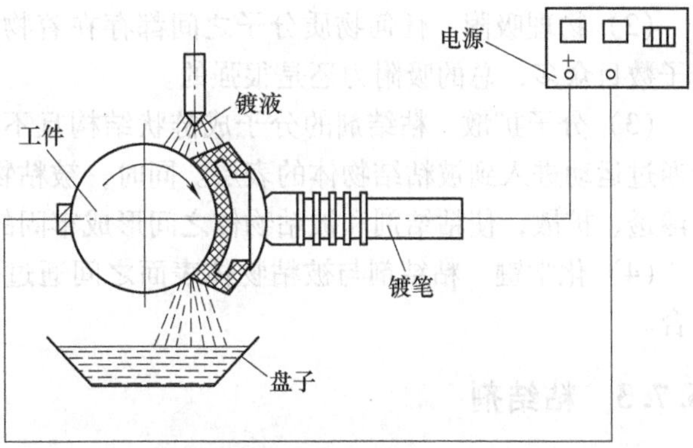

图16-12　电刷镀原理示意图

（2）电刷镀工艺

1）表面预处理：去除工件表面的毛刺和疲劳层，并获得正确的几何形状、表面粗糙度值。

2）脱脂除锈。

3）电净处理：指对工件欲镀表面及其邻近部位进行精脱脂。电净后，用水冲净。

4）活化处理：指用活化液去除工件氧化膜和其他污物，使金属表面活化，提高镀层与机体的结合强度。活化后，用水冲净。

5）镀底层：为了提高镀层和基体的结合强度，并避免某些酸性镀液对基体金属的腐蚀，在刷镀工作层前，刷镀很薄一层（1~5μm）特殊镍、碱铜等作底层。

6）镀工作层：指根据工件的特殊使用厚度要求进行刷镀。

16.7 粘结修复

粘结是利用粘结剂把分离、断裂或磨损的零件进行连接、修复的一种工艺方法，它以其快速、牢固、经济等优点代替了传统的铆、焊及螺纹联接等。

16.7.1 粘结修复的特点

1）适用范围广，可粘结各种金属或非金属材料。

2）接头应力分布均匀，粘结力较强，比铆、焊及螺纹联接的连接力高3~10倍。

3）粘结温度低，不产生热应力，不会变形。

4）粘结工艺简单，成本低。

5）具有耐腐蚀，耐酸、碱、油、水，绝缘、隔热等性能。

6）粘结强度大多比基体强度低很多，不耐高温，耐冲击较差，易老化变质。

16.7.2 粘结修复的原理

粘结剂与被粘物体间的粘合是机械连接、物理吸附、分子扩散、化学键等多种形式综合作用的结果。

（1）机械连接　任何物体表面都是粗糙的、多孔的，粘结时，各种粘结剂渗入到物体的空隙中，固化后形成无数微小的“销钉”将两个物体镶嵌在一起，起到机械固定作用。

（2）物理吸附　任何物质分子之间都存在着物理吸附作用，这种力虽然较弱，但由于分子数目众多，总的吸附力还是很强的。

（3）分子扩散　粘结剂的分子成链状结构且不停地运动，在粘结过程中，粘结剂的分子通过运动进入到被粘结物体的表层。同时，被粘物体的分子也会进入到粘结剂中。这样相互渗透、扩散，使粘结剂和被粘物体之间形成牢固的结合。

（4）化学键　粘结剂与被粘物体表面之间通过化学作用形成化学键，从而产生紧密的结合。

16.7.3 粘结剂

粘结剂的种类很多，按基料的化学成分分为：无机粘结剂和有机粘结剂。

（1）无机粘结剂　无机粘结剂主要为磷酸—氧化铜粘结剂。它能承受较高温度（600～850℃），粘附性能好，抗压强度可达90MPa，套接抗拉强度可达50～80MPa，可用于粘结硬质合金刀头，套接折断钻头等。

（2）有机粘结剂　常用的有机粘结剂有环氧树脂和热固性酚醛树脂。

1）环氧树脂：它的分子中含有环氧基，在粘结中能与某些其他物质产生化学反应而生成很强的分子作用力。它具有较高的强度，粘附力强，固化后收缩小，耐磨、耐蚀、耐油，绝缘性好，适宜的工作温度在150℃以下，是一种使用广泛的粘结剂。

2）热固性酚醛树脂：它是一种常用的胶料，粘附性很好，但脆性大，机械性能差，一般同其他高分子化合物混合后使用。例如，与环氧树脂或橡胶混合使用。

16.7.4 粘结修复工艺

（1）粘结剂的选用　粘结时，首先必须根据被粘物的材质、结构、形状，承受载荷的大小、方向，使用条件以及粘结工艺条件的可能性等选择使用的粘结剂。常用粘结剂的性能和用途可参考相关书籍或手册。

（2）接头设计　粘结接头设计要保证接头的粘结强度。

1）尽可能增大接触面积。将粘结接头的粘合面积增大，即可提高粘结接头强度。

2）设计粘结接头时以承受切应力为好，尽量避免拉伸、弯曲应力和接头边缘应力集中，避免产生剥离和扯离应力。

3）粘结接头的基本形式如图16-13所示。

（3）表面处理　粘结前，被粘结物表面应进行预加工，如机械处理。对于要求结合强度较高的金属零件应采用化学处理，以达到要求的表面粗糙度值，保证粘结强度。

（4）粘结　在相互粘结的表面涂抹粘结剂，涂层厚度一般控制在0.05～0.3mm为宜，涂层要完满、均匀。

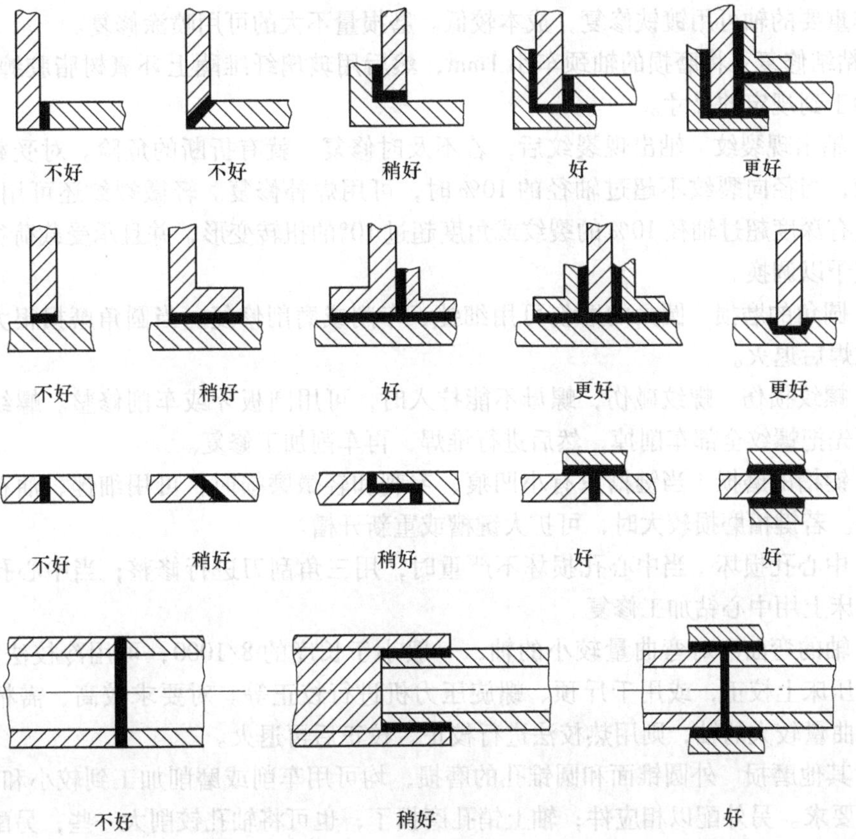

图 16-13　粘结接头的基本形式

(5) 固化　固化应在一定压力、温度、时间等条件下进行，加压是为了挤出胶层与被粘物之间的气泡和加速气体挥发，从而保证胶层均匀，固化后缓慢冷却，以免产生内应力。

(6) 质量检验　检验粘结层表面有无翘起和剥离现象，有无气孔和空穴，是否固化等。

16.8　典型零部件的修复

16.8.1　轴的修复

轴是最易磨损或损坏的零件，经常需要进行修复。常见磨损或损坏的具体修复内容如下：

(1) 轴颈磨损　轴颈因磨损而失去正确的几何形状和尺寸，变成椭圆形或圆锥形。常需要用以下方法进行修复：

1）按规定尺寸修复：当轴颈磨损量小于 0.5mm 时，可用机械加工方法使轴颈恢复正确的几何形状，然后按轴颈的实际尺寸选配新轴承。

2）堆焊法修复：几乎所有的堆焊工艺都能用于轴颈的修复，堆焊后应进行热处理退火。

3）电镀或喷涂修复：当轴颈磨损量在 0.4mm 以下时，重要的轴可用镀铬修复，但成本较高。非重要的轴可用镀铁修复，成本较低。磨损量不大的可用喷涂修复。

4）粘结修复：将磨损的轴颈车小 1mm，然后用玻璃纤维蘸上环氧树脂胶缠在轴颈上，固化后加工到规定的尺寸。

（2）轴出现裂纹　轴出现裂纹后，若不及时修复，就有折断的危险。对受载不大或不重要的轴，当径向裂纹不超过轴径的 10% 时，可用焊补修复。轻微裂纹还可用粘结修复。对于轴上有深度超过轴径 10% 的裂纹或角度超过 10°的扭转变形，并且承受载荷很大或重要的轴，应予以调换。

（3）圆角的磨损　圆角的磨伤可用细锉、车削或磨削修复。当圆角磨损很大时，需要进行先堆焊后退火。

（4）螺纹损伤　螺纹碰伤，螺母不能拧入时，可用圆板牙或车削修整。螺纹滑扣或掉牙时，可先把螺纹全部车削掉，然后进行堆焊，再车削加工修复。

（5）键槽的磨损　当键槽只有小凹痕、毛刺和轻微磨损时，可用细锉、油石或刮刀等进行修整。若键槽磨损较大时，可扩大键槽或重新开槽。

（6）中心孔损坏　当中心孔损坏不严重时，用三角刮刀进行修整；当中心孔损坏严重时，在车床上用中心钻加工修复。

（7）轴的弯曲　对弯曲量较小的轴，一般小于长度的 8/1000，可用冷校法进行校正。通常，在压床上校正，或用千斤顶、螺旋压力机进行校正等。对要求较高、需精度校正的轴，或弯曲量较大的轴，则用热校法进行校正。校正后再退火。

（8）其他磨损　外圆锥面和圆锥孔的磨损，均可用车削或磨削加工到较小和较大尺寸，达到修配要求。另外配以相应件；轴上销孔磨损了，也可将轴孔铰削大一些，另配销子；若轴的一端损坏，可以车削损坏的一段，再焊上一段新的，加工到尺寸要求。

16.8.2　齿轮的修复

对因磨损或其他故障而失效的齿轮进行修复，在机械设备维修中更为常见。具体的修复内容如下：

（1）调整换位法　单向运转受力的齿轮，轮齿常会单面损坏。将已磨损的齿轮变换一个方位，利用齿轮未磨损或磨损轻的部位继续工作的方法称为调整换位法。

对于结构对称的齿轮，当轮齿单面磨损后，可直接翻转 180°，重新安装使用。这是齿轮修复的通用办法。

对于结构不对称的齿轮，可将影响安装的不对称部分去除掉，并在另一端用焊、铆或其他方法添加相应结构后，再翻转 180°安装使用；也可在另一端加调整垫片，把齿轮调整到正确位置。

（2）栽齿修复法　对于低速、载荷平稳且要求不高较大的齿轮，单个齿折断后可将断齿根部锉平，在其上面栽上一排与齿轮材质相似的螺钉，并以堆焊连接各螺钉，然后再按齿形样板加工出齿形。

（3）镶齿修复法　对于受载不大，但要求较高的齿轮单个齿折断，可用镶上单个齿的方法修复。如果齿轮有几个齿连续损坏，可用镶齿轮块的方法修复。

（4）堆焊修复法　当齿轮的轮齿崩坏，齿端、齿面磨损超限，或存在严重表层剥落时，都可以使用堆焊法进行恢复。

(5) 塑性变形法　以挤压或滚压的方法将齿轮轮缘部分的金属朝齿的方向挤压，使磨损的齿加厚。如图16-14所示，将齿轮加热到800～900℃放入下模3中，然后将上模2沿导向杆5装入，使上下模互相靠紧。将销子1对准齿轮中心以防止轮缘金属因挤压进入齿轮轴孔的内部。在上模2上施加压力，齿轮轮缘金属即被挤压流向齿的部分，使齿厚增大。齿轮经过模压后，机械加工铣齿，最后按规定热处理。图16-14中4为被修复的齿轮，尺寸线以上的数字为修复后的尺寸，尺寸线下的数字为修复前的尺寸。塑性变形法只适用修复模数较小的齿轮。

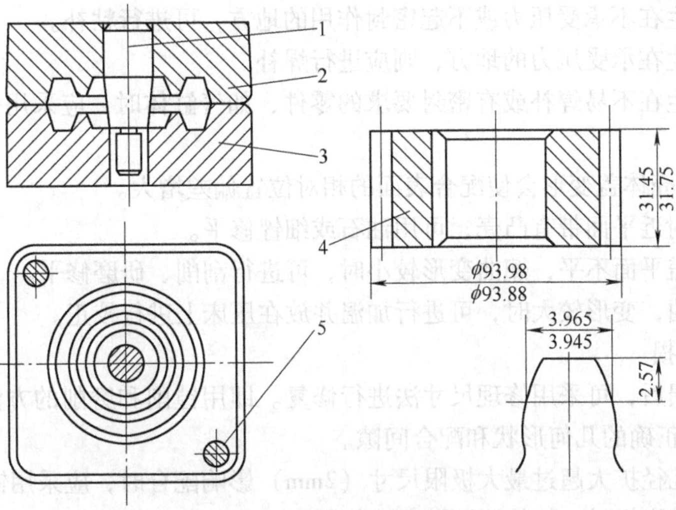

图16-14　用塑性变形法修复齿轮

1—销子　2—上模　3—下模　4—被修复的齿轮　5—导向杆

(6) 热锻、堆焊结合修复法　磨损严重的大型齿轮：①将齿轮外缘车掉1～1.5mm，除去渗碳层；②将齿轮加热至800～900℃，置于压模中进行锻压镦粗，恢复轮齿齿厚；③在轮齿顶部进行堆焊，满足齿高要求；④机械加工；⑤热处理。

(7) 变位切削法　齿轮磨损后可利用负变位切削，将大齿轮的磨损部分切去，另外配换一个新的小齿轮与大齿轮相配，齿轮传动即能恢复。变位切削法适用于大传动比、大模数、因齿面磨损超限而失效的齿轮传动的修复。有关变位的计算和验算可参阅齿轮手册。

(8) 真空扩散焊修复法　齿轮轴在真空下，两结合面的原子经较长时间的高温和显著的塑性变形作用而相互扩散，使材料结合紧密牢固。修复时，先把损坏的齿轮从轴上切下，然后将新制的齿轮部分或齿轮毛坯与原来轴在真空中用扩散法焊牢，称为真空扩散焊修复法。

(9) 金属涂敷法　模数较小的齿轮齿面磨损后，不便于用堆焊等工艺修复，可用金属涂敷其上进行修复。

(10) 其他修复方法　铸铁齿轮的轮缘或轮辐产生裂纹或断裂，常用气焊、补夹板的方法加强轮缘或轮辐；齿轮键槽损坏，可用插、刨或钳工把原来的键槽尺寸扩大10%～15%，同时配制相应尺寸的键进行加大尺寸修复，也可在转位90°的表面上重新开一键槽；齿轮孔径磨损后，可用镶套、镀铬、镀镍、镀铁、金属喷涂、刷镀、堆焊等工艺方法修复。

16.8.3 壳体的修复

壳体是机械设备的基础件之一，通过壳体将一些轴、套、齿轮等零件组装在一起，使其保持相对正确的位置，并彼此能按一定的传动关系协调地运动。

常见的壳体零件有减速器壳体、泵壳和气缸体等。由于加工制造、装配及使用等方面的影响，常会出现壳体裂纹、变形、轴孔磨损等缺陷。

（1）裂纹 裂纹的修复主要有焊接、粘补、金属扣合法。

1）裂纹发生在不承受压力或不起密封作用的地方，可进行粘补。

2）裂纹发生在承受压力的地方，则应进行焊补。

3）裂纹发生在不易焊补或有密封要求的零件，如气缸体时，应采用金属扣合法或强密扣合法修复。

（2）变形 壳体盖变形会使配合表面的相对位置偏差增大。

1）螺纹孔附近平面带有凸壳，可用油石或细锉修平。

2）壳体、盖平面不平，翘曲变形较小时，可进行刮削、研磨修平。

3）上盖翘曲，变形较大时，可进行加温并放在压床上进行校正。

（3）轴孔磨损

1）轴孔磨损后，可采用修理尺寸法进行修复。即用镗削和磨削的方法，将孔径扩大到某一尺寸，恢复正确的几何形状和配合间隙。

2）当镗后孔径扩大超过最大极限尺寸（2mm）影响配合时，应采用镶套法修复。

3）当孔轻度磨损时，可使用刷镀方法修复。

16.8.4 机体的修复

机体是机械设备的基础件。机体零件轮廓尺寸、重量较大，结构复杂，刚性较差，精度要求高。常见的机体零件有机床的导轨，轧钢机的机架等，如何采用先进合理的修复工艺、延长其使用寿命一直是设备维修的重要课题。

1. 机床导轨的修复

导轨工作条件恶劣，暴露在外面，常常受到灰尘和氧化磨损、机械摩擦磨损、腐蚀、粘着磨损，极易产生拉伤和撞击损伤等。

（1）导轨面局部损伤 导轨面局部损伤有碰伤、擦伤、拉毛等。当机床导轨上出现1～2条划伤或局部出现凹坑时，可用刷镀法进行修复；出现碰伤、拉毛时，可用有机或无机粘结剂进行粘补；也可用先焊接、后刮研的方法进行修复。

（2）导轨的刮研 刮研法适合各种导轨，此方法去除量小，可达到任意精度要求，简便可靠，属手工操作。刮研时，首先要选定刮研的基准，选为基准的导轨首先修刮至技术要求，然后再以它为基准检查和修刮其他导轨，使其达到相互位置要求和各自的平面度、直线度要求。

（3）导轨的机械加工 导轨磨损与损伤严重时，可采用龙门刨床精刨来代替劳动强度大的刮研，因为刨削去除量大，不利于导轨的研磨，所以对刨床的精度和刨刀要求较高，工艺要求较严。此外，还可利用导轨的研磨进行磨削加工，以磨代刮。它适用于硬导轨面，以磨代刮应注意磨削的进给量必须适当，不宜过大，否则在磨削中易产生较多的热量，使导轨变形，造成磨削表面精度不够稳定。

（4）导轨的软带　它是机床制造和维修中的先进技术。

将软带用特种粘结剂粘结在导轨面上，可使导轨运行平稳，定位精度高；摩擦系数小，润滑性能好；耐磨损、耐腐蚀、耐老化；可改善导轨的工作性能。导轨面因受到软带膜的保护而磨损极微，使用寿命长。修复时，如导轨软带磨损已不能满足工作要求，剥去原软带，重新粘结新软带。

2. 轧机机架修复

轧钢机机架大多为铸钢材质，在机架窗口内安放有轧辊轴承座。轧钢时，由于轧辊咬入轧件造成冲击，致使机架窗口与轴承座相互摩擦，机架窗口两侧逐渐被磨成上大、下小的喇叭口，使上、下轧辊中心线交叉，轧制钢材质量下降，因此必须进行修复，如图 16-15 所示。

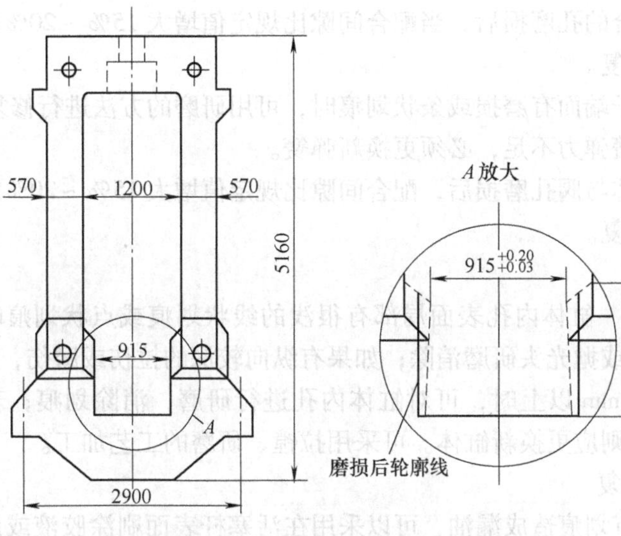

图 16-15　轧机机架磨损部位示意图

1）将已形成喇叭口的机架窗口部位的两侧面锉平。

2）用内径千分尺测量窗口尺寸及两机架中心线偏，如图 16-16 所示。一般使（机架窗口锉平的两侧面至机架中心线距离）$L_1 = L_2$，$L_3 = L_4$，用直角尺测量锉削面与窗口底面垂直度，若 $L_1 \neq L_2$，则两滑板的厚度不相同，轧机机架中心线与传动中心线不重合。

3）镶配铜滑板，并用沉头螺钉固定或粘结固定。

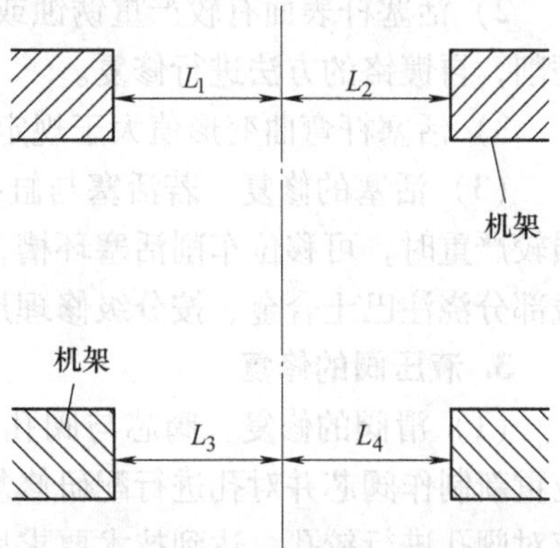

图 16-16　测量方法

16.8.5　液压元件的修复

液压元件标准化、通用化和系列化的程度较高，具有良好的维修性。液压元件经过维修和试验，其技术指标和性能达到要求后才能继续使用。

1. 泵及马达的修复

（1）齿轮泵及齿轮马达的修复　齿轮两侧面与配油盘或泵盖磨损后，配合间隙会变大，可用研磨的方法进行修复。

（2）叶片泵及叶片马达的修复

1）定子内表面有异常磨损或有擦痕存在时，会造成压力波动和产生噪声。因此，必须对定子内表面用专用磨床进行修磨。

2）配油盘有条状划痕等缺陷时，可用研磨的方法进行修复。

3）个别叶片处有磨损、胶粘、折断时，应清洗或更换叶片。

4）转子端面有划痕、磨损点或金属胶合时，必须进行修磨，同时要对叶片宽度和定子圈厚度做相应的修磨。

（3）柱塞泵及柱塞马达的修复

1）柱塞与其配合的孔磨损后，当配合间隙比规定值增大15%～20%时，应重新制作柱塞并对孔进行配研修复。

2）配油盘及转子端面有磨损或条状划痕时，可用研磨的方法进行修复。

3）变量控制弹簧弹力不足，必须更换新弹簧。

4）变量阀的阀芯与阀孔磨损后，配合间隙比规定值增大15%～20%时，应重新制作阀芯并对孔进行配研修复。

2. 液压缸的修复

（1）缸体的修复　缸体内孔表面局部有很浅的线状划痕或点状划痕时，若对使用无妨碍，可用很细的砂条或抛光头研磨消除；如果有纵向较深的拉伤或磨伤，或者缸孔与活塞的磨损间隙增大到0.20mm以上时，可对缸体内孔进行研磨，消除划痕；若纵向有很深的拉痕，且无法修复时，则应更换新缸体。可采用拉镗、研磨的工艺加工。

（2）活塞杆的修复

1）活塞杆表面有划痕造成漏油，可以采用在活塞杆表面刷涂胶液或用银焊的方法进行修复。

2）活塞杆表面有较严重锈蚀或在活塞杆工作长度内表面镀铬层严重脱落时，可采用先磨削，再镀铬的方法进行修复。

3）活塞杆弯曲变形值大于规定值20%时，需进行校正修复。

（3）活塞的修复　若活塞与缸孔的磨损间隙过大，缸孔内表面磨损均匀，活塞环槽磨损较严重时，可移位车削活塞环槽，或重新配置活塞并与缸孔配研。也可采用喷涂金属、承载部分浇注巴士合金、按分级修理尺寸、车宽活塞环槽的方法进行修复。

3. 液压阀的修复

（1）滑阀的修复　阀芯与阀孔磨损后，磨损间隙比正常配合间隙增大20%～30%时，应重新制作阀芯并对孔进行配研修复；或将阀芯进行镀铬、刷镀等，然后与阀孔配研。此时应对阀孔进行铰孔，达到技术要求后再与阀芯配研。

（2）阀座的修复　当阀座的结合面磨损时，可用车削和研磨法对结合面进行修复。调压弹簧弯曲、变弱或折断时，应更换新弹簧。

4. 辅助元件的修复

1）检查油路是否泄漏。

2）检查过滤器是否堵塞。

3）及时更换密封件。

液压元件可实行更换维修的方法：当液压系统由于某元件发生故障，并一时难以排除时，可将该元件拆卸，换上合格的同型元件或规格、性能相同的元件，先保证设备正常运转，然后将换下来的元件在实验台上进行测试，分析故障原因，并进行修理。

思考题

1. 试述零件修复的意义。
2. 零件清洗的目的是什么？零件清洗的方法有哪几种？
3. 零件表面如何脱脂、除锈？
4. 什么是积炭？如何对积炭进行清除？
5. 简述水垢、旧漆层的清除方法。
6. 零件检验的目的和内容是什么？
7. 零件检验的方法有哪几种？
8. 常用的物理检测有哪几种？简要说明其基本原理和应用。
9. 零件修复方法的选择原则是什么？
10. 常用的零件修复方法有哪些？简要说明。
11. 钳工修复有哪几种？
12. 机械修复方法有哪几种？简要说明。
13. 铸铁件焊修有何特点？简述铸铁件的焊修工艺。
14. 简述埋弧堆焊的原理及特点。
15. 喷涂和喷焊的原理有何不同？
16. 试述金属电刷镀的原理及其特点。
17. 试述粘结剂的分类及特点。
18. 粘结接头设计的基本出发点和原则是什么？
19. 简述轴的修复内容和方法。
20. 简要说明齿轮的修复内容和方法。
21. 简述液压缸的修复内容和方法。

第17章　机械设备安装与故障处理实例

17.1　机械设备安装实例

热连轧四辊精轧机底座与机架的安装

精轧机底座是用厚钢板焊接而成的，如图17-1所示。固定机架的4个M125基础螺栓预埋在混凝土基础中，螺栓从底座孔中穿出再与机架相连接，因而底座只承受压力。底座有两个凹槽，用来确定机架的横向位置，起固定作用。

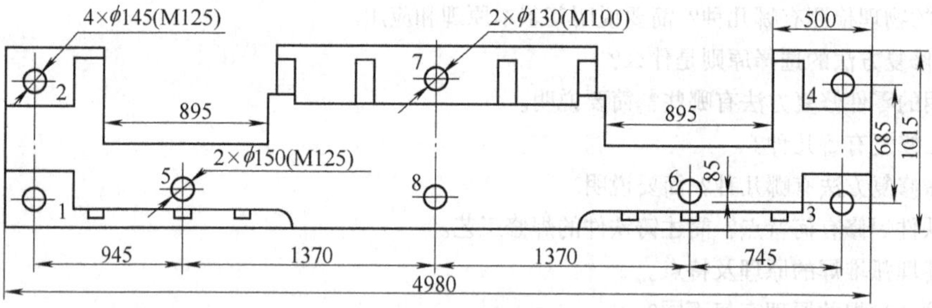

图17-1　精轧机底座

机架为铸钢件，一片重132.3t，高9.14m，宽4.68m，如图17-2所示。机架与底座的连接只需紧固地脚螺栓，打紧楔键即可。两片机架除了靠底座连成一体外，还由上横梁通过12个M64螺栓相联接。下横梁用键与机架相连，但只作为更换支承辊时的过桥用，而不起连接两片机架的作用。

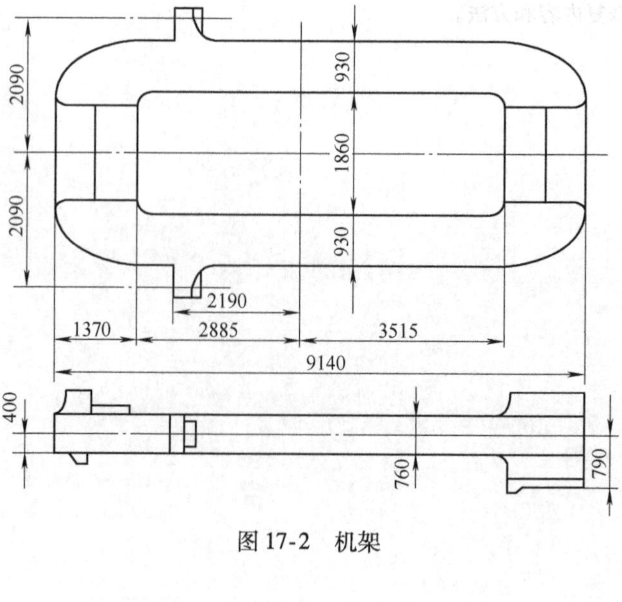

图17-2　机架

1. 底座的安装

底座安装前要对基础及埋设件进行复查，然后配置垫板。

（1）垫板面积的计算　由下式求得垫板面积 A 为

$$A=\frac{(P+F)C}{f}$$

式中　P——设备加在垫板上的负荷，根据轧机机架、辊系、底座等重量总和，取 $P=6000\text{kN}$；

F——地脚螺栓紧固力，地脚螺栓有 12 个 M125，4 个 M100，其许用应力 $[\sigma]=100\text{N/mm}^2$，则 $F=\frac{1}{4}\pi\ [\sigma]\ (125^2\times12+100^2\times4)=17859\text{kN}$；

C——安全系数，取 $C=3$；

f 混凝土的抗压强度，取 $f=22.5\text{N/mm}^2$。则

$$A=\frac{(6000+17859)\times10^3\times3}{22.5}\text{mm}^2=3181200\text{mm}^2$$

（2）垫板的布置与安放　垫板一般布置在地脚螺栓的两侧，并尽可能靠近地脚螺栓，距离为 50～100mm，相邻两组垫板间的距离为 500～1000mm。对预留孔的螺栓，垫板侧边应与孔边相切，但垫板与螺栓的距离不得不大于 140mm。相邻两地脚螺栓间距大于 1000mm 时，中间需加辅助垫板；设备底座弯曲处的正下方和负荷大的部位，需加垫板。本例根据轧机底座地脚螺栓的数量及底座的形状和尺寸，在每个底座上共设置 20 组垫板（见图 17-3），其中辅助垫板 4 组，它与斜铁器相配合作为粗调底座之用。

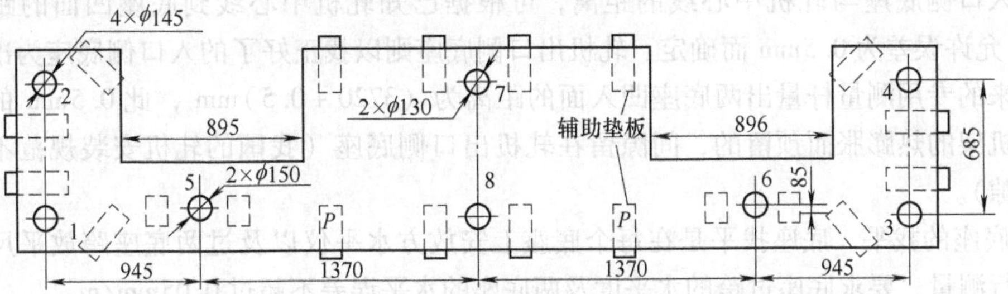

图 17-3　底座垫板配置图

预选垫板尺寸为 420mm×200mm，由一块垫板和两块斜垫板组合，故两个底座实际使用垫板的总面积为

$$420\times200\times20\times2\text{mm}^2=3360000\text{mm}^2>3181200\text{mm}^2$$

故所选垫板是合适的。

垫板的安放可采取坐浆法或研磨法。

对垫板与垫板以及垫板与设备底座的接触面积，要用 0.05mm 塞尺检查，塞入面积不得大于应接触面积的 30%，塞入深度不得大于塞入方向长度的 30%。垫板找标高、水平，应从离标高基准点最近的垫板开始，由近及远，用平尺和水平仪逐组测定。也可以用长平尺将相隔较远的垫板找平，然后用中间垫板与平尺底面接触的方式测定。每组垫板的标高及水平的偏差不应大于该底座安装的质量标准。

（3）底座位置的确定及找正　底座是轧钢机安装的基础，因此，底座位置的正确性非

常重要。在底座就位前，应先根据中心标板用挂线法设置纵、横中心线，即轧制中心线和轧机中心线。挂线用的钢丝直径一般为0.3～0.5mm，钢丝长度不得小于10m，也不宜超过40m。再从钢丝上挂两个线锤，使线锤尖部与中心标记重合，如图17-4所示。具体找正时还可以再拉设一根与轧制中心线平行的边线（辅助中心线），这两条线的距离为2890mm，此边线即可作为每个底座找正的辅助基准线，如图17-5所示。用内径千分尺测量边线与底座端面的距离应为400mm（端面为加工面，专用于找正底座），其误差不得超过0.05mm/m。

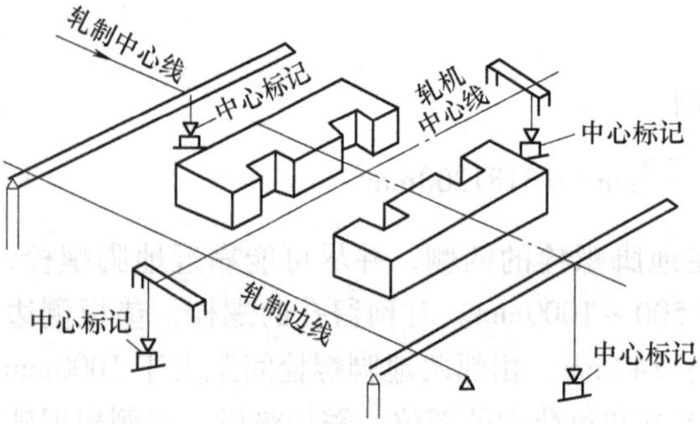

图17-4 轧机中心线的设置

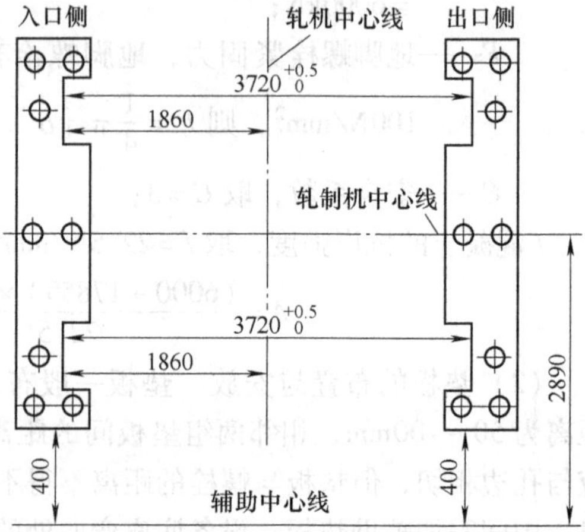

图17-5 底座找正图

轧机入口侧底座与轧机中心线的距离，可根据已知轧机中心线到底座凹面的距离为1860mm，允许误差为0.5mm而确定。轧机出口侧底座则以找正好了的入口侧底座为准，用制造厂带来的专用测量杆量出两底座凹入面的距离为（3720+0.5）mm，此0.5mm的间隙是考虑到机架的热膨胀而预留的，间隙留在轧机出口侧底座（我国的轧机安装规范不留此热膨胀间隙）。

（4）底座的找平　底座找平是在每个底座上安放方水平仪以及过两底座跨放平尺和方水平仪进行测量，要求底座过跨的水平度及两底座的水平误差不超过0.05mm/m。

（5）底座找标高　以底座旁预先埋设的基准点为标准，用平尺及内径千分尺测量，允许误差为±0.3mm，如图17-6所示。为了避免紧固地脚螺栓时底座下沉，一般底座的高度可比规定标高提高一定值：坐浆法提高0.15～0.3mm，研磨法提高1～1.5mm。

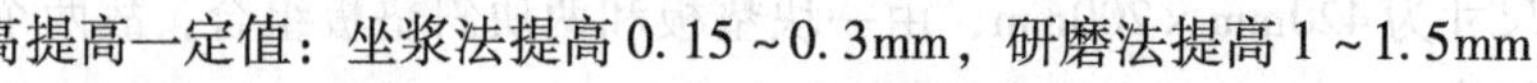

图17-6 底座找标高示意图

找正、找平、找标高三者要同时协调进行，互相兼顾，不能先找好其中某一项，再找另一项。对于可更换机架的轧机，底座安装好以后，应在与轧机相接触的表面上涂装防锈漆。

2. 机架的安装

（1）专用吊具的设计　由于机架是一个很大的铸钢件，要把它安装到底座上，既要保证机架侧面与底座的配合间隙为 0.5mm，又不能破坏已找好了的底座位置，并要求机架吊起之后应保持水平，为此需设计一个专用吊具，如图 17-7 所示。

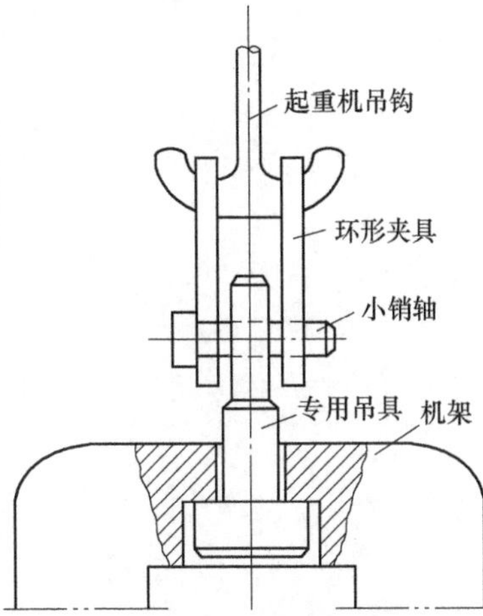

图 17-7　专用吊具

（2）传动侧机架的安装　将机架吊至底座，安装上地脚螺栓后，调整机架位置，把传动侧机架横移至底座与机架之间的调整板上靠紧。由于底座已事先找正，调整板预装时已确定，故将机架侧面与调整板靠紧即可保证机架中心线与轧制中心线的尺寸 1370mm 及精度要求。机架与底座的配合尺寸是 3720mm，还有 0.5mm 的配合间隙，安装时将机架向轧机入口侧底座靠紧，让 0.5mm 的间隙留在轧机出口侧（留在轧机入口侧亦可）。

（3）操作侧机架的安装　操作侧机架的安装与传动侧机架安装方式相同，不同的是调整机架中心线与轧制中心线距离 1370mm 时，先调到 1380mm，以便安装上、下横梁，安装完毕再移动机架，保证 1370mm 的尺寸。

（4）下横梁的安装　下横梁设置在两个机架凸台上，它不用螺栓联接而靠键联结，安装时按施工顺序要求进行。

（5）上横梁的安装　机架上部凸台的定位面确定了上横梁的高度及水平。一侧用止口，一侧用平键和斜键确定上横梁中心位置，在立面上有 12 个 M64 的螺栓用来紧固左右机架，如图 17-8 所示。在紧固传动侧 M64 螺栓前，应先把操作侧机架向中心线靠拢，贴紧上横梁，然后再紧固 M64 螺栓。

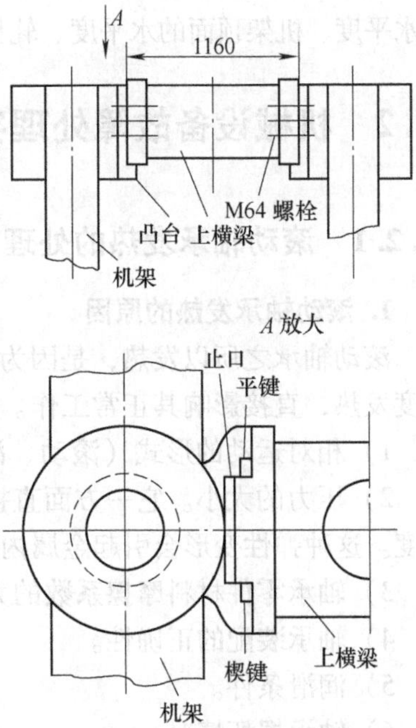

图 17-8　上横梁的安装

（6）作精度检查后，再紧固地脚螺栓　整个机架都确认在精度范围之内后，再进行地脚螺栓的紧固。对于 M125 的螺栓来说，用锤子敲击扳手的方法是达不到需要的紧固力的，所以还要用加热法进行第二次紧固。

加热紧固方法是用氧乙炔焰对准地脚螺栓头部加热孔进行加热，当温度达到 200℃ 时，立刻把螺母拧转 30°，使其达到所需紧固力，如图 17-9 所示。其他尺寸的螺母需拧转的角度应通过计算确定。

为了精确控制所需紧固力，也可采取电阻应变测量的方法，即在地脚螺栓上贴电阻应变片，测出紧固螺母时螺栓的变形，然后与一定紧固力下的允许变形相比较。

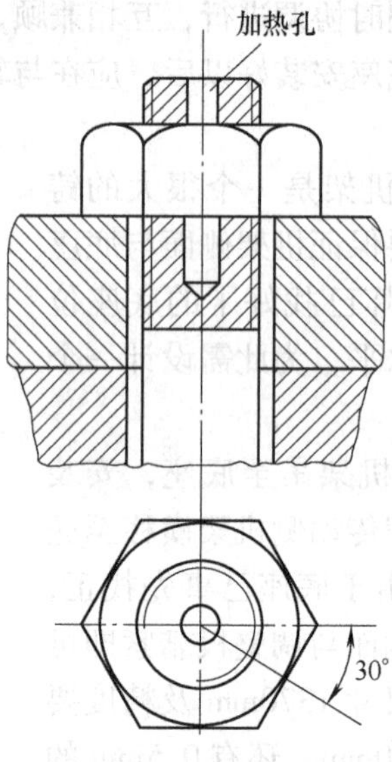

图 17-9 地脚螺栓加热紧固

机架安装精度检查项目有：机架窗口的倾斜度、机架立柱内侧面的垂直度、机架窗口底面的水平度、机架顶面的水平度、轧机中心线与机架窗口的平行度、机架与底座的密合度等。

17.2 机械设备故障处理实例

17.2.1 滚动轴承发热的处理

1. 滚动轴承发热的原因

滚动轴承之所以发热，是因为在运转过程中其内部存在摩擦。严重的摩擦会造成轴承的过度发热，直接影响其正常工作。摩擦的程度取决于下述因素。

1）相对运动的形式（滚动、滑动、窜动）、速度大小和持续时间的长短。

2）压力的大小。它一方面直接影响接触面摩擦力的大小，另一方面将影响弹性变形的程度。这种弹性变形会引起金属内部晶粒之间的摩擦。这两方面都会直接影响轴承的发热。

3）轴承零件材料摩擦系数的大小。

4）轴承装配的正确性。

5）润滑条件。

6）轴承损坏情况。

摩擦是轴承发热的内因，其他因素则是轴承发热的外因。这些外因都是通过摩擦这个内因起作用而引起轴承发热的。

2. 故障处理实例

解决轴承发热的关键在于准确找出哪一个（有时甚至不止一个）外因是引起轴承发热的主要原因，这只有在对发热轴承做认真细致的调查分析之后才能作出判断。

某钢铁厂1号高炉投产多年来，料车卷扬机高速轴的2号轴承发热问题一直没有解决，影响了高炉的正常生产。

(1) 概况　高炉料车卷扬机传动示意图如图17-10所示，技术特性见表17-1，齿轮传动参数见表17-2，轴承型号及结构尺寸见表17-3。

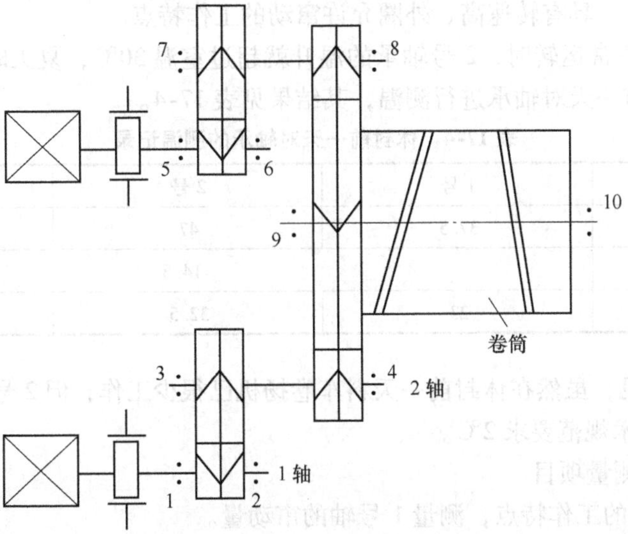

图17-10　高炉料车卷扬机传动示意图

表17-1　高炉料车卷扬机技术特性

项目	载重量		料车		钢丝绳		卷筒	传动比	电动机			
	额定载重量/t	最大载重量/t	容积/m^3	速度/(m/min)	直径/mm	长度/m	直径/m		型号	功率/kW	转速/(r/min)	数量
数量	22.5	25	10	210	43.5	4×170	2	18.6	Ⅱ—74—36—6	260	500～700	2

表17-2　齿轮传动参数

等级	大小齿轮	法向模数/mm	齿数	齿宽/mm	螺旋角	速比
高速级	齿轮轴	10	42	400	330°	3.12
	齿轮		131			
低速级	齿轮轴	16	25	636		5.96
	齿轮		149			

表17-3　轴承型号及结构尺寸

轴承编号	轴承型号	轴承结构尺寸			
		内径 d/mm	外径 D/mm	外圈宽度 c/mm	锥角 β/(°)
1，2，3，5，6，7	2097736 圆锥滚子轴承	180	300	120	10
4，8	352048 圆锥滚子轴承	240	360	130	15
9，10	22352 调心球轴承	260	540	165	球面

在料车卷扬机的所有轴承中，除9号轴承的外圈是轴向定位外，其余轴承的外圈都允许轴向窜动。这是由于大型人字齿轮难以保证足够的制造精度而带来的特点，所以2号轴承和1、5、6号轴承一样，具有转速高、外圈允许窜动的工作特点。

料车卷扬机在正常运转时，2号轴承的温升就超过室温30℃，夏天时温升达70℃以上。1号高炉大修休封前一天对轴承进行测温，其结果见表17-4。

表17-4　休封前一天对轴承的测温记录

被测量轴承	1号	2号	6号
实测温度/℃	37.5	47	23
室温/℃		14.5	
高于室温的温度/℃	23	32.5	8.5

从测温结果可见，虽然在休封前一天料车卷扬机已很少工作，但2号轴承温升仍超过室温32℃，超过了技术规范要求2℃。

（2）确定检查测量项目

1）根据该轴承的工作特点，测量1号轴的窜动量。

2）测量轴承外圈与轴承座的配合。

3）测量轴承的间隙。

4）检查轴承的损坏情况和润滑状况。

6号轴承与2号轴承结构、工作条件均相同，但前者正常，后者过度发热。为此，对这两个轴承进行检查和测量比较。

（3）检查及测量结果

1）测量1轴的窜动量。人力盘车使卷筒转1圈，用百分表测量安装1号、2号轴承的1轴窜动量为0.76mm。这0.76mm的窜动量并非运转时最大的窜动量，因为它不是运转时齿轮误差的最不利组合，当卷筒快速运转时，窜动量还会增大。虽然如此，仍可以0.76mm的窜动量进行定性分析。

1号、2号轴承安装到轴上之后，轴承内外圈的相对窜动间隙为0.145mm，小于0.76mm，故它们的外圈就要窜动。经计算，每隔不到2s就要窜动一次，所以窜动比较频繁。

2）测量轴承外圈与轴承座的配合。2号、6号轴承外圈和轴承座配合的测量结果见表17-5。

表17-5　2号、6号轴承外圈与轴承座配合的测量结果　　（单位：mm）

测量项目	2号轴承	6号轴承
检修拆除前，测量轴承外圈与轴承座之间的顶间隙	0	0.05
轴承座垂直方向孔径	$\phi300_{-0.045}^{0}$	$\phi300_{0}^{+0.06}$
轴承外径	$\phi300_{-0.04}^{+0.03}$	$\phi300_{-0.03}^{+0.02}$

测量结果表明，2号轴承外圈和轴承座为过盈配合：

最大过盈量$Y_{max} = (0.045 + 0.03)\text{mm} = 0.075\text{mm}$

最小过盈量$Y_{min} = (0.045 - 0.04)\text{mm} = 0.005\text{mm}$

而6号轴承外圈和轴承座为间隙配合：

最大间隙$Y_{max}=(0.06+0.03)mm=0.09mm$

最小间隙$Y_{min}=(0.06-0.02)mm=0.04mm$

和新轴承外圈直径$\phi300^{+0.01}_{-0.02}mm$比较，可以看出，2号轴承外圈被压变形后，增加了滚动体的滚动阻力，这两方面都增大了轴承运转时的摩擦发热。

3）测量轴承间隙。2号轴承是预先调整好间隙再安装到轴上去的，是按技术要求规定的轴向间隙进行调整的，检修时所测得的间隙是用塞尺得到的塞入间隙，而确定间隙的大小是计算间隙。

由图17-11可以得出轴承间隙的关系为

$$\delta=S\sin\beta$$
$$\lambda=S\tan\beta$$
$$\delta=\lambda\cos\beta$$

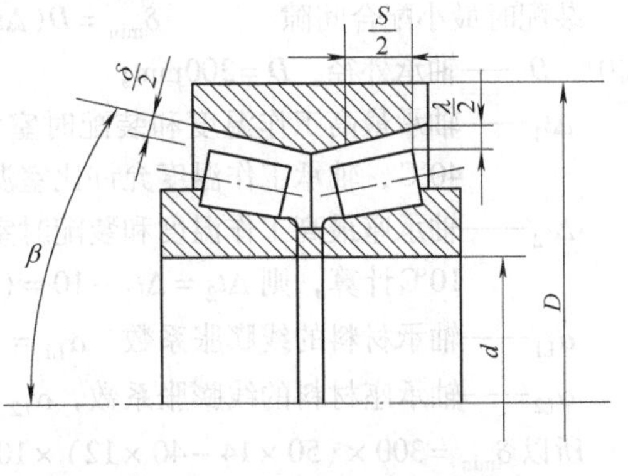

图17-11　三种间隙的几何关系

式中　S——轴承的轴向间隙；

δ——塞入间隙（法向间隙）；

λ——径向间隙；

β——轴承外圈滚道的圆锥角（接触角）。

轴承间隙测量结果见表17-6

表17-6　轴承间隙测量结果　　　（单位：mm）

测量项目	2号轴承	6号轴承
拆除前的轴承间隙	$\delta/2<0.03$	$\delta/2>0.05$
拆除后，当轴承仍装在轴上时的轴承间隙	$\delta=0.05$，$S=\delta/(2\sin10)$	$\delta=0.15$，$S=0.435$
轴承从轴上拆下来后的轴承间隙	$\delta=0.09$，$S=2.9\times0.09=0.26$	未测

测量结果说明2号轴承间隙比6号轴承间隙小，这样，外圈的窜动量增大，窜动次数增多。另外，由于轴承外圈和轴承座是过盈配合，而轴承间隙又小，故将导致滚动体在轴承内、外圈之间有过盈弹性压入的可能，这样就增大了滚动阻力，也可能使滚动体带动外圈转动，从而增加了摩擦发热。

4）检查轴承损坏情况和润滑状况。2号轴承外圈有±0.02mm的变形，外圈滚动面和滚动体表面有轻微的点蚀和磨损现象，其他轴承完好无损。

轴承内润滑情况良好，润滑油量适当，润滑油清洁干净。6号轴承外圈和轴承座之间有一层网状油膜，有利于外圈的窜动和旋转。而2号轴承因过盈配合而无润滑油，因而增大了外圈旋转时的摩擦系数。

（4）判断轴承发热的原因　综合分析检查结果，不难看出，2号轴承发热的主要原因是轴承外圈与轴承座孔的配合过紧，其次是轴承间隙偏小。配合过紧，增加了滚动体的滚动阻力；间隙偏小，增加了外圈的窜动量和窜动次数；外圈与轴承座孔为过盈配合，还使润滑油无法进入。所有这一切，都会显著地增加轴承的摩擦发热。

（5）轴承发热的处理

1）调整轴承外圈和轴承座孔的配合。由于该轴承外圈经常窜动，为了提高轴承寿命，外圈需要有微小的旋转，因而外圈与轴承座孔的配合应选为间隙配合，并要求在最不利的条件下也不会出现过盈。

间隙的确定应考虑到轴承材料和轴承座材料线膨胀系数的差异，以及安装轴承时室温与工作温度差值的影响、工作时轴承外圈与轴承座的温差、润滑作用等因素。

装配时最小配合间隙 $\delta_{\min}=D(\Delta t_1\alpha_{L1}-\Delta t_2\alpha_{L2})$

式中 D——轴承外径，$D=300$mm；

Δt_1——轴承最高工作温度和装配时室温的差值，若装配时室温为20℃，最高室温为40℃，轴承工作温度允许比室温高30℃，则 $\Delta t_1=(40+30-20)$℃ $=50$℃；

Δt_2——轴承座最高工作温度和装配时室温的差值，按最不利情况轴承比轴承座温度高10℃计算，则 $\Delta t_2=\Delta t_1-10=(50-10)$℃ $=40$℃；

α_{L1}——轴承材料的线膨胀系数，$\alpha_{L1}=14\times10^{-6}$（1/℃）；

α_{L2}——轴承座材料的线膨胀系数，$\alpha_{L2}=12\times10^{-6}$（1/℃）；

所以 $\delta_{\min}=300\times(50\times14-40\times12)\times10^{-6}\text{mm}\approx0.07\text{mm}$

考虑到润滑条件和实测新轴承的外径 $D=300^{+0.01}_{-0.02}$mm，调整瓦口垫片后，最后实际间隙为 $\delta=(0.08\sim0.11)$mm。

2）轴承间隙的调整。双列径向推力滚柱轴承是事先调整好间隙后再装到轴上的，因此，确定轴承间隙均按未安装轴时进行计算。

轴承最小径向间隙

$$\lambda_{\min}=\Delta t_3\left(d+\frac{D-d}{4}\right)\alpha_{L1}+0.65H_{\max}$$

式中 Δt_3——工作时轴承内外圈允许温差，考虑到转速高而且在轴上压了一个新毡圈（防止漏油）摩擦发热的影响，因而取 $\Delta t_3=10$℃；

d，D——轴承内径和外径，$d=180$mm，$D=300$mm；

α_{L1}——轴承材料的线膨胀系数，$\alpha_{L1}=14\times10^{-6}$（1/℃）；

$H_{\max}$——轴承内圈和轴配合的最大过盈量，新轴承孔径 $D_{\min}=180-0.025$mm，轴 $d_{\max}=180^{+0.035}_{0}$mm，故 $H_{\max}=0.06$mm；

0.65——由于过盈配合，轴承内圈滚道直径的增大只是最大过盈量的65%。

将以上各数据代入 $\lambda_{\min}$ 的计算式中，得到

$$\lambda_{\min}=\left[10\times\left(180+\frac{300-180}{4}\right)\times14\times10^{-6}+0.65\times0.06\right]\text{mm}=0.07\text{mm}$$

最小轴间隙 $S_{\min}=\dfrac{\lambda_{\min}}{\tan\beta}$ （$\beta=10°$）

则 $S_{\min}=0.4$mm

按上式计算出的值稍微放大即可作为新轴承调整环厚度调节的依据。装箱来的新轴承调整环厚度经测量为19.26mm，相应测得新轴承的轴向间隙 $S'=0.3$mm。由于轴的间隙偏小，故更换调整环，其厚度为19.35mm，待装入新轴承再测得轴向间隙 $S''=0.38$mm，实测塞尺塞入间隙 $\delta=0.09$mm，推算轴向间隙 $S=\delta/\sin\beta=0.09/0.1736\text{mm}=0.52\text{mm}$。

3）刮研轴承座的接触面。为了减小轴承外圈窜动和游动的摩擦阻力，保证轴承外圈和

轴承座孔面均匀接触，应对轴承座接触面进行刮研，刮研后接触面积达70%。

（6）处理的效果　通过空载试车和高炉开炉后装料连续运行，测量2号轴承的温升，符合规范要求。

图17-12所示为高炉开炉后装料连续运行5h 2号轴承的温升曲线，从图中可以看出，2号轴承最高稳定温度为37℃，比室温（19℃）高18℃，完全符合技术规范的要求。

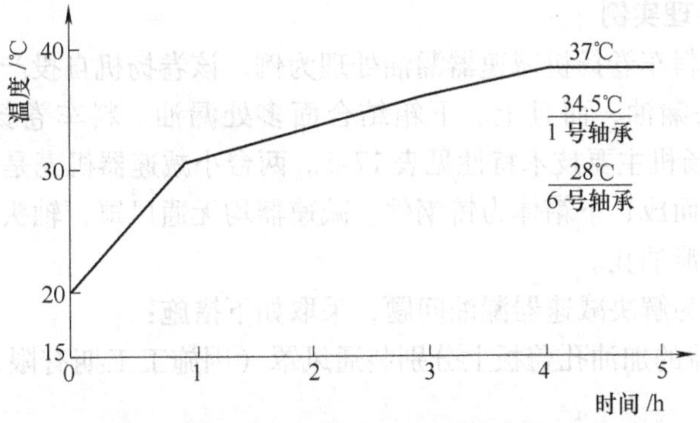

图17-12　2号轴承的温升曲线

发热的2号轴承经处理后，工作一直正常。实践证明，对该轴承发热原因的分析和采取的处理措施是正确的。

17.2.2　减速器漏油的处理

减速器不同程度的漏油是较为普遍的现象。严重漏油不但会发生少油或断油事故，引起齿面胶合，影响生产的连续进行，而且还会对周围环境造成污染，对基础也有腐蚀作用。这样既破坏了文明生产，又浪费了不少可回收再利用的润滑油。

1. 减速器漏油的原因

1）在封闭的减速器中，每一对齿轮啮合都会产生热量，根据波义耳—马略特定律（PV = RT），随着运转时间的延长，减速器箱体内温度会逐渐升高，而箱体体积不变，故箱体内压力随之增加，箱体内润滑油飞溅至箱体内壁。由于油的渗透性比较强，在箱体内不断增高的压力下，油便从密封不严处渗透出。

2）减速器设计不合理引起漏油。如设计的减速器无通风罩，减速器无法实现均压，造成箱体内压力越来越高，因而出现漏油现象。

3）使用维护不良，如密封衬垫错位、压紧度不当、封盖操作不符合要求等。

2. 防止漏油的原则和方法

（1）均压　选用合适的通风罩，以实现均压。较简便的检查方法是：打开通风罩，减速器以高速连续运转5min之后，用手摸通风罩，感到压差很大时（主要是感知风量的大小），说明通风罩小，则应改大或升高通风罩。

（2）畅流　要使飞溅在箱体内壁的油尽快流回油池，不要在轴头密封处存留。如在轴头设计有油封圈，或在减速器上盖位于轴头处钻一个半圆槽，使溅到上盖的油顺半圆槽两头流到下箱。

（3）堵漏　主要是在上、下箱结合面和轴头密封处采取措施，使其密封良好。这些措施包括对密封结构的设计，对一般减速器而言，构造不宜复杂，常用羊毛毡油封、迷宫式密封槽、J形或U形无骨架橡胶油封对轴头进行密封即可。另外，密封剂的选择也是很重要的，过去常用漆片配合工业用纸来密封上、下箱结合面，只要认真操作，是完全可以防漏的。近年来改用密封带或密封填料操作更为方便，但对重型减速器效果还是不够理想。新型的密封胶如厌氧胶、液态密封胶还只停留在试用阶段，尚未广泛使用。

3. 减速器漏油处理实例

仍以炼铁厂高炉料车卷扬机减速器漏油处理为例。该卷扬机自投产以来，漏油严重，不仅减速器的全部轴头漏油，而且上、下箱结合面多处漏油。料车卷扬机传动示意图如图17-10所示。料车卷扬机主要技术特性见表17-1。两台小减速器机壳是铸铁件；中间大减速器机盖系用钢板焊接而成，下箱体为铸钢件。减速器均无通风罩，轴头用羊毛毡密封，并有油封圈，但油封圈无泄油孔。

针对上述情况，为解决减速器漏油问题，采取如下措施：

1）在减速器上盖的加油孔盖板上分别装通风罩（因施工工期有限，来不及在上盖的最上方装通风罩）。

2）在轴头油封圈的最下方钻一个大孔，使油封圈的油液能顺畅地流到油池。

3）大型减速器的上、下箱体结合面要很平，加工不易达到要求。而上盖为钢板焊成，容易变形，致使上、下箱体结合面更难密合。过去用薄的工业用纸作衬垫，势必还会有小的缝隙。为了彻底防漏，先将减速器清洗后进行上、下箱体的试合，用塞尺测量箱体结合面的最大间隙，然后选择比测出的最大间隙还厚的工业用纸作垫，再加漆片进行密封。这就是利用纸的弹性来补偿上、下箱体结合面由于不平而出现的缝隙。工业用纸接头处采用燕尾式，轴头处的断口要与轴线平行。轴头还采用羊毛毡密封。羊毛毡周边要裁剪整齐，且比槽高出2mm为宜。羊毛毡下料之后一定要在机油里浸泡24h。

经过高速空载连续试运行2h以及负荷连续试运行8h，只发现一处轴头有轻微渗油现象。半月之后复查发现通风罩有漏油现象，经分析认定，所装通风罩偏小，箱体内外均压还不够理想，应更换大的通风罩，并应装在减速器上盖的最高处。有的企业为了解决严重漏油问题，采取烟囱式长管通风罩，长管增加了抽力，这样箱体内外均压很理想，效果较好，但欠美观。这次由于检修工期不长，轴头密封不便改造，以致尚存在一处轴头有轻微渗漏现象。近年来，采用二硫化钼干膜或半干膜润滑，可以从根本上解决减速器漏油问题。

参考文献

[1] 陈冠国．机械设备维修［M］．北京：机械工业出版社，1997.
[2] 周师圣．机械维修与安装［M］．北京：冶金工业出版社，2001.
[3] 谷士强．冶金机械安装与维护［M］．北京：冶金工业出版社，1995.
[4] 邵泽波，陈庆．机电设备管理技术［M］．北京：化学工业出版社，2004.
[5] 高志坚．设备管理［M］．北京：机械工业出版社，2002.
[6] 杨祖孝．机械维护修理与安装［M］．北京：冶金工业出版社，1990.
[7] 孙家骥．矿冶机械维修工程学［M］．北京：冶金工业出版社，1994.
[8] 氨初宏．机械设备修理工艺学［M］．北京：机械工业出版社，2010.
[9] 赵艳萍．设备管理与维修［M］．北京：化学工业出版社，2010.
[10] 徐杨光．设备工程与管理［M］．上海：华东化工学院出版社，1992.
[11] 洪清池．机械设备修理技术［M］．南京：河海大学出版社，1991.
[12] 林允明．机械管理［M］．北京：机械工业出版社，1996.
[13] 李佩玲．机械综合管理［M］．西安：中国设备管理培训中心，1994.
[14] 胡先荣．现代企业设备管理［M］．北京：机械工业出版社，1994.
[15] 陈付林．设备管理与维修［M］．南京：河海大学出版社，1990.
[16] 贾继赏．机械设备维修工艺［M］．北京：机械工业出版社，1996.